한국경제 제3의 길

지속가능한 진보를 위한 대안적 발전모델

김형기 지음

한울
아카데미

국립중앙도서관 출판시도서목록(CIP)

한국경제 제3의 길 / 지은이: 김형기. -- 파주 : 한울, 2006
    p. ;   cm. -- (한울아카데미 ; 897)

ISBN   89-460-3620-6 93320
ISBN   89-460-3621-4 93900(학생판)

320.911-KDC4
330.9519-DDC21   CIP2006002195

책을 내면서

　1997년 외환위기 이후 10년 가까운 격동의 세월이 지났다. 1997~1998년의 파국적 경제위기를 계기로 한국경제의 기존의 발전모델은 해체되었다. 민주정부 아래에서 정치적으로는 절차적 민주주의가 진전되고 경제적으로는 신자유주의적 개혁이 추진되었다. 지난 10년 가까운 정치·경제적 개혁으로 한국의 정치와 경제는 많이 투명해지고 합리화되었으나, 신자유주의적 개혁의 결과 저성장과 양극화라는 경제·사회적 문제가 발생하였다.
　외환위기 이후 지금까지 '개발독재' 혹은 '주변부 포드주의'로 불리는 기존의 경제발전모델은 해체되었으나 아직 그것을 대체하는 새로운 경제발전모델은 등장하지 않았다. 김대중 정부와 뒤 이은 노무현 정부의 경제정책들은 신자유주의적 경향과 경제민주주의적 경향 사이에 우왕좌왕하는 정책의 혼선을 보였다. 경제위기 이후 집권한 두 민주정부들은 기존의 발전모델을 넘어서는 새로운 대안적 발전모델을 향한 확고한 제도적 기초를 놓는 데 실패했다.
　1960년대 중반 이후 시작된 한국경제의 제1의 장기 상승기는 1987년 이후 장기 하강기로 바뀌어 1997년 외환위기 이후 지금까지 지속되고 있다. 한국경제가 제2의 장기 상승기를 맞이하려면 새로운 대안적 발전모델이 구축되어야 한다. 그러한 대안적 발전모델의 핵심은 새로운 경제발전 패러다임을 실현하는 것이다. 새로운 성장체제와 복지모델이 결합된 한국경제 발전의 새로운 패러다임을 통해 다수 국민의 삶의 질을 높이는 지속가능한 진보의 길을 모색하는 것은 이 시대가 요청하는 지적 작업 중의 하나다.

이 책은 이러한 시대적 요청에 대한 한 사람의 정치경제학자로서 필자의 응답이다. 1997년 경제위기 이후 필자는 세계사적으로는 기존의 사회민주주의와 현행의 신자유주의를 넘어서고 한국사적으로는 박정희 모델로 명명되는 기존의 개발독재 모델과 현재의 신자유주의적 경향을 넘어서는 '제3의 길'로서의 대안적 발전모델을 연구해 왔다. 이러한 대안적 발전모델을 모색하는 작업의 기초가 되는 정치경제학의 새로운 패러다임에 대한 연구도 병행해 왔다.

2001년에 펴낸 졸저『새정치경제학』은 이러한 문제의식을 가지고 집필했었다. 그 책에서 필자는 신자유주의적 글로벌 자본주의에 대한 이론적 해명과 대안적 발전 모델에 대한 윤곽을 제시한 바 있다. 2002년 이후에는 학술진흥재단의 기초학문 육성 프로젝트 사업에 선정된 '정치경제학의 새로운 패러다임 연구'라는 3년짜리 연구를 수행하는 '새정치경제학 연구팀'의 연구 책임자로서 대안적 발전모델에 대한 연구를 해왔다. 이 연구 과정에서 글로벌화와 지식기반경제 시대에 한국경제 발전에 대한 진보적 대안은 무엇일까를 함께 연구하고 토론해 왔다.

이러한 연구 작업과 아울러 필자는 한국 사회의 최대 모순 중의 하나인 중앙집권-수도권일극집중체제를 지방분권-다극발전체제로 전환시키기 위한 지방분권운동을 전국 각 지역의 지식인들과 함께 일으켰다. '참여-연대-생태'의 가치를 지향하는 '분권-자치-혁신'을 통한 대안적 지역발전모델에 대한 구상은 2002년부터 일어난 지방분권운동 과정에서의 학습과 실천을 통해 이루어졌다. 지방분권과 지역혁신이란 키워드가 수도권과 지방으로 양분된 우리나라의 대안적 경제발전모델 구축에 핵심 요소라는 생각을 가지게 된 것은 이때였다.

참여정부 성립 이후에는 대통령 자문 국가균형발전위원회와 정책기획위원회 위원으로서 균형발전정책과 경제정책의 방향에 대한 자문과 평가에 참가하면서 대안적 발전모델의 실현 가능성을 탐색했다. 글로벌화와 지식기반경제 시대에 저성장과 양극화를 극복할 수 있는 새로운 성장체제로서 '분권-혁신-통합' 정책에 기초한 '혁신주도 동반성장체제'에 대한 구상은 지방분권운동의 문제의식을 가지고 참여정부의 국정 기조에 대한 연구와 토론에의 참여 경험을 바탕으로 해서 이루어진 것이다.

'참여-연대-생태' 가치를 지향하며 '분권-혁신-통합' 정책에 기초한 대안적 발전모델을 실현하기 위한 노동개혁과 사회적 대타협에 대한 구상은 대안적 노사관계로서 필자가 주장해 온 포스트 포드주의적인 참가적 노사관계를 대안적 발전모델의 핵심 구성 요소로 설정함으로써 이루어졌다. 사회적 대화체제로서의 노사정위원회와 노-사-정-민 간의 사회적 대타협은 한국경제의 대안적 발전모델 실현에 필수적이며 상생을 위한 사회적 대타협은 어렵기는 하지만 실현 가능하다는 것이 필자의 생각이다.

2006년 1월 필자는 한국 사회의 지속가능한 진보를 위한 '좋은정책포럼'을 뜻있는 동료들과 함께 창립했다. 이 정책포럼은 지속불가능한 기존의 진보가 아니라 지속가능한 진보 이념에 기초하여 다수 국민의 삶의 질을 높이는 좋은 정책을 제시하는 것이 이 시대 진보적 지식인의 임무라는 생각에서 만들었다. 이 포럼의 창립 준비 과정과 창립 이후 동료들과 함께한 토론 과정에서 점차 명료화된 지속가능한 진보의 비전은 이 책의 글들을 관통하는 기본적 틀이라 할 수 있다.

한국경제 발전의 새로운 패러다임을 찾고 있는 이 책에 실린 글들은 이러한 필자 나름의 지난 10년간의 이론적·실천적 모색의 산물이다. 이 책에 실린 글들은 주로 경제위기, 저성장, 양극화, 지방의 위기, 노사관계 위기 등 당면한 경제 문제들을 중·장기적으로 해결할 수 있는 진보적 비전과 정책 기조에 대한 필자의 구상을 담고 있다. 그리고 대부분의 글들은 1997년 경제위기 이후 학회 및 정부기구의 정책토론회에서 발표한 것을 수정 보완한 것이다. 연구년을 받아 미국 버클리 대학에서 가지게 된 집중적 연구기회를 활용하여 그동안 발표한 글들을 손질했다. 아홉 편의 논문과 부록으로 실은 3편의 글을 묶어 '한국경제 제3의 길'이란 제목을 붙이기로 했다. 이 책에서 과거의 개발독재와 현재의 신자유주의를 넘어선 제3의 경제 발전모델을 제시하고자 했기 때문이다. '지속가능한 진보를 위한 대안적 발전모델'이란 부제는 우리나라 경제가 지향해야 할 제3의 길의 내용을 압축해 본 것이다.

이 책이 한국경제의 진로를 모색하는 사람들에게 토론 자료가 되고 약간의 시사점이라도 던져주기를 희망한다. 아울러 이 책이 가지는 문제점과 한계에 대한 독자 여러분의 기탄없는 질정을 기대한다.

끝으로 어려운 출판 여건 속에서도 이 책이 나올 수 있게 해주신 도서출판 한울 관계자 여러분들께 깊이 감사드린다.

2006년 10월
UC버클리 한국학연구소에서
김형기

차례

제1편 │ 경제위기와 양극화를 넘어 대안적 발전모델로

제1장
1997~1998년 한국경제의 위기와 경제개혁:
평가와 정책 과제*

1. 머리말

1997~1998년의 경제위기는 1960년대 이후 한국경제의 성장 과정에서 유례를 찾을 수 없는 파국적 경제위기였다. 이 위기 속에서 전개된 급격한 구조조정은 한국경제의 구조를 크게 변화시켰다. 김대중 정부 5년 동안 기업, 금융, 노동, 공공부문 등 4대 부문의 구조조정을 주된 내용으로 하는 경제개혁이 추진되었는데, 그 경제개혁의 긍정성과 부정성은 이후 성립된 노무현 정부로 연결된다.

노무현 정부가 출범한 지 벌써 2년이나 지났고 그동안 재벌개혁, 금융개혁, 노동개혁 등 경제개혁이 추진되었지만 그 개혁의 성과를 논하기는 아직 이르다. 노무현 정부의 개혁은 김대중 정부의 개혁정책의 유산 위에서 추진되고 있다. 예컨대 현재 노무현 정부의 경제정책 기조는 한편으로는 경제민주주의적 요소를, 다른 한편으로는 신자유주의를 요소를 포함하고 있는 모순을 띠고 있는데, 이는 김대중 정부의 유산에 다름 아니다. 현재 서로 상충하는 두 경향이 대립·갈등하는 가운데 지체되고 있는 노무현 정부의 경제개혁의 성격을 이해하고 그것으로부터 민주적 정책 대안의

---

* 출처: 「경제발전연구」, 11권 1호(2005), 한국경제발전학회 게재 논문(김애경과의 공저).

과제를 도출하기 위해서는 먼저 그 역사적 전제가 되었던 김대중 정부의 경제개혁의 성격을 분석하지 않으면 안 될 것이다.

일반적으로 1997~1998년 경제위기가 1999년 이후 급속히 회복되었다고 하지만, 우리가 보기에는 1999년 이후의 경기 회복은 주로 급속한 구조조정에 힘입은 순환적 위기의 해결이었고, 2000년 이후 지금까지 경제성장의 장기 하강 추세로 표현되는 구조적 위기는 지속되고 있다. 수출의 호조 속에도 지속되고 있는 내수의 침체, 일부 독점 대기업의 유례없는 호황과 대비되는 중소기업의 심각한 불황, 수도권 경제의 성장 속에서도 침체하고 있는 지역경제 등 경제 양극화 현상은 IMF 관리체제 성립을 계기로 한꺼번에 노정된 한국경제의 구조적 모순의 반영이라 할 수 있다. 따라서 이러한 구조적 모순에 대한 이해와 그 해결의 실마리는 1997~1998년 경제위기 속에서 전개된 김대중 정부의 경제개혁 분석에서 찾을 수 있다. 즉, 정치·경제·사회적으로 김대중 정부 동안 형성된 역사적 전제 조건 위에서 창출된 노무현 정부의 경제개혁의 방향과 정책 과제는 김대중 정부의 경제개혁정책에 대한 총체적 분석으로부터 도출하는 것이 바람직하다. 사실 그동안 금융, 기업, 노동시장, 공공부문 등 각 부문별 경제개혁에 대한 분석은 다수 있었지만, 이를 총체적으로 분석한 연구는 찾아보기 힘들었다. 따라서 이 글은 이러한 문제의식에서 1997~1998년 한국경제의 위기 속에서 추진된 경제개혁을 총체적으로 분석 평가하고 정책 과제를 제시하고자 한다.

이를 위해 먼저 경제위기의 성격과 김대중 정부의 경제개혁정책 기조를 밝히고 금융구조조정, 기업구조조정, 노동시장 구조조정, 공공부문 구조조정 등 4대 부문 구조조정을 중심으로 경제개혁정책의 성격을 분석할 것이다. 이어서 이러한 경제개혁이 어떠한 결과를 초래했는지 그 공과를 평가할 것이다. 끝으로 이러한 정책분석에 기초하여 기존의 한국경제 발전모델과는 다른 대안적 발전모델을 위한 정책 의제를 제시할 것이다.

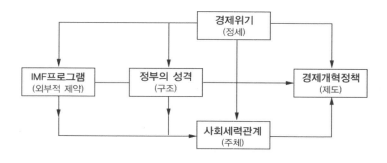

<그림 1-1> IMF 관리체제하의 경제개혁정책 결정 요인

2. 경제위기와 정부의 경제개혁정책 기조

1997~1998년의 파국적 경제위기라는 특수한 정세 속에서 한국 정부의 경제개혁정책은 다양한 요인들의 상호 작용을 통해 형성되고 실행되었다. IMF 관리체제 아래 한국의 경제개혁정책을 형성하는 데 기여한 주요 요인을 보면 <그림 1-1>과 같다.

그림에서 볼 수 있는 것처럼, 경제위기라는 정세적 요인 속에서 IMF 프로그램이라는 외부적 제약 요인이 작용하는 가운데, 김대중 정부의 성격이라는 구조적 요인과 자본가와 노동자를 포함한 계급계층들의 사회 세력 관계라는 주체적 요인이 상호 작용하여 제도로서의 경제개혁정책이 형성되었다고 할 수 있다.

여기서 경제위기는 경제의 급작스런 일시적 마비 현상, 즉 공황(panic)을 가져온 유동성 위기 혹은 신용위기, 순환적 위기의 성격을 가지는 과잉생산 위기, '주변부 포드주의'(Lipietz, 1985; 김형기, 1996)로 규정될 수 있는 한국 경제의 발전모델 그 자체의 위기가 중첩되어 나타난 국민경제 전체의 파국적 위기였다. 또한 1997~1998년의 경제위기는 실물 부문의 위기와 금융 부문의 위기가 상호 전이되어 나타난 전면적 경제위기였다. 그리고 일시에 경제를 마비시킨 유동성 위기를 초래한 직접적 요인은 기업들의 고부채 경영 상황에서의 국제 투기자본과 초국적 금융자본의 자금 회수였음은 익히 알려진 사실이다.

이러한 파국적 경제위기를 극복하는 것이 김대중 정부의 경제개혁정책의 과제였음을 두말할 필요가 없다. 따라서 정부의 경제개혁정책은 유동성 위기, 부채위기, 과잉생산 위기, 생산성 분배의 위기, 생산성 위기라는 복합적 위기를 동시에 극복해야 하는 과제를 안고 있었다. 기업, 금융, 노동시장, 공공부문 등 4대 부문의 구조조정과 개혁은 이러한 과제를 해결하기 위한 과정이었다고 할 수 있다.

외환위기라는 유동성 위기를 극복하기 위해 불러들인 IMF 구제금융이 우리에게 IMF 관리체제라는 족쇄를 채운 것은 주지의 사실이다. IMF 관리체제하에서 강제된 IMF 프로그램의 주된 내용은 재정금융의 긴축정책과 노동시장 유연화 정책이었다. 이러한 IMF 프로그램은 기본적으로 신자유주의적이었다. 경제 주권이 제한된 IMF 관리체제 아래에서 신자유주의적인 IMF 프로그램이 김대중 정부의 경제개혁정책의 주된 기조를 형성하게 되었다.

다음으로 김대중 정부의 성격은 경제개혁정책 형성에 어떤 영향을 미쳤는가? 김대중 정부는 상대적으로 민주적인 민주당과 보수적인 자민련의 연립정부였기 때문에 민주개혁성과 보수성이라는 상반된 성격을 동시에 가지고 있다. 여기서 민주개혁성이란 일정 부분 친노동자적인 요소를 말하며, 보수성이란 자본가 편향적인 요소를 말한다(김형기, 1999).

정권 출범 시에 내건 '민주주의와 시장경제의 병행 발전'이란 국정 기조도 경제정책 형성에 이중적 효과를 낳았다. 즉, '민주주의'는 노동 기본권의 신장을 통해 친노동자적 효과를, '시장경제'는 경영권의 확대를 통해 친자본가적 효과를 불러일으켰다고 할 수 있다. 이 이중성 중에서 어느 측면이 우세하게 나타나는가는 경제위기라는 정세적 요인과 사회 세력

관계, 특히 노사의 교섭력이라는 주체적 요인이 어떻게 작용하느냐에 달려 있다.

우선 경제위기의 효과는 양면적이었다. 한편으로는 경제위기가 IMF 관리체제를 성립시키고, IMF가 노동시장 유연화와 긴축정책을 포함한 신자유주의적 구조조정 프로그램을 강제했기 때문에 경제정책은 친자본가적 성격을 띠게 되었다. 아울러 노동자들의 교섭력을 약화시켜 정리해고제도 도입과 같은 친자본가적 경제정책을 형성시키는 데 기여했다. 다른 한편으로는 경제위기로 인한 대량실업의 발생과 소득 감소에 따라 심화된 사회 갈등을 극복하기 위한 사회통합의 필요성 때문에 노사정위원회 설치와 같은 새로운 형태의 노동정책이 실시되는 계기를 마련했다.

아무튼 경제위기에 직면하여 김대중 정부는 한편에서는 노동시장 유연화와 같은 신자유주의(neo-liberalism) 정책을, 다른 한편에서는 노-사-정의 사회적 합의와 같은 경제민주주의(economic democracy) 정책을 추구했다. 이것이 김대중 정부의 경제정책이 가지는 기본적 이중성이라 할 수 있다. 이와 함께 정부 내에서는 과거 개발독재적 국가주의(statism) 요소가 관료사회를 중심으로 강하게 남아 있었다. 이른바 관치경제, 관치금융, 통제경제적 정부 규제 등은 국가주의적 요소의 내용이다.

사회 세력 관계를 우선 노사의 교섭력 요인 중심으로 보면, 노동운동의 위협이 정부를 압박하여 다소 친노동자적 경제개혁정책의 도입을 촉진했다. 실업률의 급상승에 따른 산업예비군의 규율 효과는 노동자들의 교섭력을 약화시켜 친자본가적 경제개혁정책 형성에 기여했다. 재벌지배체제 아래 자본가들이 가지고 있던 강한 교섭력은 경제정책이 친노동자적 성격을 가지도록 작용했다. 한편, 1987년 이후 지난 15년간 노동운동과 함께 고양된 시민운동이 민주적 경제개혁을 실시하도록 압박을 가했다.

경제위기에 대응하여 자본가들은 노동시장 유연화 같은 신자유주의 전략을 추구했다. 또한 구조조정 과정에서 노조를 약화시키는 수많은 부당노동행위를 행했다. 이는 경제위기로 인한 실업 증대를 빌미로 강제력을 행사했다는 점에서 신자유주의적이라기보다는 시장전제주의(market despotism)적이었다.[1]

반대로 노동조합은 한편으로는 노동시장의 안정성과 참가적 노사관계, 사회적 합의를 요구했다는 점에서 경제민주주의적 전략을 추구했고, 다른 한편으로는 신자유주의에 대해 총파업 등 대중투쟁으로 저항하는 전투적 조합주의를 지향했다. 시민운동은 소액주주운동 등을 통한 기업지배구조의 민주화를 주장했다는 점에서 경제민주주의를 지향했다고 할 수 있다.

이와 같이 자본가의 신자유주의 및 시장전제주의 지향성과 노동운동·시민운동의 경제민주주의, 그리고 노동운동의 전투적 조합주의 지향성이 상호 충돌하는 가운데 그 사회 세력 관계에 따라 경제개혁정책에 미치는 효과가 다르게 나타났다. 전체적으로 실업의 규율 효과가 강했기 때문에 사회 세력 관계는 신자유주의 및 시장전제주의의 경향을 우세하게 만들었다고 할 수 있다.

따라서 김대중 정부의 경제개혁정책 형성에 작용한 경향들은 <그림 1-2>와 같이 나타낼 수 있다. IMF, 정부, 자본가의 신자유주의 경향, 노동운동과 시민운동 그리고 정부의 경제민주주의 경향, 정부의 개발독재적 국가주의 경향, 자본가의 시장전제주의 경향, 노동운동의 전투적 조합주의 경향 등이 경제개혁정책 형성에 작용했다. 이처럼 김대중 정부의 경제개혁정책 형성 과정에서는 신자유주의, 경제민주주의, 국가주의, 시장전제주의, 전투적 조합주의 등 다섯 가지 경향이 충돌하고 있다고 결론지을 수 있다.

---

1) 여기서 노동에 미치는 신자유주의 전략과 시장전제주의 전략의 차이는 전자가 경제위기에 대응하여 노동시장 유연화를 추구하여 실업을 발생시키는 것이라고 한다면 후자는 노동시장에서 실업 증가를 빌미로 기업 내부 노동자에 대한 통제를 강화하는 것이라 할 수 있다. 양자는 서로 연계되어 나타나지만 원리적으로는 서로 다른 것이다.

<그림 1-2> 김대중 정부 경제개혁정책 형성에 작용한 경향들

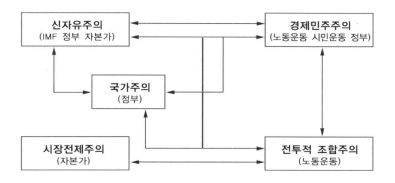

3. 주요 경제개혁정책: 4대 부문 구조조정

김대중 정부의 경제개혁은 우선 긴박하게 닥친 외환위기, 부채위기, 금융위기를 극복하는 데 초점이 맞추어졌다. 그래서 위기의 진원지였던 금융부문과 기업부문의 위기 요인을 제거하는 구조조정이 경제개혁의 주요 내용을 이루었다. 그런데 금융부문과 기업부문의 구조조정을 위해서는 노동시장을 유연화시키는 노동시장 개혁이 우선적으로 요청되었다. 아울러 공기업을 민영화하는 공공부문 개혁이 추진되었다. 그래서 경제개혁은 기업구조조정, 금융구조조정, 노동시장 구조조정, 공공부문 구조조정이라는 네 방향으로 추진된다. 이른바 '4대 부문 개혁'이 시도된 것이다.

1) 금융구조조정

과잉투자와 과잉생산, 차입경영과 문어발식 확장이 초래한 재벌 대기업의 도산이 은행의 대규모 부실 채권을 발생시켜 재무구조를 악화시켰다. 이러한 상태에서 국제 투기자본의 급격한 자본 유출에 따라 외환위기가 발생하자 금융위기가 일거에 폭발했다. 즉, 과잉투자와 과잉생산으로 실물부문의 자본축적 위기가 발생한 상태에서 외환위기가 결합되어 금융위기가 발생한 것이다.

이러한 금융위기에 대응하여 김대중 정부는 말레이시아의 마하티르 정부처럼 국제 투기자본을 규제하는 방향으로 나아간 것이 아니라 IMF 관리체제 아래에서 IMF 프로그램에 따라 금융긴축 정책의 기조하의 금융구조조정에 착수했다.

금융구조조정은 부실 금융기관의 폐쇄와 금융권의 부실 채권 정리에 초점이 맞추어졌다. 이를 통해 국내 예금주와 외국 투자자들의 투자 심리를 회복하고 대외 신인도를 회복하여 외화 유입과 예금 유입을 촉진하고자 했다. 이러한 목적을 가진 금융구조조정은, ① 부실 금융기관의 정리 및 금융기관 종사자와 점포 수의 감축, ② 공적 자금에 의한 금융기관의 부실 채권 정리 및 자본 확충 지원, ③ 금융기관의 건전성 규제 강화, ③ 금융기관의 투명성 관련 제도 정비, ④ 금융지주회사제도의 도입과 은행 소유 제한 완화 등의 방향으로 이루어졌다(허재성·유혜미, 2002).

부실 금융기관 선정 기준은 BIS기준 자기자본비율 8%였다. 1997년 말 BIS기준 8% 미만인 5개 은행을 폐쇄했다. 금융기관 수와 종사자 수의 감축이 대대적으로 추진되었다. 1997년 말 외환위기 이후 2001년 12월 말까지 전체 금융기관 수의 28.8%인 596개 금융기관이 퇴출 또는 합병되고, 금융기관 종사자 수는 317,623명에서 218,726명으로 31.1% 감소했다. 금융구조조정의 가장 두드러진 특징은 바로 이와 같은 금융부문 전체의 다운사이징이었다.

1998년 6월 말 136.3조 원에 달했던 금융기관 부실 채권의 정리와 자본 확충을 위해 투입된 공적 자금은 2001년 12월 말까지 155.3조 원이었다. 공적 자금은 채권 발행, 재정 자금 등으로 조성되었다. 대규모 공적 자금 투입은 금융위기 극복을 위한 국가의 강력한 개입을 상징하는 대표적인 정책이었다. 공적 자금의 투입은 파국적 금융공황의 발생을 막고 경기침체의 장기화를 막는 데 기여했다.

금융기관의 건전성 규제를 강화하기 위해서, 자기자본비율이 일정 수준에 미달하는 경우 감독 당국이 의무적으로 금융기관에 경영개선 권고·요구·명령 등의 조치를 취하도록 하는 적기시정조치제도를 도입했다. 또한 금융기관의 투명성을 높이기 위해 사외이사, 감사위원회, 준법감시인 제도를 도입했다. 아울러 금융기관의 대형화·겸업화를 촉진하기 위해 금융지주회사 제도를 도입했다. 그리고 건전한 금융자본 출현을 유도하고 은행의 책임 경영을 촉진한다는 명분으로 은행소유 제한을 완화하고 내국인의 동일인 주식보유한도를 4%에서 10%로 확대했다.

한편 김대중 정부는 IMF 협약에 따라 외자 유입을 통해 국내 자본시장을 안정화하기 위해 자본 거래를 자유화했다. 단기 금융 거래를 포함한 자본 거래는 외환위기 발생 직후 광범위하게 자유화되었다. 외국인 지분 제한을 철폐하고 채권시장을 개방했으며, 외국인에 의한 인수합병(M&A)을 자유화했다. 또한, 비거주자도 계좌를 개설할 수 있게 되었다. 이와 같이 단기자본 이동을 자유화하는 형태의 금융 자유화는 금융구조조정의 매우 중요한 내용 중의 하나였다.

2) 기업구조조정

1997~1998년의 경제위기는 기업 부실이 금융 부실로 연결되어 금융위기가 초래되고 금융위기가 다시 실물 부문의 위기를 심화시켜 전반적 경제위기로 발전한 것이었다. 따라서 경제위기의 진원지인 기업에 대한 구조조정은 경제개혁의 가장 중요한 대상이었다.

기업구조조정은 차입 경영에 기초한 과잉투자, 과잉생산이 초래한 기업의 채무위기를 해소하여 재무구조를 개선하고 기업지배구조를 개혁하는 데 초점이 맞추어졌다. 좀 더 구체적으로 보자면 기업구조조정은 다음과 같은 다섯 가지 방향으로 추진되었다.

첫째, 회생 불가능한 부실기업을 청산, 합병, 매각 등의 형태로 정리하고 회생 가능 기업은 기업개선작업(workout)을 추진했다. 둘째, 기업 재무구조를 개선하기 위해 부채비율을 낮추도록 하고, 상호지급보증을 금지하는 조치를 취했다. 셋째, 기업의 경영 투명성을 높이기 위해 결합재무제표를 조기 도입하고 기업회계기준을 개정했다. 넷째, 사외이사를 의무화하고, 사외감사를 권고하며, 대표소송권 등 소액주주권을 강화하고 누적투표제를 실시하는 등 기업지배구조를 개혁했다. 다섯째, 기업에 대한 시장 규율을 강화하기 위해 M&A를 자유화했다. M&A를 활성화하기 위해 의무공개매수제도를 폐지하고, 외국인에 대한 M&A 제한을 완화했으며 상호출자제한과 기업결합 규제도 완화했다.

재벌 기업에 대해서는 별도의 구조조정이 추진되었다. 정부는 재벌 기업의 무분별한 확장, 과잉투자, 오너의 전횡, 상호출자에 의한 재무구조 부실이 외환위기의 주된 요인이었다는 인식 아래 강도 높은 재벌 기업 구조조정에 착수했다. 특히 5대 재벌에 대해서는 부채-자본 비율을 200% 이하로 인하하고 상호채무보증을 금지하며 비핵심사업을 매각하거나 맞교환—이른바 빅딜(big deal) — 하도록 압박을 가했다. 여기서 빅딜은 재벌 기업들의 중복투자, 과잉투자를 없애고 핵심사업 분야에 집중하도록 하려는 정책이었다. 5대 재벌을 제외한 대기업의 경우 기업개선작업을 추진했다.

기업구조조정의 효율적 추진을 위해 2001년 7월에 「기업구조조정촉진법」을 제정했다. 이 법을 통해 주채권은행이 금융기관 신용공여 기준 500억 원 이상인 기업을 대상으로 신용위험을 반기별로 평가하여 부실 징후 기업 중 회생 가능성이 있는 기업에 대해서는 채권금융기관이 공동 관리를 하도록 했다.

외환위기 이후 정부의 기업구조조정은 주로 재무구조를 개선하는 데 집중되었다. 기업의 생산체제를 개혁하는 구조조정은 아니었다. 물론 사외이사제도의 도입이나 적대적 M&A의 허용 등은 기업에 대한 외부 통제와 시장 규율을 강화하는 것으로 주목할 만하다. 그동안의 기업구조조정 정책은 소유 분산을 통한 경제력 집중의 완화라는 정책 목표를 일부 포기하면서 경영의 효율화와 구조조정의 활성화를 도모하려는 것이었다(정갑영, 2002).

3) 노동시장 구조조정

금융구조조정과 기업구조조정을 추진하기 위해 정부는 노동시장 구조조정을 추진했다. 노동시장 구조조정의 기본 방향은 노동시장의 유연화를 위한 정리해고제를 도입하는 것이었다.

한국노동시장은 1987년 노동자 대투쟁 이후 노동조합의 교섭력이 크게 증가함에 따라 상당 정도 경직화된다. 불경기이거나 기업 경영이 악화되었을 때에도 노동자들을 쉽게 정리해고 할 수가 없었으며 임금도 쉽게 삭감할 수 없었다. 아울러 연공임금체계가 유지되고 있었기 때문에 기업 성과에 따라 임금 조정을 하기가 어려웠다. 이러한 노동시장의 경직성이 기업의 이윤 추구 활동을 제약하고 기업의 경쟁력을 저해하고 있다는 주장이 1990년대 경영자들과 정부 당국으로부터 제기되었다. 1997~1998년 외환위기, 경제위기를 계기로 IMF와 자본가들은 기업구조조정과 금융구조조정에 따라 발생할 과잉노동력을 자유롭게 해고할 수 있는 고용의 유연성을 요구했다.[2]

정부는 외환위기 극복을 위한 외자 유치를 위해 노동시장 유연화가 필수적이라고 주장했다. 이러한 상황에서 새로 설립된 노사정위원회에서 노-사-정의 합의로 정리해고제가 도입되었다.

---

2) 노동시장 구조조정에 관한 이하의 서술은 김형기(1999b)에 기초한 것임.

노사정위원회에서 노동자 측 대표들이 정리해고제 도입에 합의한 것은 사회적 합의에 참가하려는 노동조합의 경제민주주의적 경향과 정리해고제 도입을 허용하는 대신 노동조합의 정치활동의 자유, 교원노조 합법화 등 노동기본권을 획득한다는 전략적 행동의 결과라 할 수 있다. 김대중 정부가 정리해고제를 이와 같이 노-사-정 합의를 통해 도입했다는 사실은 파국적 경제위기라는 특수한 정세를 고려한다고 하더라도 극히 이례적이라 할 수 있다. 이는 김대중 정부의 경제정책, 노동정책의 일정한 민주성을 나타 내준다고 할 수 있다.

아무튼 정리해고제는 고용의 유연성 실현을 가능하게 했다. 경영 악화를 방지하기 위한 인수합병을 포함한 '긴박한 경영상의 필요에 의한 해고'를 허용한 정리해고제는 대량실업의 물꼬를 텄다. 아울러 파견근로가 합법화 되었다. 정리해고제와 파견근로제의 도입은 고용의 유연성을 증대시킨 계 기가 되었다.

노동시장의 유연화는 경제위기 속에서 IMF 프로그램의 제약을 받는 정부가 구조조정을 하기 위해 노-사-정의 합의를 통한 정리해고제를 도입 함으로써 실현된다. 따라서 정부의 노동시장 유연화는 코포라티즘의 형식 을 통한 신자유주의적 내용의 구현을 의미한다 하겠다.

정리해고제 도입 이후 고용조정이 급속히 이루어지는데, 정부는 이에 따른 노사 갈등의 심화를 우려하여 기업들에게 고용조정 과정에 노조나 종업원이 참여하여 정보를 공유하고 구체적 대안을 모색하는 '노사협력적 고용조정'(노동부, ≪노동뉴스≫ 1998년 5월 18일자)을 권장했다. 단위노동조 합들은 전국 중앙본부가 비록 노사정위원회에서 정리해고제에 합의했지 만, 기업수준에서 고용보장 협약 체결 등의 형태로 정리해고를 저지하려 했다. 그러나 실제의 고용조정은 대부분 성실한 사전 협의와 해고 회피 노력이 없는 자본가의 일방적인 고용조정으로 나타났고, 이 과정에서 부당 노동행위가 빈번히 이루어졌다.

따라서 고용조정은 사회수준에서는 코포라티즘적 형식을 통해, 기업수준에서는 대체로 '시장전제주의'적 방식으로 이루어졌다고 볼 수 있다. 정부가 권장한 '노사협력적 고용조정'은 구호에만 그치고 말았다. 이런 까닭에 임금 수준과 고용량을 조정하는 노동시장의 수량적 유연성은 노사 합의를 통한 '조정된 유연성'(coordinated flexibility)이 아니라 자본가의 일방적인 '자유주의적 유연성'(liberal flexibility) 방식을 통해 실현되었다고 할 수 있다.

　정리해고제 실행을 계기로 경제위기와 구조조정 과정에서 발생한 대량 실업에 대응하여 정부는 대대적인 실업정책을 실시한다. 1998년 10조 원, 1999년 7조 원에 달하는 대규모 예산으로 고용 안정, 일자리 제공, 직업훈련과 취업 알선, 실업자 생활보호 등의 실업대책을 추진했다. 이와 같이 케인스주의적 재정정책을 통해 대규모 실업대책 예산을 투입하여 실업 구제에 나섰던 것을 감안하면 사회안전망 구축을 지향하는 정책 기조는 기본적으로 뉴딜적이라 할 수 있을 것이다.

　그런데 2000년에 들어오면서 '생산적 복지'라는 개념이 도입되어 실업대책의 기조가 바뀌기 시작한다. '생산적 복지'는 시장경제와 복지 사이의 상충 관계를 '노동을 통한 복지'(work-fare)라는 관점에서 노동과 복지를 연계함으로써 해결하려는 시도이다. 실업 급부 그 자체보다는 일자리 창출과 인적자원 개발 그리고 실업자에 대한 자활 의무 부과 등을 통해 실업을 해소하고 복지를 증진시키겠다는 것이 '생산적 복지'의 목표이다. 2000년 10월 1일부터 실시된 국민기초생활보장제도는 이러한 '생산적 복지' 개념을 구체화한 것이다.

　'생산적 복지'는 토니 블레어의 '제3의 길' 복지정책의 한국판이라 할 만하다. '생산적 복지'에는 복지 지출을 삭감하고 노동을 강제하려는 목표를 가진 신자유주의적 실업정책의 요소와 일자리 창출을 목표로 하는 적극적 노동시장정책(active labor market policy)의 요소가 동시에 포함되어 있다.

스웨덴, 독일 등 사회민주주의 국가에서 실시되고 있는 적극적 노동시장정책을 신자유주의 정책이라고 볼 수 없기 때문에 김대중 정부의 생산적 복지를 곧 신자유주의적 실업정책이라고 단정 지을 수는 없다.

4) 공공부문 구조조정

공공부문의 영역 축소, 경쟁과 성과 원리의 도입을 통한 효율성 제고를 주요 내용으로 하는 신공공관리주의(New Public Management)가 1980년대 이후 영국과 뉴질랜드, 미국 공공부문 개혁의 이론적 기반이 되었다. 1997~1998년의 경제위기 속에서 공공부문 개혁을 둘러싼 김대중 정부의 선택 역시 이러한 신공공관리주의와 맥을 같이하는 것이었으며, 이는 IMF의 요청에 따른 것이기도 했다. '작지만 효율적인 정부'라는 모토가 상징적으로 보여주듯이 공공부문 개혁의 핵심 내용은 공공부문의 슬림화를 통해 민간경제 영역을 확대하고 경쟁과 성과 원리를 도입하는 것이었다.

김대중 정부는 강력한 공공부문 구조조정을 통해 예산을 절감하고 금융구조조정과 기업구조조정 등과 같은 다른 부문의 구조조정을 선도하고자 했다. 이를 위해 1998년 2월 기획예산위원회가 발족되었으며, 1년 뒤인 1999년 3월 계획과 예산 기능을 모두 갖춘 기획예산처가 발족되었다. 공공부문 구조개혁의 기본 방향은 정부의 공공부문 구조개혁 5대 원칙으로 구체화되었다. 공공부문 구조개혁의 5대 원칙은, 첫째, 여건 변화에 따라 필요성이 감소된 분야의 폐지 및 민간 경영이 더 효율적인 분야의 민영화를 통해 공공부문 축소, 둘째, 설립 목적과 직결된 핵심 역량 분야로의 전문화, 셋째, 민간 기업에 준하는 경쟁력과 책임경영체제 확보, 넷째, 공공부문 운영과 관련된 국민과 기업의 재정 부담 최소화, 다섯째, 경쟁을 촉진하고 기업 및 국민 생활에 불편을 주는 제도 개선 등이었다(이종선, 2002).

1998년 기획예산위원회의 발족을 시작으로 중앙정부, 지방정부, 공기업, 산하 기관 등을 포함한 공공부문 전반에 걸친 구조조정과 운영 시스템의 혁신이 시도되었다. 우선, '작은 정부'를 달성하기 위해 대대적인 인력 감축과 광범위하고도 급속한 공기업 민영화, 자회사 정리가 이루어졌다. 다음으로 '효율적인 정부'를 지향하면서 운영 시스템의 개혁을 시도했는데, 책임운영기관제, 개방형직위제, 성과연봉·상여금제 등이 그 주요 내용이다.

  김대중 정부의 공공부문 개혁의 최우선 과제는 무엇보다 중앙과 지방정부, 공기업과 산하 기관의 조직 및 인력 감축이었다. 이러한 인력 감축에 대한 강조는 공공부문의 전반적인 경영 효율성 제고와 함께 경제위기 당시 최대의 사회적 이슈로 제기되었던 '국민적 고통 분담'의 성격이 반영된 것으로 볼 수 있다. 그러나 인력 감축의 대부분이 하위직과 비정규직을 중심으로 이루어져서 조직의 효율성 제고와는 동떨어진 결과를 낳았다.

  다음으로 김대중 정부의 공공부문 개혁 중 국내외의 이목이 집중된 부분이 바로 공기업의 민영화에 관한 것이다. 경제위기 극복 과정의 일환으로 계획되고 실행된 민영화는 김대중 정부 내내 급속히 진전되었다. 그러나 국가 기간산업의 대부분을 민영화하는 거대한 프로젝트임에도 불구하고 철저한 준비나 사회적 합의, 일관된 원칙이 부재한 상태에서 정부가 일방적으로 밀어붙이기 식으로 진행시켰기 때문에 각종 의혹과 특혜, 편법 시비가 발생되는 계기가 되었다.

4. 경제개혁의 귀결: 성과와 성격

  이상과 같은 금융구조조정, 기업구조조정, 노동시장 구조조정, 공공부문 구조조정은 금융, 기업, 노동, 공공부문에 큰 변화를 초래했다. 김대중 정부의 경제개혁정책은 어떤 성과와 결과를 초래했는가? 김대중 정부의 경제개혁정책을 전반적으로 어떻게 성격 규정할 수 있는가?

1) 금융부문: 금융의 독점화 · 시장화 · 자유화

경제개혁이 금융부문에는 어떤 변화를 초래했으며 어느 정도의 성과가 나타났는가? 우선, 금융기관의 부실 채권이 크게 줄어들었다. 전체 금융기관 부실 채권은 1998년 6월 말 136.3조 원이었으나 2001년 말에는 35.1조 원으로 줄어들었다. 일반 은행의 부실 채권 비율은 1999년 말 13.6%에서 2001년 말 3.3%로 줄어들었고, 2002년 3월 말에는 2.9%로 축소됐다. 일반 은행의 BIS 비율은 1997년 말 7.04%에서 2001년 말 10.8%로 증가했다.

이러한 부실 채권 정리와 함께 금융기관 수 및 종사자 수의 대대적인 감축이 이루어졌다. 앞에서 지적한 것처럼 금융기관 수와 점포 수가 크게 줄어들었고 대규모 감원이 일어났다. 이는 금융부문에서 약 10만 명의 대량실업을 발생시켰다.

한편 금융기관의 퇴출, 인수, 합병에 따라 금융기관의 대형화가 진전되어 금융자본이 집중되기 시작했다. 상위 5대 대형 은행의 자산 집중도는 1997년 말 46.7%에서 2000년 6월 말 59.5%로 높아졌다. 아울러 다수의 지방 은행과 지방에 기반을 둔 종금사, 상호저축은행들이 다수 퇴출되거나 합병됨에 따라 금융의 서울집중이 크게 심화되었다. 이와 같은 금융부문에서의 독점 강화와 서울집중 심화는 금융구조조정이 초래한 주요한 귀결 중 하나이다.

금융구조조정을 통해 금융기관의 부실 자산이 정리되고 인력구조조정이 진행됨에 따라 금융기관의 수익성 및 생산성이 향상되었다. 은행의 경우 외환위기 이후 생산성 지표인 1인당 예수금, 대출금, 총자산 증가율이 1990~1997년에 연평균 15% 내외인 데 반해, 1998~2000년에는 각각 연평균 32.3%, 24.9%, 26.8%로 두 배 가까이 증가했다(한국금융연구원, 2002).

한편, 금융기관의 경영 측면에서는 위험 및 수익성이 동시에 강조됨에 따라 인사부서 위주의 내부 통제보다 성과 지표에 기초한 위험 담당 부서 위주의 내부 통제가 강조되기 시작하는 경영 시스템의 변화가 나타났다(한국금융연구원, 2002). 아울러 은행들이 자산 운용에서 전략적·환경적 요인들에 의해 단기적 수익성 기준을 훨씬 더 중요시함에 따라 은행-기업 간 관계에서 관계 지향적 대출 관계[3]가 상당히 약화되었다. 관계 지향적 대출은 금융 시스템의 건전한 발전과 경제의 안정적 성장을 위해 불가결한 요소(김현창, 2002)임을 고려할 때, 이러한 금융구조조정 결과는 국민경제의 불안정성을 증폭시키는 요인이 될 것으로 우려된다.

다음으로 금융구조조정 이후 나타난 금융시장의 변화는 주목할 만하다. 우선 주식시장과 채권시장이 크게 성장했다. 한국증권거래소 상장 주식의 시가총액이 1997년 말에는 71조 원이었으나, 2001년 말에는 256조 원으로 3.6배 증가한다. 코스닥 시장도 같은 기간 7조 원에서 52조 원으로 빠르게 성장했다. 채권시장의 발행 잔액은 226조 원에서 483조 원으로, 거래 대금은 240조 원에서 2,756조 원으로 급격히 증가했다. 이와 같이 주식시장과 채권시장이 성장하고 금융시장의 증권화가 진전됨에 따라 기업의 직접 금융 비중이 1997년 0.37에서 2001년 0.98로 증가했다. 이처럼 직접 금융시장이 팽창함과 동시에 파생 금융상품시장이 크게 활성화된다. KOSPI 200의 선물·옵션거래 추이를 보면, 선물거래량은 1996년 715,621건의 계약에서 2001년 31,502, 184건의 계약으로, 옵션거래량은 1997년 4,528,424건의 계약에서 2001년 823,289,608건의 계약으로 급성장했다.

주식시장과 채권시장의 급성장, 금융시장의 증권화, 기업의 직접 금융 비중의 급증, 파생 금융상품시장의 발전과 함께, 금융시장 변화에 따른

---

3) 자금수요자에 대한 고유한 정보를 기반으로 자금 공급자와 수요자 간에 장기적·안정적 관계가 유지되는 금융 거래 방식을 말한다.

기업의 자금 조달 방법 최적화, 자산담보부증권(ABS) 발행의 증가, 기업의 신용 등급 및 기업 규모에 따른 자금 조달 차별화 등 금융구조조정의 결과 시장 중심형 금융시스템이 형성된다(한국금융연구원, 2002). 이는 금융구조 조정에 따라 관치금융으로부터 시장금융으로의 발전, 즉 금융의 시장화가 크게 진전되고 있음을 말해준다.

다음으로 1998년에 외국인 투자 한도가 철폐되는 자본 자유화가 이루어 짐에 따라 외국인 투자자의 국내 주식 투자 비중이 크게 확대되었다. <표 1-1>에서 보는 것처럼, 외국인 주식 투자 보유 비율은 1997~2001년에 주식 수 기준으로는 9.1%에서 14.7%로, 시가총액 기준으로는 14.6%에서 36.6%로 크게 증가한다. 2002년에는 다소 이 비중이 줄어들지만, 시가총액 기준 외국인 주식 보유 비율은 36.0%에 달하고 있다.

주식시장에서의 자본 자유화와 함께 외환위기 이후 금융시장이 완전 개방되었다. 즉, 1998년 7월에 기업의 중·장기 외화 자금 조달 및 단기 무역 신용이 완전 자유화되고 외국인 국내 투자 관련 제한이 폐지된다. 1999년 4월과 2001년 1월의 외환 자유화 조치로 기업 및 개인, 외국인의 외환 거래 규제가 완화된다. 이러한 금융 자유화 혹은 자본 자유화는 IMF 가 강요하고 김대중 정부가 수용한 금융구조조정 정책의 가장 중요한 효과 중의 하나이다.

2) 기업부문: 고부채―과잉축적의 부분적 해소와 주주 자본주의 지향

기업구조조정의 결과 우선 기업의 부채 비율이 감소한다. 제조업의 부채 비율은 1997년 말 396.3%에서 2002년 말 135.4%로 감소한다. 그러나 부채 비율 감소는 금융 부채 감축보다는 유상증자와 자산재평가 등을 통한 자기 자본 확충에 주로 기인했다(허재성·유혜미, 2002). 자기자본비율은 1997년 말 20.2%에서 2002년 말 42.5%로 증가했지만, 재무구조의 실질적 개선은

<표 1-1> 외국인 국내 주식 투자 추이

구분	시가 총액(억 원)			주식 수(만 주)		
	전체	외국인	외국인 보유비율(%)	전체	외국인	외국인 보유비율(%)
1997	709,889	103,580	14.6	903,075	81,612	9.1
1998	1,377,985	256,399	18.6	1,144,367	120,460	10.5
1999	3,495,040	765,905	21.9	1,732,580	213,688	12.3
2000	1,880,415	565,585	30.1	1,963,867	273,107	13.9
2001	2,558,501	936,982	36.6	1,957,830	286,922	14.7
2002	2,586,808	931,607	36.0	2,646,338	305,459	11.5

자료: 증권거래소, 『주식』(각 년도)

그리 크게 이루어지지 않았다. 결국 기업의 재무구조는 여전히 건전하지 못한 실정이다. 제조업의 차입금 의존도는 2001년 말 현재 39.8%로 미국 (27.4%), 일본(2000년 말 29.7%)에 비해 여전히 높은 수준이다. 세계은행 (World Bank)에서 부채 상환 능력이 안정적이지 못한 것으로 평가하는 이자 보상비율 2.0 미만인 기업체 수가 2001년에 조사 대상 제조업체의 53.6%에 달했다. 그럼에도 불구하고 이자율의 하락으로 이전에 비해 금융비용 부담률이 줄어들고 이자보상비율이 증가한 것은 사실이다.

5대 재벌 사이에 이루어졌던 빅딜은 정부가 재벌들에게 상대방의 부실기업을 인수할 것을 요구한 것으로 당사자들 간의 자발적 합의에 의해서 이루어진 것이 아니었다. 반도체, 자동차, 석유화학, 항공기와 철도 차량에서 이루어진 빅딜은 통합 법인의 경영 성과가 극히 저조하기 때문에 기본적으로 실패라고 평가할 수 있다. 또한 원래의 취지와는 달리 빅딜 과정에서

<표 1-2> 제조업 재무구조 관련 지표의 변동

	1997	1998	1999	2000	2001	2002
부채비율	396.3	303.0	214.7	210.6	182.2	135.4
자기자본비율	20.2	24.8	31.8	32.2	35.4	42.5
이자보상비율	129.1	68.3	96.1	157.2	132.6	260.3
금융비용 부담률	6.4	9.0	6.9	4.7	4.2	2.6
차입금 평균 이자율	10.6	13.5	11.5	10.5	9.4	7.7

주: 부채비율=부채/자기자본, 자기자본비율=자기자본/총자본, 이자보상비율=영업이익/ 이자 비용

자료: 한국은행, 『기업경영분석』(각 년도).

중복 투자에 대한 정리가 없었다. 물론 빅딜 추진을 계기로 5대 재벌은 계열사의 매각과 분리를 통해 과거보다는 경쟁력 있는 부문에 집중하려고 하고 있다.[4] 이렇게 볼 때 기업구조조정을 통해 고부채-과잉축적은 부분적으로밖에 해소되지 못했다고 결론지을 수 있다.

한편 사외이사제의 도입으로 기업 투명성이 높아질 가능성이 생겼다. 그러나 사외이사의 선임 과정에 대주주가 영향력을 행사하기 쉬운 구조가 되어 있는 까닭에 사외이사는 대부분 사실상 들러리가 되고 있어 기업 총수의 독단적인 경영에 대한 사외이사의 감시 기능이 극히 미약하다. 아울러 1998년 12월 상법 개정을 통해 이사선임 시 소수 주주의 집중 투표제가 도입되었으나 회사 정관으로 이를 채택하지 않을 수 있도록 규정함에 따라 대주주 및 경영진에 대한 소수 주주의 경영감시제도가 제 기능을 다하지 못하고 있다. 실제 2001년 현재 30대 계열 기업 소속 517개사

---

[4] 삼성은 전자·금융·국제무역 부문에, 현대는 자동차·중공업 부문에, LG는 에너지·화학·통신·금융부문에, SK는 에너지·화학·통신·건설 부문에 각각 주력하고 있다.

중 96개사만이 집중 투표제를 도입하고 421개사는 회사 정관으로 집중 투표제를 채택하지 않고 있는 실정이다(공정거래위원회, 2001).

이러한 한계에도 불구하고 기업지배구조를 소유자 경영으로부터 주주 주도형으로 바꾸고 기업 투명성 제고를 위해 외부 통제를 강화하려는 시도를 한 점이 특기할 만하다. 이는 영·미식 주주 자본주의로의 재편을 시도하는 과정이라 할 수 있다. 물론 아직 그러한 주주 자본주의는 정착되지 않았으며, 그것을 향한 지향성을 가지는 초기 단계에 있다고 할 수 있다.

기업구조조정 과정에서 재벌개혁은 크게 진전되지 못했다. 사외이사제도의 유명무실화, 비관련다각화의 해소와 핵심 사업으로의 집중의 미흡, 지배 주주의 책임 강화 미흡 등으로 인해 애초에 정부가 추진하려고 했던 재벌개혁과는 상당한 거리가 생겼다. 이는 원래 김대중 정부의 경제개혁의 목표가 재벌체제의 근본적 개혁에 있는 것이 아니라 재벌체제의 효율성 증대에 있었기 때문이라 할 수 있다. 아울러 조속한 경기 회복을 위해 재벌규제 완화를 요구하는 재벌들과 관련 여론 형성층의 압력에 밀려 김대중 정부는 재벌규제를 사실상 철회하게 된다.

3) 노동부문: 노동시장의 유연화와 양극화

경제위기와 노동시장 구조조정의 결과 대량실업이 발생했다. 그래서 실업률은 <표 1-3>에서 보는 것처럼, 1997년 2.6%에서 1998년 6.8%로 급격히 상승한다. 이러한 고실업률은 1999년 경기 회복 이후 하락하여 2001년에 3.7%로 줄어들었지만, 여전히 경제위기 이전 수준으로 떨어지지 못하고 있다.

경제위기 이후 경제활동 참가율이 상당 정도 떨어진 것도 주목할 만하다. 비경제활동인구 비율의 증가는 경제위기에 따른 일자리 감소에 대응하여 구직을 단념한 이른바 '실망노동자 효과(discouraged-worker effect)' 때문인 것으로 추정된다.

노동시장 구조조정에 따라 노동시장은 한편으로는 유연화되고 다른 한편으로는 양극화된다. 정리해고제의 도입과 대량실업으로 인한 노동자들의 교섭력 약화로 인해 노동시장은 유연화된다. 1987년 노동자 대투쟁 이후 노동조합의 교섭력 증대로 노동시장이 상당 정도 경직화되었지만, 1997년 경제위기와 정리해고제 도입으로 노동시장의 유연화가 진행된다.

노동시장 유연화의 가장 뚜렷한 증거는 비정규직 비중이 증가하고 있는 것과 신규 채용을 줄이고 중도 채용을 늘이고 있다는 사실이다. 먼저 상용 근로자 비율이 1996년 56.6%에서 2001년 48.7%로 경제위기 이후 크게 떨어진다. 그중에서도 특히 여성의 상용근로자 비율 하락이 더 심하다.

한편, 경제위기 이후 비자발적 이직 비율이 높게 증가하는 가운데 노동 이동률이 급격히 증대하고, 신규 채용 비율이 감소하는 반면 경력자 채용 비율이 높게 증가한다. 30대 재벌 기업 1,629개, 공기업 1,486개를 대상으로 설문 조사한 <표 1-3>의 관련 지표는 이러한 사실을 뚜렷이 보여준다. 그리고 전체 기업의 채용 형태에서 경력자 채용 비율은 1995년 10월~1996년 9월에 25.7%였으나 2000년 10월~2001년 9월에는 55.7%로 크게 증가한다(김태기·전병유, 2002). 이와 같은 노동 이동률의 증가와 경력자 채용 비율의 증가는 1997년 경제위기 이전까지 대기업에서 형성되어 있던 내부 노동시장이 크게 해체되고 있음을 보여준다. 아울러 비자발적 이직의 증가는 정부가 권장한 '노사협력적 고용조정'이 아니라 사용자들의 일방적 고용조정, 신자유주의적 고용조정이 광범위하게 진행되었음을 나타내준다.

고용의 유연화와 함께 임금의 유연화도 진전되었다. 김대중 정부가 기업들에게 권고한 능력별 임금체계, 즉 연봉제와 성과배분제가 종래의 연공급 임금체계를 대체하면서 확산된다. 근로자 100인 이상 사업장 중 연봉제, 성과배분제를 실시하는 사업장은 1996년 11월에는 각각 94개소, 334개소

<표 1-3> 노동시장 관련 지표

(단위: %)

구 분	1996	1997	1998	1999	2000	2001
경제활동 참가율	62.0	62.2	60.7	60.5	60.7	60.8
실업률	2.0	2.6	6.8	6.3	4.1	3.7
상용근로자 비율	56.6	54.1	53.0	48.3	47.6	48.7
남성	66.7	64.5	64.8	60.0	59.2	60.3
여성	40.7	38.0	34.1	30.5	30.3	32.1
노동 이동률	31.6	29.4	42.3	63.6	53.1	45.0
신규학졸 채용 비율*	7.6	5.7	3.3	3.6	3.9	2.5
경력자 채용 비율*	4.7	4.2	4.0	10.0	13.8	9.4
자발적 이직*	9.3	9.8	12.0	12.5	14.0	11.1
비자발적 이직*	0.4	1.0	7.4	9.8	6.4	8.7
노동생산성 지수	112.4	129.1	144.5	168.0	182.1	188.4
단위노동비용 지수(1)	101.7	94.3	85.8	76.7	76.8	80.2
단위노동비용 지수(2)	97.5	76.4	46.7	49.7	52.4	47.9

주: 노동생산성 지수는 전체 종사원의 물적 노동생산성임. 단위노동비용 지수(1)는 원화
　　표시 상용근로자 기준이고, 단위노동비용 지수(2)는 달러화 표시 상용근로자 기준임.
* 표시 자료는 30대 재벌 기업 1,629개, 공기업 1,486개를 대상으로 설문 조사한 결과임.
　여기서 각 자료의 수치는 그 전해 10월부터 당해 연도 9월까지의 자료임.
자료: 노동부, 『노동백서』(각 년도); 김태기·전병유(2002: 8).

였으나 2002년 1월에는 각각 1,612개소, 1,172개소로 증가했다(노동부,
『연봉제 및 성과배분제 실태조사 보고서』). 이는 연공서열 위주의 경직적 임금
체계가 능력 혹은 성과 위주의 임금체계로 전환하고 있음을 말해준다.
요컨대 임금의 경직성이 타파되고 임금이 유연화되고 있음을 나타내준다.
　이러한 자료에 기초할 때 1997년 경제위기 이후 고용과 임금이 유연화
되어 한국의 노동시장이 상당 정도 유연화되고 있음을 알 수 있다. 또한

비정규직(임시직과 일용직) 비중이 정규직(상용직) 비중보다 높은 상황은 노동시장의 새로운 양극화가 진전되고 있음을 보여준다. 따라서 노동시장 구조조정의 결과는 노동시장의 유연화와 양극화로 특징지을 수 있다. 1997년 경제위기 발생 이전에는 대기업 노동시장의 경직성 속에서 노동시장의 기업별 분단 현상이 유지되어 왔다면 이제는 노동시장의 유연화와 양극화가 진전되고 있음을 알 수 있다.

이러한 노동시장 유연화의 결과 인력이 감축됨에 따라 노동생산성이 크게 증가하고 임금 상승이 둔화되는 가운데 단위노동비용이 크게 떨어진다. 단위노동비용의 급격한 하락은 기업의 가격경쟁력이 급속히 회복되었음을 말해준다. 특히 달러 표시 단위노동비용의 큰 폭의 하락은 가격 측면의 국제 경쟁력의 급속한 상승을 나타내준다.

4) 공공부문: 슬림화와 민영화 − 신자유주의적 구조개혁

1997~1998년 경제위기 이후 김대중 정부의 공공부문 구조조정의 우선순위는 인력 감축과 민영화에 초점이 맞추어져 있었다. 인력 감축과 민영화 이외의 경영혁신은 거의 진전되지 않았다고 할 수 있는데, 이는 공기업 경영진의 선임과 교체, 권한과 책임, 보상과 처벌이 과거 정부와 크게 다르지 않았다는 사실에서 확인할 수 있다.

김대중 정부는 공무원 구조조정을 통해 1997년 말에 약 93만 6천 명이었던 전체 공무원 수를 2002년 말까지 5년 사이에 약 8만 5,700명을 감축하여 1990년 대 초반 공무원 수(약 88만 6천 명)와 유사한 수준으로까지 줄였다. 공기업의 인력조정 역시 적극적으로 추진되었는데, 1998~2000년에 전체 약 21만 4천 명의 공기업(모회사와 자회사 모두 포함) 인력 중 1/5에 해당하는 4만 1천여 명이 감축되었다. 산하 기관의 인력 감축 역시 강도 높게 진행되었다. 1997년 말 약 8만 800명이었던 출연위탁기관과 출연연구기관의 정원이 2001년 말에는 약 2만 600여명이 감축되어 감축률이 25.5%에 이른다. 그러나 경제위기 이후 국민적 고통 분담 차원에서 이루어진 급속한 인력 감축의 대부분이 하위직·비정규직 중심으로 이루어졌다는 점이 문제로 지적되었다. 이러한 '수량적 유연성'만이 추구된 결과 하위직이 부족하여 오히려 전체 조직의 효율성이 떨어지는 부작용도 속출했다.

공공부문 인력의 슬림화와 더불어 김대중 정부가 공공부문 구조조정을 위해 취한 정책은 공기업의 민영화였다. 1998년 7월에 확정된 공기업 민영화 계획에 따르면, 김대중 정부는 2001년까지 불과 3~4년 동안 전체 공기업 26개 중 11개를, 자회사 82개 중 52개를 민영화하기로 결정했다. 이는 전체 공기업 인력의 77.3%, 매출액의 77.2%, 예산의 78.9%에 해당하는 광범위한 규모의, 그리고 급격한 속도의 민영화 시도였다.

김대중 정부가 행한 공기업 민영화는 과거 정부에서 행한 민영화 추진과는 그 성격에서 다소 상이한 측면이 있다. 우선, 이전의 민영화 추진이 국내 시장 중심의 민영화였던 데 반해, 김대중 정부에서의 민영화는 국내 시장에 한정되지 않고 해외 예탁증서(DR) 발행 등 대외 개방형 민영화였다. 이는 국내 자본시장 규모가 협소해 원활한 민영화 추진이 적절하지 않고 경제력 집중에 대한 우려를 감안했다는 정부 측 설명에도 불구하고 IMF의 영향력 아래에서 국부 유출과 헐값 매각 시비를 불러온 계기가 되었다.

둘째, 민영화의 속도와 범위 역시 과거 정부와는 차이를 보였다. 광범위하고도 급속한 민영화의 추진으로 김대중 정부는 1998~2002년에 11개 민영화 대상 모기업 중 8개 기업(국정교과서, 한국종합기술금융, 대한송유관, 포항제철, 한국종합화학, 한국중공업, 한국통신, 한국담배인삼공사)의 민영화를 완료했다. 애초에 민영화 대상으로 지정되었던 공기업 중에서 한국전력은 발전과 송·배전 부분을 분리해서 발전 부분부터 단계적으로 민영화하는 것으로 정리되었고, 한국가스공사는 증자 후 단계적 민영화를, 그리고 지역난방공사 역시 단계적 민영화로 가닥이 잡힌 상태다. 공기업 자회사 역시 1998년 이후 2002년까지 무려 66개가 정리되었다. 2004년 6월 현재 민영화가 진행 중인 세 개의 공기업과 철도의 민영화가 완성된다면 국민경제에서 비중이 높고 국가 기간산업이라고 할 수 있는 통신, 전력, 가스, 도로 등의 산업이 모두 민영화되는 셈인데 애초에 김대중 정부의 민영화 계획은 이러한 광범위한 민영화를 불과 3~4년 동안 달성하는 것을 목표로 했다.

김대중 정부는 원활한 민영화를 위해 '철저한 준비, 대화, 원칙의 견지'가 중요함을 강조했지만, 실제 민영화 과정은 이와는 거리가 멀었다. 노조의 동의와 사회적 합의가 부재한 상태에서 정부가 일방적인 밀어붙이기 식으로 진행시킨 공기업 민영화는 특혜와 각종 의혹을 낳는 계기를 제공했다. 게다가 민영화 과정에서 외국 자본에게 폭넓은 기회를 제공함으로써 국민에게 세금 부담을 전가시키고 알짜배기 공기업을 해외에 헐값에 매각하여 결국 국부를 유출시켰다는 비판까지 동시에 받고 있다.

5) 국민경제: 순환적 위기의 극복과 구조적 위기의 지속

위에서 본 구조조정 중심의 경제개혁이 국민경제에는 어떤 효과를 미쳤는가? 우선 경제위기 이후의 경제 지표의 추이를 <표 1-4>를 통해 살펴보기로 하자.

1997년의 파국적 경제위기는 일단 극복되었다. 바닥에 도달했던 가용외환보유액이 다시 증가하고, 급상승했던 환율과 이자율이 다시 하락하고 어음 부도율도 낮아졌다. 경기가 급속히 회복되면서 경제성장률이 1998년 마이너스 성장 이후 1999년에 다시 10.9%의 고성장을 나타낸다. 이러한 V자형 경기 회복은 실로 놀라운 것이었다. 많은 전문 분석가들이 불황의 장기화를 전망했지만, 짧은 기간 내에 거의 수직적인 급속한 경기 회복이 이루어진다. 순환적 위기는 단시일 내에 극복된 것이다.

<표 1-4> 주요 경제 지표의 추이

	1997	1998	1999	2000	2001	2002
가용외환보유액(억 달러)	89	485	740	962	1,028	1,214
환율(원/달러)	1,695	1,204	1,138	1,265	1,326	1,186
콜금리(1일)	31.32	6.48	4.74	6.01	4.00	4.52
회사채(3년)	28.98	8.00	9.95	8.13	7.04	5.68
단기외채 비중(%)	39.9	20.6	28.6	32.4	32.8	41.0
어음 부도율(%)	04.0	0.38	0.33	0.26	0.23	0.07
외국인 투자(억 달러)	70	89	155	157	119	91
실질 경제성장률(%)	5.0	-6.7	10.9	8.8	3.0	6.3
경상수지(억 달러)	-82	404	245	110	15	61

주: 연말 기준임. 단, 어음부도율은 연 평균치임.

이러한 급속한 경기 회복이 구조조정의 결과인지는 불명확하다. 원화의 대폭적인 평가 절하와 단위노동비용의 급속한 하락, 전자·통신 부문에서의 수출 급증, 가계 신용의 급팽창에 따른 소비의 증대 등이 경기 회복의 주원인이라는 주장이 설득력을 가지는 것처럼 보인다. 외환위기 직전의 위기 요인들이 구조조정을 통해 해소되어, 그것이 경기 회복을 가능하게 했다는 주장은 설득력이 적어 보인다. 또한 자본 자유화로 인해 효율성 투자가 제고되면서 경기 회복을 가속화시켰다는 것도 성급한 결론이다. 자본 자유화가 투자, 성장, 효율성 제고에 영향을 미치기까지는 긴 시간이 소요되기 때문이다(김인준, 2002). 요컨대 경제위기의 조기 극복을 구조조정의 전적인 성과로 돌리는 것은 적절하지 않다.

아무튼 순환적 위기는 극복되고 경제는 다시 성장하고 있으나 금융의 자유화 혹은 자본의 자유화에 따라 한국경제는 국제 자본시장의 불안정성과 전염효과에 전면적으로 노출되게 되었다. 자본 자유화를 통해 자본 유입이 촉진되었고 기업부문과 금융부문의 경쟁이 촉진되어 경영의 투명성, 주주의 이익 보호, 위험 관리 등이 개선된 점은 사실이이지만, 국민경제의 위험성은 더욱 높아진 것이다. 요컨대 투명성이 높아진 반면 위험성이 증대했다(정달영, 2002). 가계 부채의 급증에 따라 양산된 신용불량자로 인한 가계 소비의 위축은 노무현 정부에 들어와 경제 침체의 주된 요인 중의 하나가 되었다.

결국 구조조정 형태의 경제개혁 조치 이후 순환적 위기는 극복되었으나 구조적 위기는 지속되고 있으며 국민경제의 불안정성과 위험성이 증대했다고 할 수 있다. 이는 구조조정이 글로벌 신자유주의에 대한 무비판적 적응에 머물 뿐 그것을 적절히 규제할 수 있는 안전망을 설치하지 않았기 때문이다.

이러한 대외적 불안정성과 위험성 증대와 함께 신자유주의적 구조조정에 따라 소득과 부의 불평등이 증대하고 사회의 양극화가 진전됨에 따라 대내적 불안정성이 증대한다. Gini 계수가 1997년에 0.283이었으나 1998년에는 0.316, 2002년에는 0.317로 증가한다. 이와 아울러 자산, 특히 금융자산 소득자와 노동 소득자 간, 정규직과 비정규직 간, 지식노동자와 단순 노동자 간, 남성과 여성 간, 서울·수도권과 지방 간의 소득 격차가 확대됨에 따라 사회적 갈등 요인이 증대한다.

5. 맺음말: 대안적 발전모델을 위한 정책 의제

위의 논의에 따르면, 1997~1998년의 경제위기에 직면한 김대중 정부의 구조조정 중심의 경제개혁의 성격은 다음과 같이 정리될 수 있다.

첫째, 대차대조표(B/S) 중심의 금융구조조정. 금융구조조정에서 BIS 자기자본비율 등 외형적인 건전성 지표에만 치중했다. 즉, 수익성 중심의 경영혁신이 부족한 상태에서 대차대조표 중심의 구조조정을 추진했던 것이다. 이처럼 금융기관이 효율성에 기초한 수익성 기반을 창출하지 못한 상태에서 인력조정에 따른 생산성 향상과 수익성 증대에 의존했다.

둘째, 재무구조 중심의 기업구조조정. 기업의 부채 비율을 낮추어 재무구조를 개선하는 것이 기업구조조정의 중심적 내용이었다. 즉, 기업개선작업이 주로 기업에 유동성을 공급하여 단기간 내에 부채 비율을 억지로 200%로 낮추는 방식의 가시적 성과 달성 중심으로 진행되었다. 생산체제의 효율성을 높이는 구조조정은 이루어지지 못했다.

셋째, 신자유주의적 노동시장 구조조정. 노동시장의 유연화, 시장만능주의, 노동 배제적 일방적 구조조정이 진행되었다. 노동시장의 수량적 유연성 추구는 대량실업과 고용의 질 악화를 초래했으며, 시장이 정상적으로 작동할 제도적 기반을 구축하지 않는 상태에서 시장만능주의가 팽배했다. 노사정위원회에서 구조조정이 논의되었지만, 결국 사용자와 채권단과 정부가 일방적으로 구조조정을 강행했다. 그 결과 노동자 측의 강력한 반발을 불러일으켜 큰 사회적 비용을 지불했다.

넷째, 주주 자본주의 지향의 구조조정. 주주의 이익을 최우선으로 고려하는 영·미식 주주 자본주의(shareholder capitalism)를 지향하는 기업구조조정이 추진되고 있다. 이해관계자 참가형, 노동자 참가형 기업지배구조가 아니라 주주만이 의사 결정을 하는 지배구조로 나아가려고 했다. 사외이사제나 집중 투표제는 대주주의 횡포를 막을 수 있는 제도적 장치가 될 수 있지만, 어디까지나 주주 자본주의를 지향하고 있다.

다섯째, 민영화 중심의 공공부문 구조조정. 경제위기 극복 과정에서 김대중 정부가 추진한 이른바 4대 개혁의 공통점은 '시장 메커니즘의 회복을 통한 효율성 제고'라 할 수 있는데, 공공부문 개혁 역시 이러한 방향에서 추진되었다. 이는 시장경쟁원리의 도입이라는 신자유주의적 구조조정이 공공부문에서의 인력 감축과 공기업의 민영화 과정에서도 예외 없이 적용되었음을 보여주는 것이다. 하지만, 이러한 성격의 구조조정이 확고한 원칙에 따라 일관되게 추진된 것도 아니었다. 기업 부실의 정리가 선행되지 않은 상황에서의 금융 부실 정리라는 선후가 뒤바뀐 구조조정, 신자유주의·개발독재·경제민주주의가 뒤섞인 구조조정, 자기 혁신을 하지 않은 개혁 주체의 개혁 대상의 혁신 요구, 예외 있는 미온적 구조조정 조치 등은 일관성 없는 구조조정의 내용들이다.

전체적으로 볼 때 김대중 정부의 경제개혁은 몇 가지 경제민주주의적 요소를 가지고 있으나 신자유주의적 성격이 우세했다. 위에서 논의한 것처럼 금융부문에서 금융의 독점화·시장화·자유화, 기업부문에서 고부채-과잉축적의 부분적 해소와 주주 자본주의 지향, 노동부문에서 노동시장의 유연화와 양극화, 공공부문에서의 슬림화와 민영화, 국민경제 전체적으로 순환적 위기의 극복과 구조적 위기의 지속 등으로 특징 지워지는 김대중 정부의 경제개혁은, 기존의 발전모델을 대신하는 새로운 대안적 발전모델의 구축으로 나아가지 못했다. 경제위기 발생 이전의 '고비용-저효율' 구조에서 '저비용-저효율 구조'로 전환했을 뿐 고효율 구조를 창출하지 못했다.

이와 같이 구조조정에 실패한 결과, 거액의 공적 자금을 투입하고도 기업 부실과 금융 부실은 아직까지도 상당히 남아 있다. 비정규직 비중의 증대로 노동시장의 불안과 고용의 질 악화가 새로운 문제로 대두되고 있다. 재벌 해체는 일정 부분 진전되고 있으나 새로운 국제 경쟁력을 갖춘 전문적 대기업의 출현은 아직도 요원하다. 엄청난 규모의 공적 자금 투입이 고스란히 국가 부채로 귀결될 경우 심각한 정당성 위기 상황이 전개될 것이다.

재무구조 중심의 기업구조조정, B/S 중심의 구조조정은 외환위기와 금융위기 극복을 위해 단기적으로 불가피했다고 할 수 있다. 또한, 과잉투자와 과잉축적을 해소하기 위한 자본의 감가도 불가피했을 것이다. 그러나 '부채에 기초한 자본축적과 경제성장'을 해온 '고부채 모델(high-debt model)'의 한국경제에서, 부채를 변제할 수 있는 새로운 수익성 모델과 생산성 획득 방식을 창출하는 혁신 없이 추진된 구조조정은 위기 탈출의 올바른 길이 될 수 없었다. 결국 구조적 위기는 아직 극복되었다고 할 수 없다.

IMF 위기 이후 7년이 지난 지금, 한국경제는 경기 침체 속에서 수익성 위기(profitability crisis)에 빠져 있고 한국 사회는 빈부 간, 대기업과 중소기업 간, 수도권과 지방 간 등의 사회 양극화의 심화에 대한 정당성 위기 (legitimation crisis)에 봉착해 있다. 특히 지역경제의 위기는 더욱 심각하여 민주주의를 위협할 우려마저 있다. 현재 한국경제의 위기는 본질적으로 발전모델의 위기이고 구조적 위기라 할 수 있다. 새로운 축적체제와 조절양식을 가진 대안적 발전모델이 등장하지 않으면 이 구조적 위기는 계속될 것이다(김형기, 1999c).

이러한 위기를 극복하기 위해서는 다음과 같은 방향으로 민주적 경제개혁이 추진되어야 한다.

첫째, 신생산체제 확립을 위한 기업구조조정. '고숙련-고참가-고생산성-고임금'의 포스트 포디즘(Post-Fordism)적 생산체제인 신생산체제를 구축해야 한다.

둘째, 손익계산서(P/L) 중심의 금융구조조정. 수익성 중심의 구조조정이 이루어져야 한다. 즉, 금융기관의 경영혁신을 통한 새로운 수익성 모델이 창출되어야 한다.

셋째, 사회 통합적 구조조정. 노동자 참가적·고용 지향적 정책에 기반을 둔 구조조정이 추진되어야 한다. 노동시간 단축과 기능적 유연성을 추구하는 고용조정이 이루어져야 한다.

넷째, 이해관계자 자본주의 지향의 구조조정. 주주, 노동자, 채권자 등 이해관계자들이 기업 의사결정에 함께 참가하는 이해관계자 자본주의 (stakeholder capitalism)를 지향하는 구조조정이 이루어져야 한다.

다섯째, 국제 투기자본의 투기활동을 규제하는 국민적 제도적 장치를 마련하고 초국가적 제도 구축을 위한 국제 금융 질서, 세계 경제 질서를 수립하는 다자 간 협력체제를 구축해야 한다.

이러한 경제개혁 과제는 노무현 정부가 해결해야 할 숙제로 남겨지게
된다. 지난 1년 반 동안 노무현 정부는 경제개혁 과제를 아직 해결하지
못했다. 노무현 정부가 내걸고 있는 '국민소득 2만 달러' 시대를 제대로,
조기에 달성하려면 이러한 총체적인 경제개혁을 일관되게 추진해야 할
것이다.

참고문헌

공정거래위원회. 2001. 『기업개혁의 성과와 향후과제』.
기획예산처. 2002. 『국민의 정부 공공개혁 백서』.
김기원. 2002. 『재벌개혁은 끝났는가』. 서울: 한울아카데미.
김인준. 2002. 「경제위기와 구조개혁: 성과와 과제」. 한국경제학회 국제학술대회 발표
    논문.
김태기·전병유. 2002. 「구조조정과 노사관계」. 한국경제학회 국제학술대회 발표논문
김현창. 2002. 「외환위기 이후 은행-기업관계의 변화」. 한국은행 조사연구자료
김형기. 1996. 「1980년대 한국자본주의: 구조전환의 10년」. ≪경제학연구≫, 제4권
    44호.
_____. 1999a. 「한국경제의 위기와 노동개혁」. 한국경제학회 정책토론회 발표논문.
_____. 1999b. 「김대중 정부의 노동정책: 평가와 전망」. 『IMF관리하 한국의 경제정
    책』. 서울: 서울사회경제연구소
_____. 1999c. 「한국경제의 위기와 대안적 발전모델」. ≪사회경제평론≫, 제12호.
_____. 2001. 「지방분권과 지역경제의 대안적 발전모델」. 『세계화와 지역발전』. 서
    울: 국토연구원.
노동부. 2002. 『2001 노동백서』.
_____. 각 년도. 『연봉제 및 성과배분제 실태조사 보고서』.
이종선. 2002. 『DJ정부의 구조개혁과 노동시장』. 서울: 백산서당
장상환. 2002. 「김대중 정부 경제정책: 평가와 대안」. 한국산업노동학회 2002년 상반
    기 학술대회 발표문.

정갑영. 2002. 「기업구조조정의 평가와 과제」. 한국경제학회 국제학술대회 발표논문
재정경제부. 2002. 『2001 경제백서』.
한국금융연구원. 2002. 『재도약하는 금융산업 - 금융부문 구조개혁의 종합평가』.
허재성·유혜미. 2002. 「외환위기 이후 금융 및 기업 구조조정에 대한 평가와 향후
　　　과제」. 『한은조사연구』(2002.4). 한국은행.
Lipietz, A. 1987. *Mirages et Miracles*. 『奇蹟と幻影』. 若森章孝 外 譯. 東京: 新評論.

제2장
글로벌화, 양극화, 그리고 소득불평등*

1. 머리말

개발도상권의 많은 사람들에게 글로벌화는 애초에 약속한 경제적 이득을 가져다주지 못했다. 오히려 가진 자와 가지지 못한 자 사이의 빈부격차는 더욱 심화되었으며 하루 1달러 미만의 돈으로 생활하는 제3세계의 극빈자들이 점점 더 많아졌다. 빈곤을 줄이겠다는 약속이 20세기 마지막 10년 동안 거듭되었음에도 불구하고 실제로 빈곤층 인구는 1억 명이나 늘었다. 그것도 세계 전체의 소득이 연평균 2.5% 증가한 기간 동안 발생했다(스티글리츠, 2002: 38).

이 글은 글로벌화가 양극화를 초래하여 소득불평등을 심화시켰다는 스티글리츠의 이러한 지적에 대한 공감에서 출발한다.

한미 FTA에 대한 찬반 여론이 대립하는 가운데 글로벌화가 국민경제에 미치는 효과에 대한 논의가 새삼스럽게 부각되고 있다. 글로벌화를 지지하는 입장에서는 글로벌화가 국제 경쟁력을 강화시켜 국민경제의 성장을 촉진한다는 점을 강조한다. 글로벌화 그 자체를 반대하거나 현재의 신자유주의적 글로벌화가 아닌 새로운 대안적 글로벌화를 추구하는 입장에서는 글로벌화가 국민경제의 자기중심성을 해체시켜 경제의 종속성과 불안정성

* 한국국제경제학회 2006년 하계 정책세미나(2006. 6. 15) 발표논문.

을 높이고 양극화를 초래하여 소득불평등을 심화시킬 것이라는 점을 강조한다.

20세기 말~21세기 초 현 단계 자본주의에서 국경을 넘어 지구촌 범위에서 전개되고 있는 글로벌화의 가장 현저한 두 가지 현상은 자본의 글로벌화와 정보의 글로벌화라 할 수 있다. 자본의 글로벌화는 자본의 국제적 이동에 대한 제도적 장애물이 없어져서 전 지구적 범위에 걸쳐 자본이 자유롭게 이동하는 것을 말한다. 자본의 글로벌화는 생산의 글로벌화와 금융의 글로벌화라는 두 측면을 포함한다. 이는 자유무역의 확대와 자본의 국제적 이동에 대한 규제의 철폐를 통해 진전되는 시장의 글로벌화를 그 바탕에 깔고 있다. 자본의 글로벌화는 확대되는 세계시장(world market)의 기초 위에서 진전되고 있다.

정보의 글로벌화는 정보기술의 발달에 따라 각종 정보가 인터넷을 통해 빛의 속도로 지구촌을 이동하는 현상이다. 정보의 글로벌화는 지구촌 범위에서 상품 거래와 금융 거래가 실시간에 이루어지는 것을 가능하게 한다. 정보의 글로벌화는 자본의 글로벌화, 특히 금융의 글로벌화를 촉진하고 국민국가의 경제를 넘어 세계시장에서의 경쟁, 즉 글로벌 경쟁을 격화시킨다. 정보기술에 기초한 정보의 글로벌화가 자본의 글로벌화를 촉진하여 글로벌 자본주의를 형성시키고 있다는 점이 20세기 말~21세기 초 자본주의의 특성 중의 하나라 할 수 있다.

이 글은 현재 진행 중인 글로벌화를 적극 찬성하는 글로벌주의(globalism)와 글로벌화 그 자체를 반대하는 반글로벌화(anti-globalization)를 넘어서, 모든 국가와 개인들에게 더 나은 기회를 제공하는 '공정한 글로벌화(fair globalization)'를 지향하는 입장에서 현재의 신자유주의적 글로벌화가 양극화를 초래하는 메커니즘을 밝히고, 그것이 소득불평등을 심화시킨다는 점을 보이고자 한다. 이를 위해 2절에서는 신자유주의적 글로벌화가 현대 자본주의의 다른 주요 경향인 신자유주의, 금융주도 축적체제, 지식기반경제와 결합하여 국가 간 및 국내 계층 간 양극화를 초래하는 메커니즘을 밝히고자 한다. 나아가 3절에서는 신자유주의적 글로벌화가 국가 간 및 국내 계층 간 소득불평등을 심화시키고 있음을 보이고자 한다. 이러한 분석에 기초하여 신자유주의적 글로벌화를 넘어선 '대안적 글로벌화'의 기본 방향을 제시해 본다.

2. 글로벌화와 양극화

1) 자본주의 발전과 양극화 명제

양극화(polarization)는 경제 부문 간, 사회 계층 간, 지역 간, 국가 간에 '부익부 빈익빈' 현상이 나타나서 사회경제가 서로 이질적이고 대립하는 양극으로 분열되는 현상을 말한다. 양극화는 일반적으로 중간층의 붕괴, 경제 부문 간 산업 연관의 단절, 사회적 배제층의 증대라는 양상으로 나타난다.

이러한 양극화 현상은 일찍이 마르크스가 『자본론』에서 분석했듯이, '노동에 의한 비소유와 자본에 의한 소유'라는 자본주의적 소유법칙이 작동하는 상태에서 누적적 자본축적의 결과 '한 극에서의 부의 축적과 다른 한 극에서의 빈곤의 축적'(Marx, 1981: 799)이라는 자본주의적 축적의 일반 법칙이 관철되어 나타나는 부익부 빈익빈 현상으로서 자본주의 생산양식에서 고유한 현상이다. 자본축적 과정에서 발생하는 상대적 과잉인구의 누적과 자본의 집중은 양극화를 초래하는 주요 요인이다.

이러한 자본축적의 일반 법칙은 연대(solidarity)의 원리에 기초한 국가의 개입과 노동운동의 압력과 시민사회의 통제가 약한 자유시장경제(free market economy)에서는 그대로 관철되어 그 결과 양극화가 심화된다. 원래

시장 기구는 경쟁을 통해 균등화 경향과 양극화 경향을 동시에 창출하는데(김형기, 2001: 194~195), 경제주체 간에 자산 분배가 상당히 불평등하고 권력과 정보의 비대칭성이 크며 독점이 지배하는 자유시장경제에서는, 균등화 경향보다는 양극화 경향이 더 크게 나타날 가능성이 높다.

마르크스의 『자본론』에서 제시되고 있는 양극화 명제(polarization thesis)는 19세기와 20세기 전반까지의 자본주의에서는 대체로 현실 적합성이 있었다고 할 수 있다. 그러나 2차 대전 이후 30년간 이른바 '자본주의의 황금시대' 동안 선진자본주의 국가 내에서 양극화 명제는 현실 설명력을 상실한다. 왜냐하면 노사타협과 산업자본에 대한 금융자본의 헌신과 국제 자본이동에 대한 통제와 고정환율제도에 기초하여 성립한 포드주의적 축적체제에 케인스주의적 개입정책, 비버리지(Beveridge)적 복지정책 등이 결합되어 포드주의적 발전모델이 구축되는데, 이 발전모델이 노동계급의 부유화와 중간층의 확대를 수반하여 양극화를 완화시켰기 때문이다. 자본주의 황금시대의 양극화 완화 현상은, 특히 사회민주주의체제가 성립한 스칸디나비아 제국에서 현저하게 나타났다.

2차 대전 이후 30년간의 선진자본주의에서 양극화를 완화시킨 핵심적인 물질적 토대가 바로 대량생산 → 고생산성 → 고임금·고복지 → 대량소비 → 대량생산의 선순환 구조를 가진 포드주의적 축적체제였다는 점을 인식하는 것이 중요하다. 이 축적체제에서 성취된 지속적 성장이 준완전고용을 실현하고, 노동자들이 구상과 실행을 분리하는 테일러주의적 작업조직을 수용하는 대신 고임금과 고용 안정을 획득하는 노사타협이 이루어지며, 고임금과 고복지에 기초하여 노동계급이 부유해지고 중간층이 확대됨으로써 양극화가 완화될 수 있었기 때문이다. 그래서 인구의 2/3 정도는 경제성장의 과실을 공유하는 이른바 '2/3 사회'가 형성되었던 것이다.

이러한 사회통합적인 축적체제를 유지시킨 것이 고정환율제도, 이자율 규제와 국제 자본이동 통제와 같은 외환·금융규제, 케인스주의적 확장적 재정정책, 고생산성이 고임금으로 연결되는 것을 가능하게 한 단체교섭제도, 실업자도 구매력을 가질 수 있게 만드는 실업보험제도와 같은 비버리지적 사회보장제도, 그리고 이러한 기초 위에 미시적 기업수준과 거시적 전국수준에서 노사타협이 이루어졌다는 점(Lipietz, 1992)을 강조할 필요가 있다. 요컨대 2차 대전 이후 30년간 선진자본주의 국가에서 양극화가 완화되고 사회통합이 실현될 수 있었던 것은 일국 수준에서 연대의 원리에 기초하여 다양한 제도형태를 통한 국가 개입과 노사 간의 사회적 대타협이 이루어지는 조정시장경제(coordinated market economy)가 성립하고 있었기 때문이다.

그런데 1970년대 중반 이후 포드주의적 발전모델은 위기에 빠지게 된다. 1980년대에는 이 위기를 탈출하기 위한 보수적 대안인 신자유주의가 등장하고, 이어서 1990년대에 글로벌화가 급진전됨에 따라 양극화 명제가 부활하고 있다. 1990년대에 자유시장경제를 지향하는 신자유주의가 주도하는 글로벌화, 즉 신자유주의적 글로벌화가 진전됨에 따라 실업자·빈곤층·사회적 배제층이 크게 증대하고 세계적 규모의 자본의 집중이 이루어져서 국가 간 및 국가 내 양극화가 다시 심화된다. 사회통합이 해체되고 전후 성립한 '2/3 사회' 혹은 '항아리형 사회'는 '20대 80 사회' 혹은 '모래시계형 사회'로 전환된다.

이러한 대전환은 양극화 명제를 제시한 '마르크스의 르네상스'가 21세기에 다시 도래하고 있음을 알리고 있다. 20세기 후반에 성립한 조정시장경제에서 실현된 사회통합이 19세기 자유시장경제에서의 양극화로 회귀하는 '자본주의의 역류' 현상(山田銳夫, 1998)이 나타나고 있기 때문이다. 그러나 마르크스의『자본론』이 분석 대상으로 한 19세기 영국 자본주의에서의 양극화와 21세기 초 현대 자본주의에서의 양극화는 그 발생 요인의 면에서 공통점도 있지만 중요한 차이점이 있다. 공통적 요인은 노동계급의 빈곤화와 상대적 과잉인구, 즉 실업자의 발생이다. 차이점은 무엇인가?

19세기 영국 자본주의에서의 양극화가 일국 수준에서의 자본축적에 따른 농민과 수공업자 등 구중간층의 몰락, 노동자들의 탈숙련화로 발생했다고 한다면, 21세기 초 현대 자본주의에서는 세계 수준의 자본축적 과정에서 나타나고 있는 글로벌화, 신자유주의, 금융주도 축적체제, 지식기반경제라는 4대 경향이 신중간층의 붕괴, 보호 부문의 몰락, 기업의 탈영토화, 노동시장의 유연화를 초래하여 양극화를 발생시키는 요인이 되고 있다.

이러한 점에서 21세기 자본주의가 19세기 자본주의로 단순 회귀한다는 것은 정확한 분석이 아니다. 따라서 19세기의 양극화와 21세기 초의 양극화가 서로 다른 요인에 따라 진전하고 있는 만큼 양극화를 극복하기 위한 정책대안도 달라질 수밖에 없다. 19세기 자본주의의 양극화는 20세기의 케인스주의적 복지국가 정책에 의해 완화될 수 있었지만, 21세기의 양극화가 과연 그와 같은 정책에 의해 완화될 수 있을지 의문이다. 왜냐하면 일국 수준의 대량생산경제에서 효력이 있는 케인스주의적 복지국가 정책은 불가역적인 글로벌화와 지식기반경제의 도래에 따라 효력이 약화되기 때문이다. 따라서 현재 세계 수준과 일국 수준에서 진전되고 있는 양극화를 극복하려면 현대 자본주의에서 양극화를 초래하는 요인들을 해소하는 새로운 정책 패키지가 필요하다.

2) 신자유주의적 글로벌화와 양극화

현재 진전되고 있는 글로벌화는 신자유주의적 글로벌화이다. 이러한 신자유주의적 글로벌화에서 공통적으로 나타나고 있는 경향이 지식기반경제라는 새로운 경제패러다임이다. 아울러 미국과 영국을 중심으로 포드주의 축적체제 붕괴 이후 금융주도 축적체제가 등장하고 있다. 신자유주의적 글로벌화가 지구촌을 지배하고 있는 가운데 지식기반경제와 금융주도 축적체제가 등장함에 따라 양극화가 크게 진전된다. 이제 1990년대에 거의 동시적으로 출현한 현대 자본주의의 4대 경향인 글로벌화, 신자유주의, 금융주도 축적체제, 지식기반경제가 양극화를 초래하는 메커니즘을 살펴보기로 하자(김형기, 2005).

첫째, 글로벌화는 어떻게 양극화를 초래하는가? 수입 자유화와 금융 자유화로 요약되는 글로벌화는 경쟁력이 약한 국내 보호 부문의 쇠퇴와 몰락을 초래하고 경제 불안정성을 높인다. 물론 '경쟁이 경쟁력을 높인다'는 명제의 관점에서 보면, 글로벌 경쟁이 경쟁력 획득을 자극한다고 주장할 수도 있다. 그러나 글로벌화는 이러한 글로벌 경쟁력을 가진 산업, 기업, 개인과 그렇지 못한 산업, 기업, 개인 간에 양극화를 초래하지 않을 수 없다. 또한 국내 자본의 글로벌화에 따라 해외 투자, 글로벌 소싱과 아웃소싱 비중이 높아짐에 따라 국내 산업 연관이 약화되거나 심지어 단절될 가능성이 있다. 이는 수출 부문과 내수 부문 간, 대기업과 중소기업 간 양극화를 초래할 가능성이 높다.

글로벌화는 이익과 손실의 불평등한 분배가 나타나는 매우 불균등한 과정이기 때문에 이익을 얻는 국가 및 집단과 손실을 보는 국가 및 집단 간의 양극화를 초래한다. 글로벌화, 양극화, 주변화는 동일한 과정을 통해 연계되어 있다(Khor, 2001: 16). 현 단계 글로벌화의 가장 현저한 특징은 그것이 금융자본의 자유로운 이동을 허용하지만 노동의 이동은 엄격하게 규제한다는 것이다(Soros, 2002: 3). 이러한 금융의 글로벌화는 국가가 자본을 쉽게 통제할 수 없게 만들고 복지국가의 물질적 토대인 조세를 통한 사회 안전망 확충을 어렵게 만들어 글로벌화가 초래한 양극화를 완화시킬 여지를 줄인다. 이런 측면에서 글로벌화는 양극화를 발생시키면서 동시에 그 양극화를 완화시킬 정책 수단을 약화시킨다는 특징을 가지고 있다. 글로벌화 상태에서 각 국가들은 성장과 일자리를 위한 자본 유입을 촉진하고 자본 도피를 막기 위해 노동조건을 악화시키거나 법인세를 낮추는 등 '바닥을 향한 경주'(the race to the bottom)를 하는 경향이 있다(Tonelson, 2002).

특히, 1990년대에는 글로벌화가 신자유주의와 결합하여 신자유주의적 글로벌화로 나타나는데, 이를 뒷받침하는 정책 패키지가 이른바 '워싱턴 컨센서스(Washington Consensus)'이다. 워싱턴 컨센서스는 IMF의 재정 긴축 등 단기 안정화 정책과 세계은행의 노동시장 유연화 등 금융시장 자유화와 같은 구조조정정책을 중심으로 정부 역할 축소, 국영기업 민영화, 경제에 대한 정부의 규제와 개입 철폐 등을 지향하는 신자유주의적 구조조정 프로그램이다(Stigliz, 2003: 229~230). 이러한 워싱턴 컨센서스는 이들 국제기구의 영향력을 강하게 받는 남(South)과 동(East)의 고부채 국가들에서 금융위기 탈출 과정에 적용되어 양극화를 심화시키는 데 기여했다. 1997~1998년 한국의 금융위기에 대한 IMF의 처방과 그로 인한 급격한 양극화는 진전은 그 전형적인 사례라 할 수 있다.

둘째, 신자유주의는 어떻게 양극화를 초래하는가? 신자유주의는 시장의 완전성을 신봉하여 모든 것을 시장에 맡기자는 시장근본주의, 사유재산권과 영리 추구 활동의 자유를 주창하는 자유기업주의, 생산성과 효율성을 유일한 평가 기준으로 삼는 성장지상주의 이념을 추구하며, 이러한 이념에 기초하여 규제 철폐, 민영화, 노동시장 유연화, 복지서비스의 재상품화(recommodification) 정책을 추진한다(김형기, 2001: 485~497). 연대의 원리보다는 경쟁의 원리를, 공평성보다는 효율성을 추구하는 신자유주의는 양극화를 초래하는 경향이 강한 자유시장과 양극화를 완화시킬 수 있는 국가개입의 철회를 지향하기 때문에 양극화를 심화시키는 경향이 있다. 특히 육아, 교육, 양로, 의료 등 복지 서비스를 시장을 통해 공급되게 하는 재상품화는 노동력 재생산의 양극화와 그로 인한 빈곤의 대물림을 초래하여 양극화를 고착시킨다.

신자유주의 경제정책 중에서 양극화를 초래하는 가장 주요한 정책은 아마도 노동시장 유연화 정책과 금융시장 자유화 정책일 것이다. 노동시장 유연화는 고용 불안을 증폭시키고 실업자, 비정규직 노동자, 사회적 배제층을 증대시키기 때문에 노동계급의 빈곤화를 강화하여 양극화를 심화시키는 경향이 있다. 실업자를 재취업시키는 적극적 노동시장정책과 실업자와 빈민을 구제하는 사회보장정책이 취약할 경우에 노동시장 유연화는 곧바로 양극화를 심화시키게 될 것이다.

금융시장 자유화는 이자율 규제를 철폐하고 국가 간 단기자본이동 규제를 철폐하는 것으로 곧 금융의 자유화를 말한다. 금융의 자유화는 금융자본의 자유로운 국제적 이동이 이루어지는 금융의 글로벌화를 초래했다. 아울러 산업자본에 대한 금융자본의 헌신을 담보했던 금융시장에 대한 규제를 철폐함으로써 그동안 양극화를 완화시켜 왔던 포드주의적 축적체제와 케인스주의적 복지국가를 해체시켰다. 노동시장의 유연화와 금융시장의 자유화는 자본의 자유로운 국제적 이동에 대한 장애물을 제거해 줌으로써 자본의 글로벌화를 촉진시키는 역할을 했다.

셋째, 금융주도 축적체제는 어떻게 양극화를 초래하는가? 금융자본이 거시경제 순환을 좌우하는 금융주도 축적체제에서는 주주 가치 극대화를 위한 단기 수익성 위주의 기업경영이 상시적인 기업구조조정과 인수합병, 노동시장 유연화, 임금 압박을 추진하여 노동자들의 고용 불안정과 생활 불안정을 증폭시킨다. 아울러 금융주도 축적체제에서는 금융시장에 고유한 시스템 리스크(systemic risk)[1] 때문에, 그리고 변동성이 높은 주가, 금리, 환율 등의 변수가 거시경제 순환을 좌우하기 때문에 자본주의의 불안정성과 변동성이 이전 시기의 자본주의에 비해 크게 증대한다. 이러한 불안정성의 증폭은 경제활동인구 중에서 급격한 경제 변동에 적응을 하지 못하는 부동층과 탈락층을 증대시켜 사회적 배제 현상을 심화시킨다.

한편 금융주도 축적체제에서는 금융자산 소유불평등에 따른 금융소득의 차이와 금융소득과 노동소득의 격차 확대를 통해 소득불평등을 심화시

---

1) 경제주체들의 합리적인 미시적 행동이 거시적 불안정성을 조장하는 것을 말한다.

킨다. 특히 금융주도 축적체제에서는 비숙련 주변 노동자들의 경우 저임금과 고용 불안정이 확산되는 반면 고숙련 핵심 노동자들의 경우 연봉제 형태의 성과급과 스톡옵션의 비중 증가로 고소득을 획득하는데, 이는 노동계급 내부의 양극화를 초래한다.

넷째, 지식기반경제는 어떻게 양극화를 초래하는가? 지식기반경제에서는 가치 창출에 기여하는 지식과 혁신 능력을 더 많이 소유한 개인, 기업, 지역, 국가와 보다 적게 소유한 개입, 기업, 지역, 국가 간에 소득과 부의 격차를 발생시킨다. 지식기반경제 혹은 디지털경제에서는 수확체증의 법칙이 작용하여 1등이 싹쓸이하는 승자독식(winner-takes-all)의 세계가 나타난다. 이러한 승자독식까지는 아니더라도 지적재산권의 불평등 분포와 노동자들 내부의 지식 격차와 숙련 격차가 소득불평등을 가져온다. 지식기반경제의 대표적인 신기술인 정보기술 혹은 디지털 기술에 대한 접근의 기회와 활용 능력의 차이로 인해 발생하는 디지털 격차(digital divide) 혹은 정보배제(info-exclusion) 현상은 계층 간, 세대 간, 지역 간, 국가 간 소득불평등을 초래하는 요인이 된다. 특히 지식기반경제에서 정보기술은 비숙련노동에 대한 수요를 감소시키고 고숙련노동에 대한 수요를 증대시키는 숙련편향적 기술진보(skill-biased technological change)를 가져오는데, 이는 정규 핵심 지식노동자와 비정규 주변 일반노동자로 노동계급을 분할하고 노동시장을 양극화시키는 요인이 된다.

이상에서 고찰한 양극화를 초래하는 4대 경향이 상승 작용을 일으킬 경우 양극화는 그만큼 더 심화될 것이다. 실제로 1990년대에 들어와 미국에서 신자유주의를 중심으로 이 4대 경향이 결합되어 성립한 영·미형 시장주도 발전모델이 '글로벌 스탠더드'로서 IMF와 IBRD 등 국제기구를 통해 글로벌화됨으로써 지구촌이 양극화되어 국가 간 소득불평등이 확대되었다. 이처럼 미국이 주도하는 신자유주의적 글로벌화가 지식기반경제 요인, 금융주도 축적체제 요인과 중첩되어 오늘날 지구촌 수준에서 양극화가

초래되고 있는 것이다. 포드주의 발전모델이 '2/3 사회'를 실현했다면 신자
유주의적 글로벌화와 결합된 지식기반경제와 금융주도 축적체제는 이른바
'20 : 80 사회'를 불러오고 있다.

3) 발전모델의 차이와 양극화

신자유주의적 글로벌화가 세계 수준과 일국 수준에서 양극화를 초래하
고 있다고 하더라도 일국 내의 발전모델의 차이에 따라 양극화 양상은
달리 나타날 수 있다. 1990년대 이후 선진자본주의 국가들은 정도의 차이
는 있어도 대체로 케인스주의적 복지국가(Keynesian Welfare National State)
로부터 슘페터주의적 노동연계복지체제(Schumpeterian Workfare Postnational
Regime)로 전환된다(Jessop, 2002). 케인스주의적 복지국가는 수요 측면의
개입을 통해 거시경제 순환의 규칙성·안정성을 유지하고 사회보장의 강화
를 통해 실업자를 소비자로 전환시켜 경제 시스템을 통합시키는 것을 지향
하며 경제정책과 사회정책의 결합을 추구한다. 슘페터주의적 노동연계복
지체제는 국가혁신, 지역혁신과 같은 공급 측면 개입을 통해 국가경쟁력을
높이는 경제정책을 실시하고, 교육 및 훈련 시스템의 질적 개선을 통해
노동자들의 학습능력을 높이고 지식기반경제에 통합된 인적자원을 개발하
는 적극적 노동시장정책을 지향한다.

슘페터주의적 노동연계복지체제는 지식기반경제 위에 구축되어 있는
데, 지식기반경제에서 확대되는 기업의 혁신 능력 격차와 노동자의 지식
격차에 따라 경제 양극화가 심화될 가능성이 높다. 또한 그것은 사회정책을
경제정책에 종속시키기 때문에 소득 재분배 기능을 약화시키고 양극화를
완화시킬 가능성이 적다. 아울러 혁신을 통한 공급능력 증대를 뒷받침할
안정적 수요가 보장되지 않기 때문에 경기 침체 속에서 양극화가 심화될
가능성이 높아진다. 그러나 양극화가 심화될 가능성이 높은 글로벌 신자유

주의의 지배와 슘페터주의적 노동연계복지체제로의 전환이란 일반적 추세에도 불구하고, 개별 선진자본주의 국가의 양극화 양상은 각국의 제도 및 주체적 조건의 차이에 따라 다르게 나타날 수 있다.

선진자본주의의 발전모델 유형은 크게 ① 주주 자본주의(shareholder capitalism) 혹은 자유시장경제(liberal market economy)와 ② 이해관계자 자본주의(stakeholder capitalism) 혹은 조정시장경제(coordinated market economy)라는 양대 유형으로 구분할 수 있고, 또한 다른 방식으로 ① 앵글로 색슨형 시장주도 모델(Anglo-saxon model), ② 라인형 코포라티즘 모델(Rhine model), ③ 노르딕형 사회민주주의 모델(Nordic model) 등 3대 유형으로 구분할 수 있다(Hall & Soskice, 2001; Amable, 2003; 김형기, 2004). 여기서 영·미형 자본주의는 주주 자본주의 혹은 자유시장경제에 해당되고 라인형과 노르딕형 자본주의는 이해관계자 자본주의 혹은 조정시장경제에 해당된다.

이러한 서로 다른 발전모델이 2차 대전 이후 1970년대까지 확립된 상태에서 1990년대에 출현한 새로운 축적체제인 '금융주도 축적체제'와 '지식주도 축적체제'[2)가 서로 다른 유형의 자본주의와 결합되면서 발전모델의 변형이 나타난다. 즉, ① 금융주도-자유시장경제(미국·영국), ② 지식주도-자유시장경제(미국), ③ 지식주도-조정시장경제(스웨덴·핀란드·덴마크)라는 세 가지 유형이다.[3) 여기서 미국은 유형 ①과 유형 ②가 결합되어 금융·지식주도-자유시장경제라는 독특한 형태를 취한다.

이러한 논의에 기초하여 우리는 발전모델과 양극화의 관계에 관한 다음

2) 여기서 지식주도 축적체제란 혁신주도의 지식기반경제에서 지식이 가치 창출의 기초가 되고 지식자본과 지식노동의 결합을 통해 자본축적이 이루어지는 축적체제이다(김형기, 2001; Kim, 2006).
3) 독일은 지식주도-조정시장경제와 금융주도-자유시장경제의 갈림길에서 사민당과 기민당이 총선에서 사실상 비기면서 기민당-사민당 대연정 아래 두 변형의 절충이 이루어지고 있는 것으로 관찰된다.

과 같은 가설들을 제시할 수 있다.

【가설 1】 '주주 자본주의-자유시장경제'는 '이해관계자 자본주의-조
정시장경제'보다 양극화가 더욱 진전될 가능성이 있다.

【가설 2】 '지식주도-자유시장경제'가 '지식주도-조정시장경제'보다
양극화를 더 진전시킬 가능성이 있다.

【가설 3】 금융주도 축적체제와 지식주도 축적체제가 결합되어 있는
자유시장경제에서 양극화가 가장 심화될 가능성이 있다.

즉, 주주 가치의 극대화를 추구하고 주주만이 기업에서 의사 결정권을
가지는 주주 자본주의가 주주와 노동자의 공통 이익 실현을 지향하고 기업
의 의사 결정에 주주와 노동자가 함께 참가하는 이해관계자 자본주의에
비해 양극화가 더 진전될 가능성이 있다. 그리고 분배 개선과 복지 지출
증대를 위한 국가의 개입과 노동운동의 압력이 강한 조정시장경제에서는
그것이 취약한 자유시장경제에 비해 양극화가 덜 진전될 가능성이 있다(가
설 1).

또한 지식주도 축적체제가 자유시장경제와 결합될 때는 지식기반경제
에서 나타나는 양극화 경향과 자유시장경제의 양극화 경향이 상승 작용을
하는 반면, 지식주도 축적체제가 조정시장경제와 결합될 때는 조정시장경
제가 지식기반경제가 초래하는 양극화 경향을 다소간 상쇄하므로, 전자보
다 후자에서 양극화가 덜 진전될 가능성이 있다(가설 2).

한편, 자유시장경제에서 금융주도 축적체제와 지식주도 축적체제가 결
합되면, 금융자산과 지식자산 간의 양의 피드백(positive feedback) 작용으로
금융자산 불평등과 지식자산 불평등 간의 상승 작용이 나타나 기업과 가계
부문의 양극화가 더욱 심화될 가능성이 있다(가설 3).

이상의 세 가지 가설로부터 결국 신자유주의적 글로벌화가 양극화를

진전시키더라도 각국의 발전모델이 신자유주의적 글로벌화와 친화적인 주주 자본주의 혹은 자유시장경제냐, 아니면 그것과 대항 관계를 형성하는 이해관계자 자본주의 혹은 조정시장경제냐에 따라 양극화의 진전 정도가 다르게 나타날 것이라는 예측을 할 수 있다. 그리고 같은 지식주도 축적체제라 하더라도 사회적 포용(social inclusion)이 이루어지는 지식주도 축적체제냐 아니면 사회적 배제(social exclusion)가 이루어지는 지식주도 축적체제냐에 따라 양극화의 진전 정도가 다르게 나타날 것이라고 예측할 수 있다.

3. 글로벌화와 소득불평등

1) 소득불평등을 심화시키는 글로벌화

위에서 논의한 대로 과연 글로벌화는 소득불평등을 초래하는가? 글로벌화와 소득불평등 간의 직접적인 인과관계를 실증적으로 밝히는 것은 결코 쉬운 일이 아니다. 앞에서 지적한 것처럼 1990년에 들어와 글로벌화가 신자유주의, 지식기반경제, 금융주도 축적체제의 범세계적 확산과 연계되어 진전되었기 때문에 세계적 수준과 일국적 수준의 불평등에서 순수하게 글로벌화가 기여한 부분이 어느 정도인지를 측정하기가 어렵다. 또한 실증분석 시 글로벌화를 나타내는 지표로서 개방도(무역/GDP)나 해외직접투자(FDI) 비율(FDI/GDP)을 사용하는 경우가 많지만, 이 지표들만으로는 글로벌화의 다면적 측면을 관측하는 데 명백한 한계가 있다.

이러한 한계를 인식하면서 세계적 소득불평등에 대한 기존의 주요 실증연구 결과들을 보기로 하자. 가장 포괄적인 가계조사 자료를 사용하여 세계적 불평등을 분석한 밀래노빅(Milanovic, 2002)은 1950~1998년 인구가중치를 주지 않았을 경우의 국가 간 소득불평등이 경향적으로 심화되어

<그림 2-1-1> 국가 간 소득불평등(Gini 계수) 추이(1950~1998년)

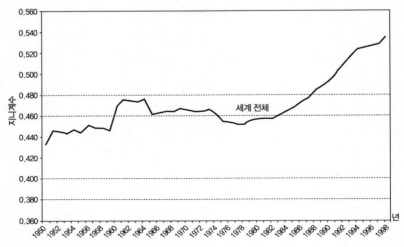

<그림 2-1-1> 국가 간 소득불평등(Gini 계수) 추이(1950~1998년)

주: 인구 가중치를 주지 않았을 경우임.
출처: Milanovic(2002: 27).

왔음을 보여주고 있다(<그림 2-1-1> 참조).[4] 그림에서 보면 Gini 계수가 1983년 이후 지속적으로 증가하고 있는데, 이는 신자유주의적 글로벌화가 본격화하는 시기에 세계적 소득불평등이 크게 증가하고 있음을 나타내준다. 인구 가중치를 주었을 경우의 국가 간 소득불평등은 <그림 2-1-2>과 같이 불평등이 줄어든 것으로 나타났다. 이는 주로 인구가 많은 중국과 인도가 높은 경제성장을 이루었기 때문이다. 그래서 중국과 인도를 제외한 경우 소득불평등은 1983년까지 감소하다가 1984년 이후 다시 증가하고 있다(<그림 2-1-3>).

한편 1988~1998년 10년간의 국가 간 소득불평등의 변화를 10분위 분

---

4) 144개국 가계설문조사 자료에 기초한 것이며, 인구 가중치를 주지 않았을 때의 Gini 계수 추이이다.

<그림 2-1-2> 인구 가중치를 준 경우의 국가 간 소득불평등 추이

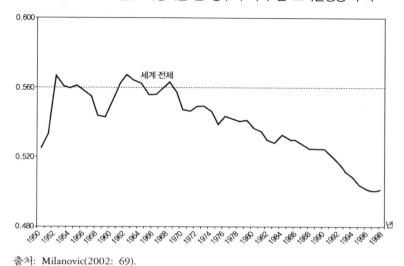

출처: Milanovic(2002: 69).

<그림 2-1-3> 중국과 인도를 제외한 경우의 국가 간 소득불평등 추이

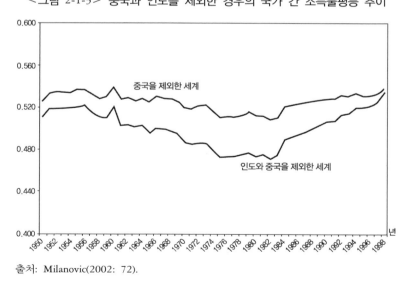

출처: Milanovic(2002: 72).

<표 2-1> 세계 소득불평등의 변화(10분위 분배율 추이)

연 도	모든 국가		
	1988	1993	1998
1분위	0.307	0.235	0.233
2분위	0.441	0.375	0.380
3분위	0.539	0.476	0.482
4분위	0.635	0.571	0.581
5분위	0.736	0.677	0.686
6분위	0.855	0.804	0.810
7분위	1.000	0.959	0.962
8분위	1.201	1.182	1.181
9분위	1.541	1.566	1.552
10분위	2.745	3.156	3.138
계	10	10	10
국가 수	95	113	113
10분위 비율	8.9	13.4	13.5

주: 평균 소득을 1로 두었을 때의 각 10분위 소득의 비율임
출처: Milanovic(2004: 15).

배율의 변화를 통해 보면 <표 2-1>과 같다. 세계 평균 소득을 1로 두었을 때, 최상위 10%(10분위) 국가의 소득은 1988년에 2.745이었으나 1998년에는 3.138로 증가한 반면, 최하위 10%(1분위) 국가의 소득은 0.307에서 0.233으로 감소했다. 따라서 10분위 비율(10분위 소득과 1분위 소득의 비율)이 1988년 8.9에서 1998년 13.5로 증가했다. 이는 1998~1998년에 빈국과 부국 간의 소득불평등이 확대되었음을 말해준다.

세계를 아프리카(I), 아시아(II), 라틴아메리카·카리브해 지역(III), 동구권 이행도상국가(IV), 서유럽-북미-오세아니아(V) 등 5개 지역으로 나누어 보면, 1960~1998년에 지역 내 불평등은 약간 증가했으나 지역 간 불평등은 크게 증가했음을 알 수 있다(<표 2-2>). 또한 5개 지역 내의 소득불평등

<표 2-2> 국가 간 Gini 계수의 지역별 분해

구 분	1960	1978	1998
지역 내	5.7	5.4	5.9
지역 간	35.5	34.2	40.2
중 첩	5.2	7.9	7.7
세계 전체	46.4	47.5	53.8

출처: Milanovic(2002: 33)

<표 2-3> 세계 5대 지역별 Gini 계수의 추이

구 분	1960	1980	1998
Africa	37.8	41.1	50.4
Asia	36.2	53.1	51.8
LAC	30.7	27.5	34.0
동유럽	15.0	18.4	32.3
WENAO	23.1	16.3	15.5

주: LAC-라틴아메리카와 카리브 연안 국가, WENAO-서유럽·북미·오세아니아.
출처: Milanovic(2002: 38).

의 변화를 보면 부국 지역인 V와 II에서는 불평등이 줄어들고 있고, 빈국 지역인 I과 III, 그리고 IV에서는 소득불평등이 크게 증가하고 있음을 알 수 있다(<표 2-3>). 한편 부르귀뇽과 모리슨(Bourguignon & Morrison, 2002) 의 연구에 의하면, 1820~1992년에 세계 소득불평등을 국가 내 불평등과 국가 간 불평등으로 분할할 때, 국가 간 불평등에 의해 설명되는 부분이 계속 증가하였다.

이러한 가운데 세계 전체적으로 빈국과 최빈국이 증가하는 하향 이동 추세를 보이고 있다. 밀래노빅(2002)에 의하면 세계를 소득 수준에 따라

<표 2-4> '4개의 세계'의 구성 변화: 1960년과 1998년의 비교

구 분	부국	추격국	제3세계	제4세계	계
1960					
Africa	13	8	33	48	102
Asia	15	15	40	30	100
Latin America	40	24	36	0	100
Eastern Europe	5	42	53	0	100
계	96	4	0	0	100
Total	32	17	31	20	100
1998					
Africa	2	2	12	84	100
Asia	17	13	13	58	100
Latin America	4	24	24	48	100
Eastern Europe	5	5	18	73	100
WENAO	96	0	4	0	100
계	21	8	14	57	100

출처: Milanovic(2002: 62).

부국(Rich), '추격국'(Contenders), 제3세계(Third World), '제4세계'(Fourth World)라는 네 개의 그룹5)으로 나누어 볼 때, <표 2-4>에서 보면 1960~ 1998년에 부국과 중진국이라 할 수 있는 추격국과 빈국인 제3세계 국가가 감소한 반면, 최빈국인 제4세계 국가들이 크게 증가하고 있음을 알 수 있다.

린더트와 윌리엄슨(Lindert & Williamson, 2001)은 지난 2세기 동안 글로

---

5) 여기서는 부국 그룹의 최하위 소득 국가 소득의 2/3 이상인 국가를 추격국, 그 1/3에서 2/3 사이인 국가를 제3세계, 그 1/3 미만인 국가를 제4세계로 정의하고 있다.

별화가 국가 간 불평등을 증대시켰지만 국가 내 불평등에 대해서는 어떤 분명한 효과를 미치지 않았다고 결론짓고 있다. 1950~2000년의 기간을 살펴보면, 국가 간 불평등은 약간 증가했고 OECD 내에서는 국가 내 불평등이 약간 증가했다. 그런데 이들은 국가 간 불평등의 확대 원인을 글로벌화에 참여한 국가와 참여하지 않는 국가 간의 소득 격차 확대에서 찾고 있다. 즉, 글로벌화된 무역과 이민이 참여 국가들 간의 격차를 줄이고 비참가 국가들이 뒤처진 결과 국가 간 불평등이 확대되었다는 것이다. 이들에 의하면 글로벌화가 부분적으로 전개된 상태에서 글로벌화에 동참한 국가와 동참하지 못한 국가 간의 격차가 확대되어 세계적 불평등이 심화되었다는 것이다. 이는 글로벌화가 궁극적으로는 국가 간 소득평등을 가져온다는 세계은행의 입장과 동일하다.

1950~1990년대 73개 국가(선진국, 개발도상국, 이행도상국 포함)의 Gini 계수의 추이를 분석한 코니아와 키스키(Cornia & Kiiski, 2001)에 의하면 분석 대상 73개 국가 중 소득불평등이 증가한 나라가 48개 국가였는데, 그중 불평등이 지속적으로 증가한 국가가 17개국, 불평등이 감소하다가 증가한 국가가 29개국, 증가하다가 안정된 국가가 2개국이었다. 그리고 전체적으로 보면 1950~1970년대에는 불평등이 감소했고 1980~1990년대에 불평등이 다시 증대한다. 그들은 이 시기의 불평등 증대의 요인으로서 숙련집약적 기술로의 이행, 규제 철폐와 자본·무역자유화를 적시하고 있다.

한편, 글로벌화의 진전에 따라 지구촌의 남측(South), 즉 제3세계와 제4세계에서 실업률이 증가하고 비공식화(informalisation)[6]의 진전(Munck, 2002: 111~117)으로 자영업자의 비율이 증가하는데, 이는 이들 국가의 소득불평

---

6) 비공식화는 공식적 임노동시장 외부에서 이루어지는 비공식적 노동으로서 자영업, 비밀노동, 불법노동 등을 포함한다. 이는 경제발전론에서 개념화되고 있는 비공식 부문(informal sector)이 확대되는 현상을 말한다.

등의 심화를 초래하는 요인이 된다. ILO의 추계에 의하면, 1990~2002년에 전 세계 실업자는 약 1억 8,800만 명이 증가했다. 특히, 개발도상국가의 실업률(open unemployment rate)이 1990년 이후 라틴 아메리카와 카리브해 연안, 그리고 동남아에서, 1995년 이후에는 동아시아에서 계속 증가해 왔다. 이들 지역의 실업률 증가의 한 요인은 1990년대 말의 금융위기였다. 그리고 대부분의 개발도상국가에서 비공식 경제 규모의 대리 지표인 자영업의 비중은 동아시아와 동남아시아를 제외한 모든 지역에서 증가했다. 이러한 자영업 비중의 증가는 근대 부문 고용의 정체와 저성장, 그에 따른 비공식 경제에의 노동 흡수 증가와 연계되어 있다(ILO, 2004: 40~42).

글로벌화가 실제 소득불평등과 어떤 관계가 있는가? 글로벌화가 소득불평등을 심화시키는가 아니면 완화시키는가? 이는 논쟁 중이며 상반되는 실증 연구 결과들이 제출되고 있다. 예컨대 달러와 크래이(Dollar & Kraay, 2002)는 개방이 소득불평등에 대해 어떠한 체계적이고 유의미한 효과를 미치지 않음을 보였다. 반면 라발리온(Ravallion, 2001)은 개방이 빈국의 소득불평등을 심화시켰음을 발견했다. 코니아와 키스키(Cornia & Kiiski, 2001)는 32개 개발도상국과 이행도상국에서 1980년대 초반 내지 중반에 대내적 규제 철폐와 대외적 자유화를 핵심으로 하는 워싱턴 컨센서스에 따라 신자유주의적적 구조개혁을 추진한 나라들에서 소득불평등이 근소하게 증가함을 밝히고 있다. 밀래노빅(2004)는 글로벌화 정도를 나타내는 지표로서 개방도(무역액/GDP)와 FDI 비율(FDI/GDP)을 선택하고 가계소득조사자료(World Income Distribution)를 이용하여 이 지표들이 저소득층과 고소득층의 상대적 소득 몫에 미치는 영향을 분석했다. 그 결과 저소득 국가에서는 개방에 따라 부유층의 상대 소득이 증가하며, 소득 수준이 증가함에 따라 부유층에 비해 빈민층과 중산층의 상대 소득이 증가함을 밝혔다. 이는 개방이 빈국의 소득불평등을 심화시킨다는 사실을 나타낸다.

2) 발전모델의 차이와 소득불평등도의 차이

앞에서 논의한 것처럼 신자유주의적 글로벌화에서 국가 간 불평등과 국가 내 불평등이 심화된다고 하더라도 일국 수준의 발전모델의 차이에 따라 소득불평등 정도가 달리 나타날 수 있다. 우리는 이와 관련해서 앞에서 세 가지 가설을 제시한 바 있다. 이제 이 가설이 현실 적합성을 가지는지를 선진국 그룹인 OECD 국가를 중심으로 고찰하기로 하자.

우선, OECD 국가의 빈곤율(중위 소득 50% 미만인 개인 비율)이 발전모델에 따라 어떻게 다른지를 살펴보면 <표 2-5>와 같다. 앵글로색슨형 시장주도 모델에 속하는 오스트레일리아, 캐나다, UK, US의 빈곤율이 가장 높고, 다음으로 라인형 코포라티즘 모델에 속하는 오스트리아, 벨기에, 독일, 일본, 네덜란드, 노르웨이, 스위스는 중간 수준이며, 노르딕형 사회민주주의 모델에 속하는 덴마크, 핀란드, 스웨덴의 빈곤율이 가장 낮다. 평균적으로 볼 때 발전모델에 따라 빈곤율이 뚜렷한 격차를 보이고 있다. 여기서 1980년대 중반에 비해 1990년대 중반과 2000년에 라인형 코포라티즘 모델과 노르딕형 사회민주주의 모델에서도 빈곤율이 높아졌음을 알 수 있다. 이러한 빈곤율의 상승에 기여한 요인은 여러 가지가 있겠지만, 글로벌화도 그 주요 요인 중의 하나일 것이다.

<표 2-6>은 서로 다른 발전모델을 가지는 OECD 국가에서 양극화 관련 지표들을 나타낸다. 이 표에는 소득불평등 정도를 나타내는 빈곤율 및 Gini 계수와 이들 변수에 영향을 미친다고 볼 수 있는 지표들이 제시되어 있다. 앵글로색슨형에서는 다른 발전모델에 비해 노동시장 안정성(혹은 경직성)을 나타내는 고용보호지수, 사회보장의 정도를 나타내는 실업보호지수, 적극적 노동시장정책을 포함하는 노동시장정책에 대한 예산지출 비율이 아주 낮다. 그리고 노조조직률과 단체교섭 수준도 낮다. 이는 시장에 대한 국가개입과 노동운동의 압력이 약한 자유시장경제의 특징을 보여준

<표 2-5> 선진자본주의 국가의 빈곤율 추이

구 분	1980년대 중반	1990년대 중반	2000년
Australia	12.2	9.3	11.2
Canada	11.6	9.5	10.3
UK	6.9	10.9	11.4
US	17.9	16.7	17.1
평 균	12.2	11.6	12.5
Austria	6.1	7.4	9.3
Belgium	10.5	7.8	-
Germany	6.4	9.1	9.8
Japan	11.9	13.7	15.3
Netherlands	3.1	6.3	6.0
Norway	6.9	8.0	6.3
Switzerland	·	8.6	6.7
평 균	7.5	8.7	7.63
Denmark	5.3	3.8	4.3
Finland	5.1	4.9	6.4
Sweden	6.0	3.7	5.3
평 균	5.5	4.1	5.3

자료: OECD

다. 이러한 앵글로색슨형 발전모델에서는 경제성장률은 비교적 높지만 빈곤율과 Gini 계수가 높다. 이처럼 자유시장경제가 실현되고 있는 앵글로색슨형 발전모델에서는 양극화가 상대적으로 더 진전되어 있고, 소득불평등이 비교적 큰 편이다.

라인형과 노르딕형에서는 이와는 달리 고용보호지수, 실업보호지수, 노동시장정책지출 비율이 비교적 높고 노조조직률과 단체교섭 수준도 높다.

<표 2-6> 선진자본주의 발전모델과 양극화 관련 지표

구 분	고용 보호 지수	실업 보호 지수	경제 성장률 (1991 ~2003)	실업률 (1993 ~2004)	빈곤율 (2000)	노조 조직률 (2000)	단체교 섭수준 (1985 ~1992)	노동시장 정책지출 비율 (2003)	Gini 계수
Australia	0.27	0.22	3.8	7.54	11.2	25(80+)	3.0	1.16	0.352
Canada	0.30	0.30	3.4	8.56	10.3	28(32)	1.0	1.14	0.331
UK	0.25	0.11	2.8	6.65	11.4	35(30)	1.0	0.91	0.360
US	0.14	0.10	3.2	5.30	17.0	13(14)	1.0	0.61	0.408
앵글로 색슨형 평 균	0.24	0.18	3.3	7.01	12.5	25	1.5	0.95	0.363
Austria	0.84	0.81	2.1	4.10	9.3	37(95+)	2.0	2.00	0.300
Belgium	0.56	0.82	2.1	8.44	7.8	56(90+)	2.5	3.75	0.250
Germany	0.86	0.77	1.3	8.32	9.8	25(68)	2.0	3.46	0.283
Japan	0.76	0.33	1.3	4.10	15.3	22(15+)	2.0	0.79	0.249
Nether- lands	0.80	0.89	2.5	4.46	6.0	23(80+)	2.1	3.68	0.309
Norway	0.66	0.64	3.0	4.42	6.3	54(70+)	3.6	1.67	0.258
Switzer- land	0.49	0.86	1.3	3.59	6.7	18(40+)	2.0	1.80	0.331
라인형 평 균	0.71	0.73	1.9	5.35	8.7	33	2.3	2.45	0.283
Denmark	0.53	0.91	2.1	5.80	4.3	74(80+)	2.8	4.42	0.247
Finland	0.64	0.43	3.6	11.93	6.4	76(90+)	2.8	3.01	0.269
Sweden	0.94	0.63	2.8	7.41	5.3	79(90+)	2.9	2.51	0.250
노르딕형 평 균	0.70	0.66	2.8	8.38	5.3	76	2.8	3.31	0.255

주: ① 고용보호지수는 고용보호입법을 통한 채용 및 해고의 제한 정도, 집단해고 제한
　　정도를 나타냄. 자료: Hall & Soskice(2001: 165).
② 실업보호지수는 실업 대체율과 실업 급부금의 관대함의 정도, '적합한 일자리'의 정의
　　등을 종합한 지표. 자료: Hall & Soskice(2001: 168).
③ 경제성장률과 실업률의 자료는 OECD(2005), Main Economic Indicators, Paris, May
④ 빈곤율은 중위 소득의 50% 미만인 개인의 비중임. Belgium는 1990년대 중반 자료임.
⑤ 노조조직률 지표 자료 뒤의 ( )안은 단체교섭 적용 범위임(단위: %).

⑥ 단체교섭수준 1=기업수준 임금교섭, 2=산업수준 임금교섭, 3=제재 없는 중앙교섭, 4=제재 있는 중앙 교섭임. 자료: Hall & Soskice(2001: 59).
⑦ 노동시장정책 지출비율은 직업훈련 등 적극적 노동시장정책과 실업급부금 등 소극적 노동시장정책에 지출된 정부지출이 GDP에 차지하는 비율임. Australia, UK, US, Japan 은 2002~2003년도 비율과 2003~2004년도 비율의 평균임.
⑧ Gini 계수 Australia는 1994년, Canada는 1998년, Switzerland는 1992년, Belgium은 1996년, Japan은 1993년, Netherlands는 1999년, Denmark는 1997년, UK는 1999년, Austria는 1997년, 나머지 나라는 2000년 조사 자료임.

이들 발전모델에서는 노동시장에 대한 국가의 개입과 노동운동의 압력이 큰 조정시장경제가 작동하고 있다. 그 결과 양극화가 덜 진전되고 비교적 사회통합이 잘 되어 빈곤율과 Gini 계수가 낮다. <표 2-6>에서 보면 앵글로색슨형과 라인형 및 노르딕형 사이에는 양극화 관련 지표에서 현격한 차이가 있음을 알 수 있다.

아울러 주목되는 부분은 빈곤율이 가장 낮은 덴마크의 경우이다. 덴마크는 사회민주주의 발전모델인 노르딕형에 속하지만, 그 중에서도 고용보호지수가 가장 낮은 대신 실업보호지수가 가장 높을 뿐만 아니라 노동시장정책 지출이 가장 높다는 점이 주목된다. 이것이 바로 유연한 노동시장, 적극적 노동시장정책, 관대한 사회보장이라는 '황금의 삼각형'을 가진 덴마크의 '유연안정성'(flexi-curity) 모델의 내용이다. 노동시장의 유연안정성 모델은 노르딕 모형 내에서 비교적 실업률이 낮고 빈곤율이 가장 낮으며 Gini 계수도 낮은 편이다. 이러한 덴마크 모델은 글로벌화 속에서 국가의 개입을 통해 유연성과 안정성을 동시에 달성함으로써 양극화를 완화시켜 소득불평등을 줄일 수 있음을 시사해 준다.

한편, 미국과 EU 등 주요 선진국들에서 임금불평등은 대체로 증가하지만 발전모델의 차이에 따라 그 추세가 다르다. 1980년대 중반~1990년대 중반에 상위 10% 임금소득자와 하위 10% 임금소득자 간의 임금소득 비율이 미국은 +36.8%, 영국은 +35.1%, 이탈리아는 +15.3%, 아일랜드는

<그림 2-2> OECD 국가의 임금소득불평등 변화(1980년대 중반~1990년대 중반)

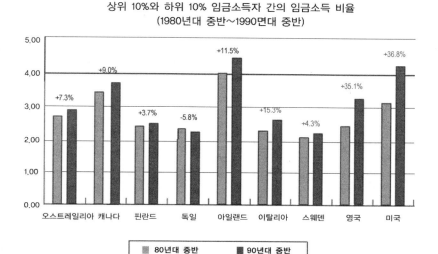

상위 10%와 하위 10% 임금소득자 간의 임금소득 비율
(1980년대 중반~1990면대 중반)

출처: ILO(2004: 43).

+11.5%, 캐나다는 +9.0%, 오스트레일리아는 +7.3%, 스웨덴은 +4.3%, 핀란드는 +3.7%, 독일은 -5.8% 변화했다(<그림 2-2>). 여기서 미국, 영국 등 앵글로색슨형 발전모델을 가진 국가들이 스웨덴, 핀란드 등 노르딕형 발전모델을 가진 국가들에 비해 임금소득불평등이 더 심화되었음을 알 수 있다.

OECD 국가 중 주식시장의 자본화(capitalization) 정도가 아주 높은 미국에서 고용보호지수가 가장 낮으며(<그림 2-3>), 고용보호지수, 실업보호지수, 노동시장정책 지출 비율이 가장 낮은 편에서 속하는 미국에서 빈곤율이 가장 높은 수치를 보인다는 사실(<그림 2-4>, <그림 2-5>, <그림 2-6>)은, 노동시장이 유연하고 사회보장 지출이 빈약하며 금융주도 축적체제가 성립하고 있는 자유시장경제를 가진 앵글로색슨형 모델에서 양극화가 더욱

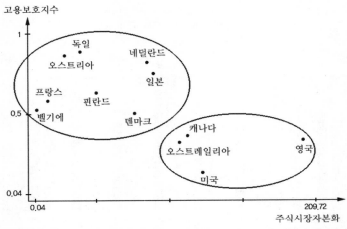

<그림 2-3> 주식시장 자본화 정도와 고용보호수준

주: 주시시장자본화(stock market capitalization)란 GDP에 대한 국내 기업의 시장가치 비율임.
출처: Hall & Soskice(2001: 19 <그림 1.1>).

<그림 2-4> 노동시장정책 지출비용과 빈곤율

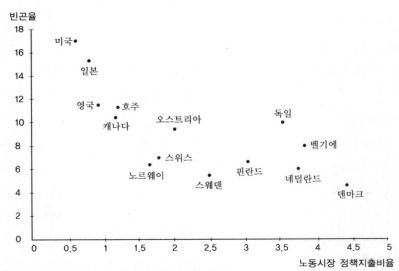

자료: OECD, OECD Employment Outlook 2005.

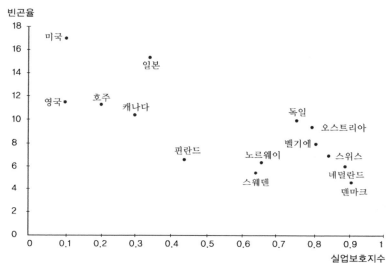

<그림 2-5> 실업보호지수와 빈곤율

자료: OECD, OECD Employment Outlook 2005; Hall & Soskice(2001)

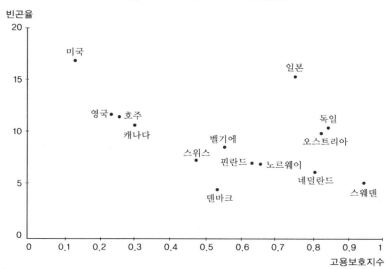

<그림 2-6> 고용보호지수와 빈곤율

자료: OECD, OECD Employment Outlook 2005; Hall and Soskice(2001)

진전된다는 앞의 가설이 타당함을 입증해 준다. 또한 노동시장이 유연하고 노동자 자질이 불평등한 상태에서 정보통신혁명이 지적재산 형성을 위한 연구개발(R&D) 투자 중심으로 일어나고 있는 미국이, 노동시장이 안정적이고 노동자 자질이 높으며 동질적인 상태에서 지식노동 형성을 위한 인적자원개발(HRD) 투자 중심으로 일어나고 있는 스웨덴에 비해 소득불평등이 훨씬 높다(Boyer, 2001; Boyer, 2004; Kim, 2006). 이는 지식주도-자유시장경제가 지식주도-조정시장경제에 비해 양극화가 더 진전된다는 가설이 타당함을 말해준다.

4. 맺음말

단순한 헥서-오린(Heckscher-Ohlin) 세계에서는 글로벌화에 따라 빈국의 저숙련노동에 대한 수요와 부국의 고숙련노동에 대한 수요가 증대하여 빈국의 소득분배가 개선되고 부국의 소득분배가 악화된다. 그러나 이러한 이론상의 세계는 현실 세계와 부합하지 않았다.

지난 20여 년 동안 진전된 글로벌화 과정에서 빈국이나 중소득국이나 부국 거의 모두 소득불평등이 악화되었다. 또한, 기존의 제3세계보다 더 빈곤한 최빈국들 이른바 '제4세계'로 전락한 국가가 크게 늘어났다. 이러한 결과가 모두 글로벌화의 효과 때문인지는 불명확하다. 그렇지만 이러한 양극화와 소득불평등이 신자유주의적 글로벌화와 결합된 지식기반경제 요인, 금융주도 축적체제 요인이 상승 작용하여 초래되었을 것으로 추정할 수는 있다.

그러나 이러한 전반적인 추세에도 불구하고 OECD 국가들을 볼 때, 발전모델의 차이에 따라 양극화와 소득불평등의 정도가 다르게 나타나고 있다. 발전모델의 차이에 따라 고용보호지수와 실업보호지수, 그리고 노동시장정책 지출 비율의 차이가 뚜렷하게 나타나는데 이러한 차이가 양극화 정도와 소득불평등의 차이를 낳는 것으로 추정된다. 이는 신자유주의적 글로벌화가 지구촌을 지배하고 있음에도 불구하고 일국 수준에서 신자유주의와 다른 발전모델이 구축되고 있는 나라에서는 양극화와 소득불평등이 덜 진전된다는 사실을 말해준다.

현재 진전되고 있는 신자유주의적 글로벌화가 이처럼 양극화와 소득불평등을 초래한다면, 글로벌화에 대해 어떤 입장을 취해야 할 것인가? 자유시장경제를 글로벌 스탠더드(global standard)로 보고 신자유주의적 글로벌화에 적극적으로 적응할 것인가, 아니면 반글로벌화로 나아갈 것인가, 아니면 다른 제3의 길을 찾을 것인가?

글로벌화가 국가 간 불평등과 국가 내 불평등을 초래한다고 해서 반글로벌화의 입장을 취하고 글로벌화를 저지하는 방향으로만 나아간다면 경제성장의 정체와 국가발전 수준의 후퇴를 자초할 가능성이 높다. 우리는 세계시장에 편입되지 않고 글로벌 자본과 연계단절(de-linking) 상태에 있으면 정체하고 퇴보한다는 냉엄한 현실을 보아왔다. 따라서 글로벌화 시대에 개방은 필수불가결하다. 더구나 한국처럼 무역 의존도가 높은 나라들은 세계시장에서의 경쟁력을 통해 성장 동력을 지속적으로 창출하지 않으면 안 된다. 이런 점에서 볼 때 반글로벌화는 시대 역행적이고 비현실적이다. 반면에 글로벌화에 참여하면 경제성장의 기회가 창출될 수 있지만, 경제 불안정성이 증대하고 양극화가 심화될 가능성이 높다. 앞에서 본 것처럼 실제로 더 많은 국가들은 지난 20년 여 동안의 글로벌화 과정에서 양극화와 소득불평등이 심화되어 왔다. 따라서 현재와 같은 신자유주의적 글로벌화가 유지되어서는 안 된다.

그렇다면 반글로벌화도 아니고 신자유주의적 글로벌화도 아닌 제3의 길은 무엇인가? 그것은 '공정한 글로벌화(fair globalization)'를 위한 '관리된 글로벌화(managed globalization)'일 것이다. 이러한 대안적 글로벌화는 민주주의, 사회적 공평성, 인권 존중, 그리고 법의 지배라는 기본 원리가 글로벌화를 규율하도록 '좋은 거버넌스(good governance)'를 구축하는 것이다(ILO, 2004). 좋은 거버넌스는 지속가능한 사회 실현이란 관점에서 글로벌화가 초래할 경제 불안정성과 양극화를 완화시킬 수 있는 세계·지역·국가·지방(GlobalRegional-National-Local) 수준의 중층적이고 상호 보완적인 제도 묶음을 통해 구축되는 다중적 피드백 시스템이 되어야 한다(金子 勝·兒玉龍彦, 2004; Cavanagh & Mander, 2004).

이러한 좋은 거버넌스를 세계·지역·국가·지방 수준에서 구축하여 후진국에서 선진국으로의 잉여 이전 효과보다 선진국에서 후진국으로의 생산력 이전 혹은 기술 이전 효과가 더 크게 되도록 할 때, 비로소 후진국에서 지속적인 경제성장이 가능하고 그 결과 국가 간 불평등의 축소를 기대할 수 있을 것이다. 또한, 글로벌화 속에서 경제성장과 사회통합을 동시에 실현하여 지속가능한 성장을 기대할 수 있을 것이다. 이러한 거버넌스 아래에서 개방의 우선순위와 속도를 조절하는 전략적 개방을 추진해야 한다. 한미 FTA를 비롯하여 FTA 체결도 이런 관점에서 추진되어야 한다.

참고문헌

김형기. 2001. 『새정치경제학』. 서울: 한울아카데미.
_____. 2004. 「글로벌화·정보화 시대 자본주의의 다양성」. 한국경제학회 학술대회 발표논문.
_____. 2005. 「세계적 관점에서 본 양극화의 진단과 처방」. 정책기획위원회 보고서.
김흥종 외. 2005. 『전 세계적 양극화 추세와 해외주요국의 대응』. 서울: 대외경제정책연구원.
스티글리츠(Stigliz, J. E). 2002. 『세계화와 그 불만(Globalization and Its Discontents)』.

송철복 옮김. 서울: 세종연구원.

유재원·임혜원 엮음. 2005. 『세계화와 개방정책: 평가와 과제』. 서울: 대외경제정책연
구원.

정일용. 2005. 「세계화와 제3세계의 경제발전: 주류경제학의 세계화론에 대한 비판적
고찰」. 서울사회경제연구소 엮음. 『신자유주의와 세계화』. 서울: 한울아카데미.

金子 勝··兒玉龍彦. 2004. 『逆システム學』. 東京: 岩波書店.

山田銳夫. 1998. 「21世紀資本主義の發展モデル-代案を求めて」. ≪경상논집≫,
경북대학교 경상대학 제25권, 제2호.

Amable, Bruno. 2003. *The Diversity of Modern Capitalism.* New York: Oxford
University Press.

Bourguignon, F. and C. Morrison. 2002. "The Size Distribution of Income among
World Citizens." *American Economic Review*, September.

Boyer, Robert. 2001. "The Diversity of Labor Market Institutions Governing the
New Economy: Against Technological Determinism." SASE Conference.

_____. 2004. *The Future of Economic Growth: As New Becomes Old.* Cheltenham:
Edward Elgar.

Cavanagh, J. and J. Mander(eds.). 2004. *Alternatives to Economic Globalization: A
Better World is Possible.* San Francisco: Berret-Koehler Publishers

Cornia, G. and S. Kiiski. 2001. "Trends in Income Distribution in the Post-World
War II Period: Evidence and Interpretation" Discussion paper No. 2001/89.
UNUWIDER

Dollar, D. and A. Kraay. 2002. "Growth is Good for the Poor." *Journal of Economic
Growth*, Vol. 7.

Hall, P. & D Soskice(eds.). 2001. *Varieties of Capitalism.* Oxford: Oxford University
Press.

Hollingsworth, J. and R. Boyer(eds.). 1997. *Contemporary Capitalism: The Embeddedness
of Institutions.* Cambridge; New York: Cambridge University Press.

ILO. 2004. "A Fair Globalization: Creating Opportunity for All." Report of the
World Commission on the Social Dimension of Globalization.

Jessop, Bob. 2002. *The Future of the Capitalist State.* Cambridge, UK: Polity Press.

Jolly, Richard. 2006. "Inequality in Historical Perspective." Research Paper No.
2006/32. UNU-WIDER.

Khor, Martin. 2001. *Rethinking Globalization: Critical Issues and Policy Choices.* London: ZED Books.

Kim, Hyung Kee. 2006. "A Theory of the Knowledge-Led Accumulation Regime." Paper presented to the French-Korean Regulationist Workshop. University of Paris 13. February 24.

Lindert, P. and J. Williamson. 2001. "Does Globalization Make the World More Unequal?" *Working Paper.* National Bureau of Economic Research.

Lipietz, Alain. 1992. *Towards a New Economic Order: Postfordism. Ecology and Democracy.* London: Polity Press.

Marx, Karl. 1981. *Capital Vol. I.* New York: Vintage Books

Milanovic, Branko. 2003. "The Two Faces of Gobalization: Against Globalizations We Know It." *World Development,* Vol. 31, No. 4.

_____. 2002. "Worlds Apart: Global and International Inequality 1950~2000." Retrieved June 30, 2002, from <http://worldbank.org/research/ inequality>

_____. 2004. "Can We Discern the Effect of Globalization on Income Distribution." Retrieved June 30, 2002, from <http://worldbank.org/research/inequality>

Munck, Ronaldo. 2002. *Globalisation and Labour.* New York: ZED Books.

Ravallion, Martin. 2001. "Growth, Inequality and Poverty: Looking Beyond Averages." *World Development,* Vol. 29, No. 11.

Stigliz, J. E. 2003. *The Roaring Nineties.* London: Penguin Books

Soros, George. 2002. *George Soros on Globalization.* New York: PublicAffairs

Sutcliffe, Bob. 2001. *100 Ways of Seeing an Unequal World.* London: ZED Books

Tonelson, Alan. 2002. *The Race to the Bottom.* Boulder, Co: Westview Press

Wade, R. H. 2004. "Is Globalization Reducing Poverty and Inequality." *World Development,* Vol. 32, No. 4.

제3장
한국사회의 지속가능한 진보를 위한 대안적 발전모델*

1. 대전환기 한국 사회경제의 기회와 위험

글로벌화의 급속한 진전, 지식기반경제의 도래, 신자유주의와 금융주도 축적체제의 등장이라는 현대 자본주의의 4대 경향이 함께 나타나고 있는 21세기 초 현 단계에서 한국의 사회경제는 위기와 새로운 기회를 동시에 맞이하고 있다. 1997~1998년 경제위기를 결정적인 계기로 기존의 발전모델이 붕괴된 이후 새로운 발전모델이 정립되지 않는 가운데 이들 4대 경향이 중첩되어 출현함에 따라 한국은 대전환기에 놓였다. 이 대전환기에 한국의 사회경제는 한편으로는 새로운 역동성의 창출을 통해 선진국으로 도약할 수 있는 기회를 맞이하고 있지만, 다른 한편으로는 국민경제의 자기중심성의 해체와 사회분열이라는 위험에 직면하고 있다.

1960년대 중반에서 1987년까지 장기 상승의 성장 추세를 견인한 것은 개발독재 모델 혹은 박정희 모델이었다. 노동배제적이고 중앙집권적인 정치적 독재 형태의 강력한 국가 개입을 바탕으로 경제성장을 추동한 개발독재 모델을 통해 한국경제는 세계적으로 유례가 없는 고도성장을 달성했다. 고도경제성장에 기초하여 한국 사회는 후진국에서 중진국으로 도약할 수

---

* 한국선진화 포럼 열린대토론회, "한국사회 어디로 가야 하나"(2006. 3. 29) 발표 논문을 수정한 것임.

있었다. 개발독재 모델의 성공 요인은 국가주도의 산업정책을 통한 경제성장의 측면을 강조하는 발전국가론과 주변주적 특성을 가진 대량생산경제의 정착을 통한 경제성장의 측면을 강조하는 주변부 포드주의론이 적시하는 바와 같다.

그러나 1987년 이후 민주화의 진전, 1990년대 이후 글로벌화의 급속한 진전과 1990년대 중반 이후 지식기반경제로의 이행에 따라 노동배제적 경제성장정책과 국가주도의 산업정책과 대량생산경제에 기초한 개발독재 발전모델은 더 이상 유효한 발전모델로 작동할 수 없게 되었다. 그 결과 국민경제의 성장은 장기 하강 추세를 나타낸다. 우리나라를 후진국에서 중진국으로 도약시킨 개발독재 모델은 1997~1998년의 파국적 경제위기 이후 최종적으로 해체된다. 1997년 외환위기를 계기로 성립한 IMF 관리체제 아래에서 추진된 신자유주의적인 구조조정 프로그램은 한국경제를 글로벌 신자유주의적인 질서에 따라 재편시켜 나갔다.

개발독재 모델이 붕괴된 이후 김대중 정부와 노무현 정부 아래 정치적으로는 민주주의가 진전되고 경제적으로는 신자유주의가 강화되어 왔다. 민주정부 아래에서 일정하게 경제민주주의적인 정책이 시도되었으나 의미 있는 정책으로서 일관되게 추진되지 못했다. 1997년 이후 현재까지 기존의 발전모델인 개발독재 모델은 생명력을 다했으나 그것을 대체할 새로운 발전모델이 아직 확립되어 있지 못하다. 한국의 사회경제는 지금 하나의 발전모델이 해체된 이후 새로운 발전모델이 확립되지 못한 과도기에서 비롯된 위기와 혼란의 와중에 있다고 하겠다.

이러한 가운데 한국의 사회경제는 저성장과 양극화라는 양대 문제에 직면해 있다. 기존의 성장체제에 대신하는 새로운 성장체제가 확립되지 못하고 있고 새로운 성장 동력의 창출은 아직 요원하다. 참여정부에 들어와 혁신주도발전이 추구되지만 아직 그 성과는 가시화되고 있지 못하다. 지식기반경제에서 나타나는 '일자리 없는 성장'이 현실화됨에 따라 고용문제가 중대한 의제로 부상하고 있다.

저성장 추세 속에서 양극화가 심화되고 있다. 수도권 경제와 지방 경제 간, 대기업과 중소기업 간, 수출 부문과 내수 부문간, 도시 경제와 농촌 경제 간, 첨단산업과 전통산업 간, 정규직과 비정규직 간 등 국민경제의 여러 부문에서 나타나고 있는 양극화로 인하여 중산층과 서민이 고통을 겪고 있다. 이러한 양극화는 중산층의 붕괴와 사회적 배제 집단의 증가로 이어져 정치·사회적 불안의 증대로 지속가능한 성장을 위협하게 될 것이다.

참여정부의 핵심적 국정 과제인 지방분권과 국가균형발전정책 추진에 따라 중앙집권·수도권일극발전체제가 지방분권·다극발전체제로 이행하고 있다. 국가경영 패러다임의 변화를 초래할 이 정책이 성공적으로 추진될 경우 새로운 성장 동력이 창출되고 수도권과 지방이 상생하는 균형발전이 실현되어 한국경제가 새롭게 도약할 수 있는 기회가 될 것이다. 그러나 재정분권과 교육자치, 경찰자치 등 핵심적 지방분권정책이 아직 확정되어 있지 못하다. 그리고 공공기관 지방 이전과 혁신도시 건설이 지역의 경쟁력을 높이고 균형발전에 기여할 수 있는 가능성을 가지고 있지만 실제로 그렇게 될지는 여전히 미지수다. 지역혁신역량 강화를 통해 지역의 성장 잠재력을 실제로 높이는 방향으로 현행 정책들이 수정·보완되지 않으면 제로 섬 게임의 통합적 균형이 아니라 포지티브 섬 게임의 역동적 균형을 지향하는 균형발전정책이 실패로 끝날 위험이 있다.

다른 한편으로 한국 사회는 급속하게 저출산·고령화사회로 이행하고 있다. 저출산·고령화사회의 도래는 우리나라가 인구학적으로 성숙된 선진 사회로 진입했다는 신호이다. 하지만 그것에 적절하게 대응하지 못하면 미래 한국의 성장 잠재력이 크게 침식될 우려가 있다. 저출산·고령화사회에 대비한 산업정책, 노동정책, 교육정책, 복지정책, 재정정책이 제도적 보완성을 가지도록 총체적 패키지로 실시되지 않으면 저성장과 저복지의 악순환으로 장차 사회가 정체되고 후퇴할 위험이 있다.

참여정부에 들어와 종래의 국가주의적 통치(government)가 아니라 국가와 시민사회가 파트너십을 형성하는 민주적 협치(governance)라는 새로운 국정 운영 시스템이 실험되고 있다. 사회 운영 시스템에서도 국민의 정부에 이어서 노-사-정의 사회적 대화가 추진되고 사회적 대타협이 시도되었다. 정부정책의 방향을 설정하는 국정과제위원회에의 민간 참여, 지역혁신을 추동하는 민관 파트너십 기구인 지역혁신협의회의 설치, 일자리 창출을 위한 노-사-정의 사회협약 체결 등은 그러한 새로운 국정 운영 시스템 내지 사회 운영 시스템 구축을 위한 노력들이라고 할 수 있다.

그러나 관료사회의 국가주의적 성향, 기업사회의 신자유주의적 경향, 노동사회의 전투주의적 경향, 시민사회의 저항주의적 태도가 상존하고 있는 가운데 사회적 대화와 사회적 타협을 위한 제도적 및 문화적 인프라가 미비하여 권위주의적 통치를 대신하는 민주적 거버넌스는 아직 확립되지 못하고 있다. 민주화의 진행과 함께 과거와 같은 국가주의적 운영 시스템의 효율성은 더 이상 기대할 수 없게 되었는데도 불구하고, 민주적 거버넌스의 새로운 효율성은 아직 발휘되고 있지 못하여 전체적으로 국정 운영과 사회 운영에서 비효율이 나타나고 있다.

이러한 상황에서 냉전 폐쇄사회, 중앙집권·서울집중체제, 대량생산경제의 낡은 패러다임을 고수하려는 세력과 글로벌 개방사회, 지방분권·다극발전체제, 지식기반경제의 새로운 패러다임을 지향하는 세력 간의 대립과 갈등이 표출되고 있다. 낡은 권위주의 정치와 성장연합(growth coalition)의 헤게모니 블록이 해체되고 있는 가운데 새로운 참여정치 패러다임과 대안적 발전연합(alternative development coalition)의 헤게모니 블록이 모색되고 있는 과도기에서 정치·사회적 혼돈이 나타나고 있다.

이처럼 대전환기에 처해 있는 한국 사회는 새로운 기회와 위기를 맞이하고 있다. 글로벌화의 진전, 지식기반경제의 출현, 신자유주의와 금융주도 축적체제의 등장, 저출산·고령화사회의 도래 등 현재 한국 사회를 규정하고 있는 주요 경향들이 만들어내고 있는 기회를 살리고 위험을 줄이면서 한국이 중진국에서 명실 공히 선진국으로 도약하려면 새로운 발전모델이 정립되어야 한다. 이미 생명력을 다한 기존의 개발독재 모델과 경제 불안정을 증폭시키며 사회를 분열시키고 있는 현재의 신자유주의를 넘어서는 대안적 발전모델을 구축해야 한국 사회가 지속가능한 진보를 통해 선진국으로 진입할 수 있을 것이다.

2. 신성장체제와 새로운 복지모델의 구축

1) 외연적 불균형 성장체제의 한계

1960년대 중반에서 1987년까지 한국경제의 장기 상승을 가능하게 했던 성장체제는 대량생산경제에서의 요소투입형 수출주도 성장체제였다. 1987년 이전까지 이 성장체제는 노동배제적이고 성장지상주의적이었다. 종속적 노사관계가 유지되었고 노동자에 대한 분배와 빈민에 대한 복지와 생태계 보전은 부차적인 것이 되었다. 요소투입형 성장체제 혹은 외연적 성장체제에서 총요소생산성은 낮았지만 외자 도입과 기술 도입에 기초하여 성립한 대량생산체제에서 노동생산성은 지속적으로 증대했다. 고생산성과 저임금의 결합은 가격경쟁력을 높여 수출주도 성장을 지속가능하게 했다. '대량생산-고생산성-저임금-고수출-대량생산'이라는 거시경제적 순환구조를 가진 이 외연적 불균형 성장체제는 '주변부 포드주의'(peripheral Fordism)로 규정할 수 있는 발전모델의 경제적 토대였다.

1987년 노동자대투쟁으로 노사관계가 민주화되고 임금이 급격하게 상승함에 따라 이 성장체제는 전환된다. 노사관계가 민주화되면서 종속적 노사관계는 대립적 노사관계로 전환한다. 대립적 노사관계는 기존의 노동배제적 성장체제의 효율성을 떨어뜨렸고, 임금의 급상승으로 저임금체제가 고임금체제로 전환된다. 고임금체제는 수출주도 성장에서 가격경쟁력을 떨어트리는 부정적 역할을 했으나 구매력을 증대시켜 대량소비 현상을 낳았다. 1987년 이후 사회복지가 미약하나마 확대된다. 그리하여 '대량생산-고생산성-고임금-대량소비·대량수출-대량생산'이라는 거시경제적 순환구조가 형성된다. 이는 선진국의 중심부 포드주의에서 볼 수 있는 성장체제가 한국에서 성립했음을 의미한다.

그러나 1987년 이후 한국경제는 장기 하강 국면에 들어간다. 1987~1997년의 10년 동안 요소투입형 대량생산체제의 효율성이 점차 떨어지면서 장기 상승 추세가 장기 하강 추세로 반전된다. 이러한 반전의 기초에는 외연적 성장의 한계와 함께 노사관계의 한계가 가로놓여 있었다. 1987년 이후 성립한 대립적 노사관계는 민주적인 측면과 소모적인 측면을 동시에 가지고 있었다. 대립적 노사관계는 민주적이었으나 생산적이지 못했다.

전투적 조합주의와 결합된 대립적 노사관계는 기업혁신을 지체시키는 요인의 하나로 되었다. 노동조합은 기업에게 전략적 의사 결정의 참가를 적극적으로 요구했으나 생산성과 품질 향상을 위한 작업장 참가에는 소극적이었다. 반면, 사용자들은 노동자들에게 적극적인 작업장 참가를 요구하면서도 전략적 의사 결정의 참가에는 부정적 태도를 보였다. 이처럼 작업장 참가와 전략적 의사 결정 참가에 대한 노사 간의 비대칭적 태도는 생산성 획득에 부정적 영향을 끼칠 수밖에 없었다. 게다가 구상과 실행이 분리되는 테일러주의적 노동과정은 생산성 향상에 한계를 드러냈다.

강력한 노동조합이 있는 대기업에서 노사관계는 상당히 경직되고 소모적이었다. 강력한 노조의 교섭력에 기초하여 성립한 대기업의 내부 노동시장은 안팎으로 경직되어 있었다. 노조의 반대로 인한 배치전환의 어려움은 유연생산체제(flexible production system)가 요구하는 유연한 작업조직의 정착에 걸림돌로 작용했다. 대기업의 독점력과 대기업 노조의 교섭력에 기초하여 실현된 고임금과 고용의 안정성은 대기업 노동자들에게 생활의 안정을 가져다주었지만 노동시장의 경직성을 초래했다. 그리하여 대기업을 중심으로 보았을 때 한국의 노동시장은 내부 노동시장과 외부 노동시장이 모두 경직적이었다.

반면 제품시장에서 경쟁열위에 있거나 대기업과 종속적 하청관계를 맺고 있으며 노동조합이 없거나 약한 중소기업의 경우 노동시장이 매우 유연하여 상대적인 저임금과 높은 고용 불안정성이 초래되었다. 독점대기업과 하청관계를 맺고 있는 경쟁적 중소기업은 모기업의 단가 인하 압박에 대응하여 한편으로는 비용절감과 경영혁신을 위해 노력했지만, 다른 한편으로는 임금 인하와 비정규직 고용 증대를 통해 노동자들에게 단가 인하의 부담을 전가했다. 이처럼 경직적인 대기업 노동시장과 유연한 중소기업 노동시장의 병존은 한국경제의 양극구조 형성의 주요 요인으로 작용했다.

이와 같이 테일러주의적 노동과정과 비생산적인 대립적 노사관계와 지배-종속의 기업 간 관계로 특징 지워지는 생산체제의 기초 위에 서 있는 요소투입형 외연적 불균형 성장체제의 비효율성은 1997년 외환위기를 초래한 중요한 내적 요인이 되었다. 외환위기 이후 신자유주의적 구조조정이 추진되는 가운데 이러한 낡은 성장체제는 해체된다.

1997~1998년 경제위기 이후 8년 가까이 지난 오늘날까지 아직 낡은 성장체제를 대체할 새로운 성장체제가 확립되지 않았다. 글로벌화의 진전과 지식기반경제로의 이행, 신자유주의의 지배 속에서 저성장과 양극화 현상이 지속되고 있다. 이러한 상태가 지속되면 저성장과 양극화의 악순환 고리가 형성되어 국민경제가 장기 침체에 빠질 우려가 있다.

2) 신성장체제: 혁신주도 동반성장체제

새로운 성장체제는 저성장과 양극화를 함께 극복할 수 있는 방향으로 구축되어야 한다. 글로벌화와 지식기반경제 시대에서 저성장과 양극화를 동시에 극복할 수 있는 성장체제는 '혁신주도 동반성장체제'라 할 수 있다. 이 새로운 성장체제를 구성하는 원리들은 무엇인가?

첫째, 가장 중요한 원리는 두말할 필요 없이 혁신이다. 요소투입형 성장체제는 대량생산경제에서 효력을 발휘했으나 지식기반경제에서는 더 이상 유효하지 않다. 지식기반경제는 창의성 있는 지식이 경제성장의 원동력이 되는 경제이다. 지식기반경제의 성장 동력은 창의성 있는 지식에 기초하여 발생하는 혁신에서 찾을 수 있다. 지식기반경제에서는 혁신주도형 성장체제가 구축되어야 높은 지속적 경제성장을 기대할 수 있다. 대량생산경제에서는 대량생산과 대량소비가 결합되면 혁신 없이 요소투입의 증가만으로도 고성장을 달성할 수 있었다. 그러나 지식기반경제에서는 대량생산경제의 저생산성과 저성장과 저이윤의 한계를 혁신을 통해 돌파하려고 한다. 여기서 혁신은 생산성 획득의 새로운 원천이고 새로운 성장 동력의 토대가 된다.

슘페터와 신슘페터주의자들이 주장하는 것처럼 혁신은 낡은 패러다임을 창조적으로 파괴하는 과정이고 경제주체들 간의 상호학습을 통해 발현하는 과정이다. 이러한 혁신이 확산되고 지속가능하려면, 혁신은 IT, BT, NT와 같은 신기술의 도입을 말하는 기술혁신뿐만 아니라 혁신을 촉진하는 새로운 제도를 구축하는 제도혁신과 혁신친화적인 새로운 문화를 형성하는 문화혁신을 포함하는 총체적 혁신이 되어야 한다(김형기, 2005a). 이러한 총체적 혁신이야말로 지식기반경제에서 진정한 의미의 새로운 성장의 원천이 된다.

기술혁신으로서의 혁신은 기업, 산업, 대학, 정부 수준에서 신기술을 개발하는 연구개발(R&D) 투자와 신기술에 적합한 인력을 양성하는 인적자원개발(HRD) 투자를 통해 이루어질 수 있다. 혁신은 첨단산업에서 주로 나타나는 급진적 혁신(radical innovation)과 전통산업에서 주로 나타나는 점진적 혁신(incremental innovation) 두 유형이 있는데, 점진적 혁신의 경우 특히 현장 노동자에 대한 교육훈련투자와 같은 인적자원투자가 중요하다. 따라서 대량생산경제에서의 단순노동자를 지식기반경제에서의 지식노동 자로 전환시키는 인적자원개발정책은 기술혁신을 위한 핵심적 정책이 되지 않을 수 없다.

연구개발(R&D) 투자와 인적자원개발(HRD) 투자가 병행하는 지식기업에서 지식노동자의 '교섭에 기초한 참가'에 의해 이루어지는 혁신을 통해 생산성이 향상되는 생산 시스템이 정착될 때 혁신주도 발전을 위한 미시적 토대가 구축될 것이다(Kim, 2006). 따라서 지식기반경제에서는 지식노동자 의 작업장 참가와 전략적 의사 결정 참가가 이루어지는 '자주관리 지식기업' (self-managed knowledge firm)이 혁신적 기업으로 자리매김할 수 있다. 또한, 그 본성상 개별 경제주체들로부터 발현하는 혁신은 분권-자율-네트워크의 원리가 구현되는 조직에서 나타날 가능성이 높다. 따라서 집권-명령-위계의 원리가 관철되는 조직을 분권-자율-네트워크의 원리가 관철되는 조직으로 바꾸는 제도혁신 없이 혁신을 기대하기는 어렵다. 기업조직과 행정조직을 비롯한 사회 각 분야의 조직이 이러한 새로운 원리에 따라 개혁될 때 기업, 정부, 대학, 등 사회 전 분야에 걸쳐 혁신이 확산될 수 있을 것이다. 분권-자율-네트워크는 21세기 새로운 진보적 조직 원리이다. 혁신 개념이 새로운 진보의 원리와 결합될 수 있는 지점은 바로 여기에 있다.

창조적 파괴 과정과 학습 과정이 결합된 혁신은 그것에 적합한 문화가 있어야 한다. 창조적 파괴를 할 수 있는 비판정신, 실패의 위험을 감수하고 도전하는 모험정신, 실패를 관용하는 문화, 새로운 요소를 받아들이고 차이를 인정하는 개방성과 다양성, 창의성을 북돋우는 개성·자유·자율성, 네트워크 효과가 나타날 수 있고 혁신의 확산을 가능하게 하는 경제주체들 간의 신뢰와 협력의 문화 등 혁신을 촉진하는 혁신문화를 일으키는 문화혁신이 요구된다. 그래야만 끊임없는 혁신, 사회 전반의 혁신, 지속가능한 혁신이 이루어질 것이다. 요컨대 '자유로운 개인들이 협력하는 사회'인 진보적인 사회만이 혁신친화적인 사회가 될 수 있다.

둘째, 통합의 원리는 혁신주도 동반성장체제를 구성하는 또 다른 중요한 원리이다. 혁신이 새로운 생산성체제를 통해 고성장의 미시적 토대를 구축하는 것이라면, 통합은 양극화를 극복할 수 있는 수요체제 형성을 통해 지속가능한 동반성장을 위한 거시적 순환체계를 수립하는 것이라 할 수 있다. 혁신은 원래 창조적 파괴의 불연속적 과정이고 승자와 패자 간의 격차를 확대시키는 양극화의 경향을 낳기 때문에 통합의 원리에 의해 보완되지 않으면 사회불안정과 소득불평등의 확대로 대립·갈등이 증폭되어 혁신이 지속되기 어렵다.

양극화를 극복할 수 있는 통합의 원리는 어떠한 방향으로 설정해야 하는가? 그것은 양극화의 원인에 대한 진단에 기초하여 설정되어야 한다. 1997~1998년 경제위기 이후 우리나라에서 크게 심화되고 있는 양극화에는 중간층의 붕괴, 산업 연관의 단절, 사회적 배제 등의 형태가 존재한다. 이런 양극화는 수도권과 지방 간, 대기업과 중소기업 간, 수출 부문과 내수 부문간, 도시와 농촌 간, 정규직과 비정규직 간의 양극화로 나타나고 있다. 양극화 현상을 초래하고 있는 원인은 복합적이다.

우선, 오늘날 세계 공통으로 나타나고 있는 현대 자본주의의 4대 경향 — 즉, 글로벌화, 지식기반경제, 금융주도 축적체제, 신자유주의 — 이 1997~1998년 경제위기 이후 동시에 중첩되어 양극화를 초래하고 있다. 자본 자유화와 자유무역을 확대하는 글로벌화는 경쟁력이 약한 국내 보호 부문의 급격한 쇠퇴와 몰락을 가져오고, 자본의 글로벌화에 따라 국내 산업 연관이 약화되거나 단절되는 현상이 나타난다. 이에 따라 수출 부문과 내수 부문 간에, 글로벌화된 대기업과 국내 시장 지향의 중소기업 사이에 경제적 양극화가 초래된다. 신자유주의는 탈규제, 민영화, 노동시장의 유연화, 복지서비스 재상품화 등의 정책을 실시함으로써 고용 불안정을 증대시키고 노동시장을 양극화하며 효율성과 경쟁력 강화를 명분으로 분배와 복지를 축소시킴에 따라 빈곤층을 증대시킨다.

시장금융시스템 아래에서 기관투자가 중심의 금융자본이 거시경제의 순환을 좌우하는 금융주도 축적체제(finance-led accumulation regime)는 주주가치 극대화를 위한 단기수익성 위주의 기업경영을 하는 기업지배구조를 성립시킴으로써 노동시장 유연화와 임금 압박을 초래하여 양극화를 심화시킨다. 아울러 이 축적체제가 초래하는 자본주의의 변동성 증폭으로 인해 부동층과 탈락층 등 취약계층이 증대하여 사회적 배제 현상이 심화된다. 그뿐만 아니라 금융자산 소유불평등에 따른 금융소득의 차이, 금융소득과 노동소득의 격차를 확대시켜 빈부 격차를 심화시킨다. 금융주도 축적체제는 한국에서 아직 확립되지는 않았지만, 1997~1998년 경제위기 이후 그 요소들이 점차 강화되고 있다.

지식기반경제에서는 비숙련노동자보다 숙련노동자를 필요로 하는 숙련편향적 기술변화(skill-biased technical change)로 인해 숙련-비숙련 노동자 간 고용 가능성과 임금 등 노동 조건의 격차가 확대됨에 따라 고숙련의 지식노동자와 저숙련의 일반노동자 사이에 양극화가 진전된다. 아울러 정보기술(IT)을 비롯한 신기술은 핵심적 지식노동자가 아닌 노동자들의 일자리를 줄이는 '일자리 없는 성장'을 가져오는 경향이 있어 노동계층 내부의 양극화를 심화시킨다. 수확체증이 작용하는 지식기반경제에서 승자독식의 체제가 나타나서 기업 간 양극화를 초래한다. 기업 간 지적재산권의 불평등 분포와 노동자 간의 지식 격차·숙련 격차는 소득불평등을 초래하는 요인이다. 이러한 일반적 요인들 외에 한국의 경우 부동산 소유의 불평등과 부동산 투기가 양극화를 심화시키는 특수한 요인으로 작용해 왔다.

이러한 복합적 요인들이 양극화를 초래하고 있음에도 불구하고 그동안 참여정부는 부동산 요인에 집착하여 다른 양극화 요인들을 과소평가하거나 간과함으로써 집권 초기에 종합적인 정책대안을 제시하지 못했다. 다만, 집권 3년차에 들어와 이 문제의 심각성을 인식하고 동반성장이란 개념을 바탕으로 정책대안 마련에 착수했다. 만시지탄의 감이 없지 않으나 양극화 해소 문제를 최대의 국정 의제로 설정한 것은 다행이라 하겠다.

경제·사회의 양극화 극복의 길은 기본적으로 통합의 원리에서 찾을 수 있다. 여기서 통합은 국민경제 여러 부문 간의 강한 산업 연관과 교류관계가 형성되는 경제적 통합, 실업자를 노동시장에 통합시키고 사회적 배제를 막으며 계층 간 소득 양극화를 해소하는 사회적 통합, 서로 다른 정치 집단 간의 대화와 타협을 통한 공존을 의미하는 정치적 통합, 모든 인간의 자기개발 기회의 보장과 인간과 자연 간의 공생을 의미하는 지속가능한 인간개발(sustainable human development) 등을 포함한다. 이러한 통합은 중간 층의 붕괴를 막고 산업 연관을 강화하며 사회적 배제를 막음과 동시에 거시경제적으로는 혁신주도 성장이 가져오는 공급 증대에 상응하는 유효 수요를 창출하여 새로운 수요체제를 형성하게 만든다.

지식기반경제에서는, 대량생산과 대량소비가 결합되는 대량생산경제와 달리, 신기술에 기초한 상품의 공급능력의 지속적인 확대에 조응하는 수요 증가가 발생하기 어렵다. 특히, 노동시장의 양극화에 따라 노동자 대중의 고임금에 기초한 대량소비를 기대하기 힘들다. 따라서 혁신능력 향상을 위한 과학기술체계와 교육훈련 시스템과 함께, 지식기반경제의 생산성체 제에 조응하는 수요체제를 어떻게 구축하느냐가 지식기반경제의 지속적 성장을 좌우하는 핵심 요인이 된다. 대량생산경제에서 내구소비재의 대량 소비를 넘어, 교육·문화·정보 서비스 영역에서의 새로운 수요가 중요 부분 을 구성하도록 수요체제가 구축되어야 한다. 이러한 수요체제는 수요를 창출할 뿐만 아니라 혁신 능력도 높여 지속적 성장을 위한 거시경제적 순환구조를 창출할 수 있다.

이런 관점에서 볼 때, 지식기반경제의 분배는 일차적으로 노동자들의 혁신 능력을 높이는 교육·문화·지식·정보 수요 중심의 수요체제를 구축하는 방향으로 이루어져야 한다. 더 많은 노동자들에 대한 교육훈련투자는 사회적 배제를 줄여 노동시장에 재진입하게 만들고 취업 가능성을 높이기 때문에 고용을 통한 구매력 증가를 가져온다. 요컨대, 노동자들에 대한 교육훈련투자를 늘이는 분배정책과 혁신을 위한 분배정책이 실시될 때, 지식기반경제에서 성장과 분배의 선순환이 나타날 수 있다.

이처럼, 지식기반경제에서는 경제주체의 혁신 능력을 높이는 과학기술투자, 인적자원개발투자를 통해 혁신주도 발전을 추구할 때, 성장과 분배의 선순환이 가능하게 된다. 여기서 특히 저소득층과 저임금층의 인적자원개발을 위한 정부의 사회적 투자가 뒷받침되어야 경제사회의 양극화 없이, 혁신주도하의 성장과 분배의 선순환을 통한 지속가능한 성장을 이룰 수 있다는 점이 강조되어야 할 것이다. 사회통합은 혁신의 지속을 위한 필수적인 조건이기 때문이다.

앞에서 제시한 혁신과 통합의 원리는 서로의 전제 조건으로 작용하면서 상승 작용을 불러일으키고 선순환 관계를 형성한다. 통합은 혁신의 지속을 위한 정치·사회적 안정이라는 조건을 제공한다. 그리고 통합이 가져오는 사회적 비용 감소와 상생의 네트워크 효과에 의한 사회적 효율의 증대는 혁신을 촉진한다. 그리고 사회통합과 인간과 자연의 공생을 통해 지속가능한 인간개발이 이루어지면, 인간의 창의성 있는 지식에 기초한 혁신이 지속가능하게 된다. 이런 점에서 통합은 지속가능한 혁신을 위한 조건이 된다. 다른 한편으로 혁신에 의해 가능하게 된 고성장과 고복지가 통합의 물적 기초를 제공한다. 요컨대 '지속가능한 혁신을 위한 통합'과 '지속가능한 통합을 위한 혁신'이 결합될 수 있는 것이다.

셋째, 혁신과 통합을 위해서는 분권의 원리가 필요하다. 혁신은 분권을 필요로 한다. 상명하달의 중앙집권적 조직 혹은 위계적 조직에서는 혁신을 기대하기 어렵다. 혁신은 분권적 조직에서 자율적인 행위 주체들로부터 발휘되는 자유로운 개성과 창의성으로부터 발현되는 과정이기 때문이다. 이는 기업혁신, 정부혁신, 대학혁신, 지역혁신 등 모든 혁신 과정에 해당된다. 개별주체들의 다양성과 자율성이 큰 조직에서는 분권이 이루어져야 통합이 가능하다.

지역혁신은 지방분권이 전제되어야만 가능할 수 있다. 중앙집권·수도권 집중체제가 지역혁신의 걸림돌이 되고 있는 우리나라에서는 중앙정부로부터 지방정부로의 권한이양, 수도권으로부터 지방으로의 자원분산, 풀뿌리 민주주의가 이루어지는 주민자치 등을 포함하는 지방분권이 획기적으로 추진되어야 지역혁신을 기대할 수 있다. 그중에서도 특히 주민자치는 주민 참여라는 민주적 과정을 통해 지역혁신 과정에 주민의 역량이 집결되는 메커니즘으로서 매우 중요한 의미를 지니고 있다. 지방분권을 통해 지역혁 신역량이 강화될 때 지역경제가 경쟁력을 획득하고 그것에 기초하여 국가 경쟁력이 강화될 수 있다. 지역의 기업, 대학, 연구기관, 정부, NGO 등 지역의 혁신 주체들이 파트너십 정신에 기초하여 네트워크를 형성하여 구축하는 지역혁신체제(regional innovation system)는 지역에서 새로운 성장 잠재력을 창출할 수 있을 것이다. 하지만 여기에서도 지방분권으로 인해 새로이 발생하는 지역 간 이해 대립과 경제력 격차를 조정하기 위해서는 통합의 원리가 요청된다. '하나의 한국(One Korea)'이라는 통합 이념은 지 방분권에 따른 불균형을 교정하는 데 필수적으로 요청된다.

이상에서 제시한 분권-혁신-통합의 원리에 기초하여 <그림 3-1>과 같 은 '혁신주도 동반성장체제(innovation-led shared growth)'가 구축될 때 한국 경제는 제2의 장기 상승 국면에 진입할 수 있을 것이다. 이러한 혁신주도 동반성장체제는 21세기 지속가능한 진보가 지향하는 기본 가치인 '참여- 연대-생태'의 가치를 지향할 때 경제적·사회적·환경적으로 지속가능한 성 장을 실현할 수 있을 것이다. 여기서 참여는 참여민주주의, 연대는 더불어 살아가는 공동체의 실현, 생태는 지속가능한 발전을 의미한다. 이와 같이

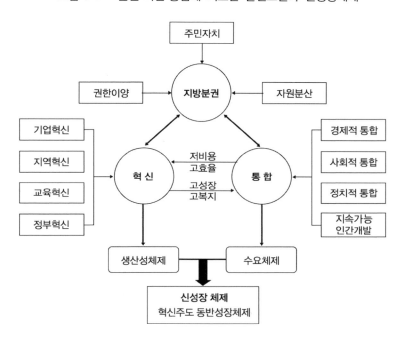

<그림 3-1> 분권-혁신-통합에 기초한 발전모델과 신성장체제

참여-연대-생태의 기본 가치를 지향하면서 분권-혁신-통합의 정책을 실시할 때, 과거의 개발독재 모델과 현재의 신자유주의를 넘어서는 새로운 대안적 발전모델을 실현할 수 있을 것이다.

이처럼 혁신주도 동반성장체제에 기초하여 성립하는 대안적 발전모델이 실현되는 시장경제를 우리는 '공생적 시장경제(symbiotic market economy)'로 개념화하고자 한다. '공생적 시장경제'는 노-사-정 등 경제주체들의 사회적 합의에 기초하여 경제를 운영하는 조정시장경제(coordinated market economy), 연구개발투자와 인적자원개발투자와 같은 지식투자에 기초하여 혁신주도 성장을 추구하는 지식기반경제(knowledge- based economy), 경제 각 부문과 각 지역이 상호 연관 속에서 함께 성장하는 균형성장경제(balanced growth economy) 생태위기를 극복하고 성장과 환경보전을 조화시키는 지속가능한 경제(sustainable economy)가 어우러진 시장경제이다. 공생적 시장경제에서 국민경제는 경쟁의 원리가 관철되는 시장 부문의 사적 경제(private economy), 공공성의 원리가 관철되는 정부 부문의 공공 경제(public economy), 연대의 원리가 관철되는 시민사회 부문의 사회적 경제(social economy)로 중층적으로 구성된다. 공생적 시장경제는 사회경제적 양극화를 초래하여 지속불가능한 자유시장경제(free market economy), 인간과 인간 사이의 연대에 국한된 기존의 사회적 시장경제(social market economy)를 넘어서는 새로운 대안적 시장경제라 할 수 있다.

3) 새로운 성장 동력 창출과 국가경쟁력 강화를 위한 제도개혁

혁신주도 동반성장체제에서 새로운 성장 동력과 국가경쟁력의 원천은 무엇이고 그 원천으로부터 실제로 성장 동력과 경쟁력이 창출될 수 있게 만드는 제도개혁의 방향은 어떠한가? 지금 우리나라에서 새로운 성장 동력과 국가경쟁력은 지식, 지방, 여성, 중소기업, 부품소재산업, 서비스업 등 6대 원천에서 찾을 수 있다.

첫째, 지식기반경제에서의 성장 동력은 무엇보다 지식이다. 생산 과정에 적용되는 지식인 과학과 기술, 숙련의 수준을 높이는 것이 성장 동력을 창출하는 것이다. 기업에서 지식을 창출하는 연구개발에 대한 투자와 지식을 습득하는 인적자원개발에 대한 투자를 하는 것이 성장 동력의 창출로 직결된다. 연구개발을 통해 축적된 지식자본(특허권, 저작권, 소프트웨어)과 인적자원개발을 통해 양성된 지식노동(창의성, 노하우, 문제인식능력과 문제해결능력)이 결합되어 있는 지식기업은 핵심적인 성장 동력이다. 기업 특수적 지식에 대한 기업 자신의 지식투자와 일반적 지식에 대한 정부투자가 강화되어야 한다. 정부 예산을 외부 효과가 높은 연구개발투자, 직업훈련과 평생교육을 포함하는 인적자원개발투자에 더 많이 배분해야 한다. 건설투자와 시설투자에 편향되어 있는 현재의 재정구조와 예산편성제도를 지식투자에 집중하게 만드는 방향으로 재정개혁을 단행해야 한다. 아울러 한국의 가장 대표적인 노동자 참가적 지식기업인 유한킴벌리의 뉴 패러다임 모범 사례, 즉 'YK 모델'을 전 산업으로 확장하여 더 많은 노동자를 지식노동자로 만드는 것이 새로운 성장 동력을 창출하고 국가경쟁력을 강화하는 길이다.

둘째, 지방이 새로운 성장 동력이 되도록 만들어야 한다. 지방분권과 지역혁신을 통해 지방의 경쟁력을 높일 때 새로운 성장 동력이 창출되고 국가경쟁력이 강화될 것이다. 참여정부는 지방분권과 국가균형발전정책을 통해 지방의 경쟁력을 높이는 것을 목표로 하고 있다. 중앙정부로부터 지방정부로의 권한이양과 수도권에서 지방으로의 자원분산이 지역혁신으로 연결되어야만 실제적인 지역경쟁력을 높일 수 있다.

그러기 위해서는 글로벌화 시대에 글로벌 경쟁력을 가질 수 있는 경제권 단위로 지역혁신을 추진해야 한다. 현재 공공기관의 지방이전을 비롯한 자원의 지방분산과 지역혁신을 위한 균형발전정책은 13개 광역시·도의 행정단위별로 추진되고 있다. 하지만, 행정단위의 지방분산과 지역혁신이 과연 경쟁력 있는 지역을 만들 수 있을지는 의문이다. 제4차 국토종합계획 수정계획에서도 수도권, 강원권, 충청권, 부산·울산·경남권, 대구·경북권, 광주·전남권, 전북권과 제주라는 이른바 '7+1' 권역별 발전계획 수립의 틀이 짜여져 있다. 이것은 행정단위를 넘고 있지만 아직도 지나치게 세분화되어 있다. 수도경제권, 중부경제권, 영남경제권, 호남경제권과 제주도라는 '4+1' 경제권별 발전계획이 수립되어야 지역혁신에 성공할 가능성이 높아지고 글로벌 경쟁력을 가질 가능성이 높다. 지역혁신계획과 권한이양, 행정구역 개편도 이러한 관점에서 추진되어야 한다. 이미 지방이전이 확정된 공공기관도 경제권별 연계를 위한 보완계획을 세워야 한다. 경제권별 발전계획의 수립과 실행을 위한 거버넌스로서 가칭 '지역경제발전청(Regional Economic Development Agency)'을 경제권별로 세워야 한다(김형기, 2005).

셋째, 여성의 경제활동 참가를 높이는 것은 새로운 성장 동력을 만드는 것이다. 성차별로 인해 여성의 잠재력이 사장되는 것을 막기 위해서는 각급 조직에서 여성 참가 비율을 높이는 성 주류화(gender mainstreaming) 정책을 펴야 한다. 지식기반경제와 서비스경제에서는 대량생산경제에 비해 여성의 상대적 생산성이 높을 가능성이 있으므로 여성의 경제활동 참가는 국민경제의 효율성을 높일 수 있다. 여성, 특히 생산성이 높은 젊은 여성의 경제활동 참가를 높이기 위해서는 여성을 육아와 가사노동으로부터 해방시키는 육아정책을 펴는 것이 중요하다. 영·유아에 대한 보육시설을 크게 늘리고 육아 전문 인력을 양성하면서 중앙정부의 지원 아래 지방정부가 현물 급부 형태의 육아 서비스를 제공하는 사회복지 서비스의 대폭적 확충이 요구된다. 영·유아 양육 서비스의 탈상품화가 없으면 여성의 경제활동 참가가 제한되고, 현재와 같은 심각한 저출산 현상을 극복할 수 없다. 아울러 여성에 대한 인적자원개발투자를 강화할 필요가 있다. 중·장기적으로 국가경쟁력을 강화하려면 여성에 대한 지식투자, 포괄적인 육아복지 서비스의 제공이 필수적이다.

넷째, 중소기업은 새로운 성장 동력이 될 수 있다. 다만, 중소기업이 혁신적 지식기업이 될 때 그렇게 될 수 있다. 중소기업이 혁신형 중소기업(Inno-Biz)이 되려면 반드시 지식기업이 되어야 한다. 중소기업의 경우에도 연구개발투자와 인적자원수준이 높은 기업이 고성장기업이라는 연구 결과(안상훈, 2005)가 보여주는 것처럼, 무엇보다 중소기업의 지식투자를 높이는 것이 이 부문에서 새로운 성장 동력을 창출하는 길이다. 중소기업이 지식기업이 되려면 지식 창출의 원천인 대학과 중소기업이 결합하는 산학협력체제 구축이 반드시 이루어져야 한다. 중소기업에서 산업별 연구개발투자의 외부 효과가 높은 것으로 밝혀져 있으므로, 연구개발을 할 여력이 약한 중소기업의 경우 지역별로 전략산업의 중소기업에 대해 산학협력체제를 통한 연구개발 지원을 강화해야 한다. 아울러 지방정부와 대학, 경영자단체와 노동조합이 파트너십을 형성하여 중소기업에 대해 산업별 인적자원개발을 추진할 필요가 있다.

이러한 노력과 함께 대기업과 중소기업 간의 상생협력체제를 구축하여 대기업과 중소기업의 동반성장 메커니즘을 형성해야 한다. 상생협력체제 구축의 요체는 부당한 단가 인하의 방지와 협력 성과의 공정한 배분 규칙의 확립이라 할 수 있다. 아울러 '하청으로부터 파트너십'으로 대기업과 중소기업 사이의 관계를 개혁하는 기술혁신, 제도혁신, 문화혁신이 함께 추진되어야 한다.

다섯째, 부품소재산업의 육성은 새로운 성장 동력 창출하여 국가경쟁력을 강화하는 핵심 사업이다. 한국경제의 장기적 성장 동력을 약화시키는 최대 요인 중의 하나는 아마도 부품소재산업의 취약성일 것이다. 지식기반 경제의 선도 산업인 IT 산업의 경우에 핵심 부품의 기술 수준이 낮아 중간재인 부품소재를 대부분 수입에 의존하고 있는 실정이다(국민경제자문회의, 2006). 현재 IT 산업의 소수 대기업들은 글로벌 아웃소싱에 의존한 가공조립 위주의 성장을 하고 있는데, 이러한 성장은 조만간 한계에 부딪힐 것이다. 부품소재산업의 육성 없이는 이러한 성장은 지속이 불가능하다. 부품소재산업의 육성은 수출산업과 내수산업 간, 대기업과 중소기업 간 양극화를 해소할 수 있는 정책이기도 하다. 혁신적 지식기업인 중소기업이 수출산업인 대기업에 고품질의 부품소재를 공급할 수 있게 되면 그만큼 최종생산물의 품질이 향상되어 국제 경쟁력이 높아질 수 있고 대기업과 중소기업 간, 수출산업과 내수산업 간의 연계가 강화되어 양자 간에 동반성장이 가능하게 될 것이다. 따라서 지금 한국에서 부품소재산업 육성정책은 성장 동력의 창출과 양극화 극복 모두에 기여할 수 있는 핵심적 정책이다.

마지막으로, 지식기반 서비스산업과 사회 서비스산업 등 서비스산업은 새로운 성장 동력 산업으로 작용할 것이다. 정보통신 서비스, 데이터베이스, 소프트웨어, 연구개발, 금융보험, 산업디자인, 컨설팅, 교육, 의료, 문화산업 등 지식기반 서비스산업은 그 자체로서 새로운 성장의 원천임과 동시에 지식기반경제에서 고부가가치 생산을 가능하게 하는 성장 동력이다. 육아, 양로, 보건복지, 공공행정 등 사회 서비스산업도 새로운 성장 동력이다. 이러한 서비스산업의 발전은 제조업의 경쟁력 제고와 고부가가치화를 지원하고 삶의 질을 높일 뿐만 아니라 새로운 일자리를 창출함으로써 '일자리 없는 성장'에 대응하여 '일자리를 통한 성장'을 가능하게 한다.

4) 새로운 복지모델: 학습복지와 복지공동체

앞에서 서술한 혁신주도 동반성장체제는 세계화와 지식기반경제 시대에 경제성장과 사회통합을 동시에 실현할 수 있는 새로운 성장체제이다. 혁신주도 동반성장체제는 혁신을 위한 정책과 통합을 위한 정책이 상호 보완적으로 결합하여 선순환할 때 성립할 수 있다. 혁신과 통합이 선순환하려면, 혁신이 통합에 기여하고 통합이 혁신에 기여해야 한다.

혁신이 통합에 기여하려면, 혁신의 성과가 고임금, 고복지, 노동시간 단축(자유시간 확대)으로 공평하게 분배되어야 한다. 고임금과 고복지와 노동시간 단축이 노동자들의 자기개발 노력과 결합될 때, 그것은 지식노동자의 지식 재생산에 기여하여 지식기반경제에서 성장을 지속시키는 역할을 한다. 한편 통합이 혁신에 기여하려면, 경제적 통합과 사회적 통합을 위한 정책들이 혁신을 촉진하는 방향으로 이루어져야 한다. 예컨대, 대기업과 중소기업 간의 양극화를 극복하기 위한 중소기업의 육성정책은 단순히 중소기업 일반에 대한 지원이 되어서는 안 되고 혁신적 중소기업을 육성하는 데 초점이 맞추어져야 한다. 그리고 실업자와 빈민에 대한 복지 지출도 단순히 생계 지원을 위한 현금 급부에 머물러서는 안 되고 실업자의 고용

가능성과 빈민의 자활능력을 높이는 데 집중되어져야 한다.

이러한 관점에서 볼 때, 지금 한국경제가 요구하는 새로운 성장체제인 혁신주도 동반성장체제에 조응하는 새로운 복지모델을 구축할 필요가 있다. 새로운 복지모델의 핵심 내용은 복지공동체와 학습복지로 요약할 수 있다. 복지는 시장경쟁에서 탈락한 사람들(실업자나 파산자), 시장경쟁에서 불리한 처지에 있는 사람들(저숙련 노동자나 저기술 영세 자영업자들), 고용 가능성이 없어서 아예 시장경쟁에 참가할 수 없는 사람들(장애인, 노동무능력자, 노년층) 등을 모두 공동체 구성원으로서 최소한 인간답게 살 수 있는 조건을 만들어준다는 의미에서 연대를 추구한다. 주지하듯이 이러한 연대는 2차 대전 후 서구에서 복지국가를 통해 실현되었다. 우리나라도 1987년 노동자대투쟁 이후 복지국가를 위한 제도들이 도입되기 시작했고, 1997년 외환위기를 계기로 정부의 복지 지출이 다소 확대되었다.

그러나 국민기초생활보장제도와 고용보험제도에서 보는 것처럼 우리나라에서 연대는 전후 서구에서와 같이 주로 중앙정부에 의해 현금 급부가 이루어지는 복지국가를 통해 실현되고 있다. 물론 그 복지국가의 수준은 OECD 국가에서 최하위 수준에 머물고 있어 복지국가의 수준을 높이는 것, 다시 말해 현금 급부의 수준을 높이고 포괄 범위를 넓히는 것이 당면 과제로 되어 있다. 하지만 서구 복지국가의 경험으로 볼 때 현금 급부 중심의 복지국가를 통한 연대의 실현은 문제점을 드러냈다. 즉, 중앙정부가 복지 대상자에게 행정관료기구를 통해 일률적으로 현금을 지급하는 사회복지 실현 방식은 관료제로 인한 비효율과 복지 수혜자의 의존적 성격을 강화시키는 부작용을 초래했다. 이 현금 급부 중심의 복지국가의 문제점은 복지 지출이 사회적 소비(social consumption)나 사회적 손비(social expenses)의 성격을 강하게 가지고 있었던 반면, 사회적 투자의 성격은 약했다는 점이다. 따라서 그것은 경제성장에 기여하는 측면이 적었고 과다한 복지 지출은 경제성장을 저해하기도 했다. 결국 성장과 복지가 대립 관계에서게 되었고 선순환구조를 가지지 못했다.

이에 대한 보수적 대응으로써 복지 지출을 줄이고 복지서비스를 재상품화하는 신자유주의적인 복지국가 개혁이 나타났다. 이처럼 복지국가를 해체하는 보수적 정책과 달리 지식기반경제에서 성장 동력도 창출하면서 실질적으로 복지 수준을 높일 수 있는 진보적 정책이 스칸디나비아 국가들을 중심으로 실시되고 있다. 이러한 새로운 복지모델은 한편으로는 노동연계복지(workfare)와 학습복지(learnfare)의 실현, 다른 한편으로는 복지공동체(welfare community) 실현의 방향으로 나아가고 있다.

노동연계복지는 교육훈련 시스템을 질적으로 개선하여 노동자들의 학습능력을 높이고 지식기반경제에 통합된 인적자원을 개발하는 고용정책을 통해 복지를 향상시키려는 것이다. 인적자원개발투자를 통해 노동자들의 학습능력을 높임으로써 지식기반경제에서 노동자들의 고용 가능성과 임금 수준을 높이는 것을 목표로 한다는 점에서 노동연계복지는 곧 학습복지가 된다. 이제 지식기반경제에 진입하고 있는 우리나라에서도 실업자와 빈곤층에 대해 단순히 현금 급부를 하는 복지를 넘어, 실업자에게 일자리를 제공하는 노동연계복지와 교육훈련을 통해 인적자원을 개발함으로써 취업 가능성을 높이는 학습복지를 지향하는 새로운 복지 개념으로 나아가야 한다.

노동연계복지와 학습복지를 실현하는 정책 수단은 적극적 노동시장정책(active labor market policy)이다. 적극적 노동시장정책은 실업자에 대한 직업훈련, 직업 알선, 노동시장 정보 제공, 일자리 창출 등을 통해 고용을 촉진하는 정책이다. 지식기반경제에서는 실업 노동자에 대한 인적자원개발투자를 하는 적극적 노동시장정책이 더욱 중요성을 가진다. 적극적 노동시장정책은 노동자의 학습능력을 높여 생산성을 향상시키고 인적자원의 활용도를 높인다는 점에서 복지와 성장 간의 선순환 관계를 형성할 수 있다. 지식기반경제로 이행하고 있는 한국경제에서 적극적 노동시장정책

<표 3-1> 노동시장정책 프로그램 지출 비율(對 GDP, %, 2004년)

구분	한국	일본	미국	영국	독일	스웨덴	네덜란드	덴마크
A	0.36	0.79	0.53	0.89	3.46	2.51	3.89	4.42
B	0.17	0.32	0.16	0.53	1.14	1.29	1.72	1.74
C	0.19	0.46	0.37	0.37	2.31	1.22	2.16	2.68

주: A는 노동시장정책 프로그램 지출 비율.
　　B는 적극적 노동시장정책 프로그램 지출 비율.
　　C는 소극적 노동시장정책 프로그램 지출 비율.
자료: OECD, OECD Employment Outlook 2005.

은 교육-고용-복지의 연계를 통해 저성장과 양극화를 극복할 수 있는 혁신 주도 동반성장체제를 구축하는 데 기여할 수 있을 것이다.

그런데 우리나라에서 적극적 노동시장정책 프로그램에 대한 정부 지출이 GDP에서 차지하는 비율은 2004년에 0.17%로 미국을 제외한 다른 주요 선진국들에 비해 아주 낮다(<표 3-1> 참조). 실업 수당에 지출하는 소극적 노동시장정책 프로그램을 포함한 노동시장정책 지출 비율은 OECD 국가 중 최저 수준이다. 이 비율을 획기적으로 높여서 노동연계복지와 학습복지 수준을 크게 높여야 혁신주도 동반성장체제의 확립이 가능할 것이다.

적극적 노동시장정책을 비롯한 노동시장정책에 대한 지출 비율을 획기적으로 높이고 복지 지출을 크게 늘려야 노동시장의 유연화와 사회통합이라는 두 마리 토끼를 잡을 수 있다. 노동시장의 유연성, 적극적 노동시장정책, 관대한 사회복지라는 3요소가 결합되어 노동시장의 유연성과 안정성이 동시에 실현되는 유연안정성을 추구해야 사회통합 속에서 성장이 지속될 수 있을 것이다. 노동시장의 유연안정성은 노-사-정 간의 사회적 타협을 통해 실현될 수 있을 것이다.

다음으로 연대를 실현하는 방식에서 복지국가 패러다임으로부터 복지공동체 패러다임으로 나아가야 한다(Lipietz, 1992). 복지공동체는 중앙정부가 재정 지원을 하는 가운데 지방정부와 지역 시민사회가 파트너십을 형성하여 복지 수혜 대상자에게 육아, 양로, 교육, 의료 등 현물 급부를 제공함으로써 연대를 실현하려는 복지 패러다임을 말한다.

복지공동체의 실현을 위해서는 복지행정의 지방분권이 전제되어야 한다. 왜냐하면 현물 급부 형태의 복지 서비스를 제공하려면 지역 현실에 맞는 복지시설을 갖추고 복지 전문 인력을 양성하며 복지 프로그램을 만들어야 하는데, 이를 위해서는 주민과 가까이 있는 정부인 지방정부(기초자치단체)가 자율성을 가지고 정책을 기획할 수 있는 권한과 자원이 있어야 하기 때문이다(神野直彦, 2000). 따라서 복지정책 관련 결정권과 복지 예산을 함께 중앙정부로부터 지방정부로 이양하는 분권이 필요하다. 다만 여기서 복지예산이 다른 예산으로 전용되지 않도록 중앙정부가 가이드라인을 제시할 필요가 있다.

지역 단위에서 복지공동체가 실현되려면 지역의 산업정책, 고용정책, 교육정책, 복지정책이 서로 제도적 보완성을 가지도록 개별 정책들이 설계되어야 한다. 그러기 위해서는 이들 정책들의 분권화가 필수적이다. 아울러 복지공동체는 지방정부의 힘만으로는 실현할 수 없다. 공익을 실현하려는 지역 시민사회의 NGO와의 파트너십에 기초한 협치가 필요하다. 육아, 양로, 교육훈련, 의료 등의 사회 서비스를 지방정부가 직접 제공할 수도 있지만, 시민사회의 역량을 활용하기 위해 지방정부, 지역노사, NGO가 제3섹터를 만들어 서비스를 제공할 수 있다.

최근 세계 주요 국가들에서 비영리의 제3섹터를 넘어 공익성과 수익성을 동시에 추구하는 사회적 기업(social enterprise)들이 다수 출현하고 있는데(Borzaga & Defourney, 2001), 이 사회적 기업은 복지공동체 실현의 주요한 주체가 될 수 있다. 복지공동체를 실현하려는 사회적 기업에서 일자리가 창출되면, 복지서비스 제공과 일자리 창출이 동시에 가능하다는 점에서 사회적 기업은 새로운 복지모델 실현에 큰 중요성을 가진다. 사회적 기업이 성공하

려면 이러한 기업의 경영자들이 파트너십과 기업가 정신을 겸비하는 '사회
적 기업가 정신'을 가져야 한다.

3. 지속가능한 진보로 지속가능한 한국을

기존의 낡은 진보와 보수, 최근에 등장한 신자유주의 노선으로는 앞에서
제시한 혁신주도 동반성장체제와 새로운 복지모델을 구현할 수 없다. 우선,
글로벌화 이전의 대량생산경제에서 한국경제의 장기 성장을 견인했던 개
발독재모델은 글로벌화와 지식기반경제시대에는 더 이상 유효하지 않다.
다음으로 글로벌화 시대와 지식기반경제에서 기존의 유효수요 창출 중심
의 케인스주의적 국가개입 정책과 중앙집권적 현금 급여 중심의 사회민주
주의적 복지정책으로는 실질적으로 성장과 복지가 결합된 지속가능한 성
장을 할 수 없다. 그뿐만 아니라 신자유주의는 단기적으로 경쟁력과 효율성
을 높일 수 있을지 모르나 그것이 불가피하게 초래할 경제사회의 양극화가
정치사회적 갈등을 심화시켜 장기적으로 효율성이 떨어지기 때문에 지속
불가능하게 될 것이다.

혁신주도 동반성장체제가 구축되고 새로운 복지모델이 구현되려면, 이
러한 기존의 보수와 진보를 넘어서 한국 사회에서 새로운 진보인 '지속가
능한 진보'(Sustainable Progress)의 방향으로 나아가야 한다. 지속가능한 진보
는 경제적·사회적·환경적으로 지속가능한 진보를 말한다. 지속가능한 진
보는 오늘날 글로벌 경쟁의 시대에 고비용-저효율의 시스템은 지속불가능
하다는 인식에 기초하여 한국 사회를 고효율-저비용의 지속가능한 사회로
만들고자 한다. 지속가능한 진보는 '참여-연대-생태'의 가치를 지향하고
'분권-혁신-통합'의 정책을 추진함으로써 혁신주도 동반성장체제와 새로
운 복지모델을 실현하고자 한다.

21세기의 한국이 지속가능한 선진사회가 되기 위해서는 이러한 지속가능한 진보 이념에 기초하여 다음과 같은 사회경제정책 패러다임을 추구해야 한다(좋은정책포럼, 2006; 김형기, 2006a)

첫째, 공정한 시장경제를 실현해야 한다. 효율성을 높이고 혁신을 촉진하는 시장경제의 역동성을 충분히 살리고 사적 독점과 양극화를 초래하는 역기능을 시정하기 위해서는 자유시장경제(free market economy)가 아니라 '공정한 시장경제(fair market economy)'를 실현해야 한다. 공정한 시장경제는 개인적 이익에 기초한 경제활동이 기회 균등, 공공성, 연대의 원리에 의해 제어되는 시장경제를 말한다. 공정한 시장경제의 실현을 위해서는 시장에 대한 국가의 적절한 개입과 시민사회의 통제가 필요하다. 경제사회의 주요 현안 문제를 노-사-정-민이 대등하게 참여하는 사회적 대화와 교섭을 통해 해결해 나가는 '조정시장경제(coordinated market economy)'에서 공정한 시장경제가 실현될 가능성이 높다. 사회통합이 실현되는 가운데 경제성장이 지속되려면, 다시 말해 혁신주도 동반성장체제와 새로운 복지모델이 실현되려면 이러한 공정한 시장경제를 지향해야 한다.

둘째, 슘페터주의적 혁신추동정책과 케인스주의적 수요창출정책을 결합하는 경제정책 기조를 설정해야 한다. 국민적 자본주의 시대의 대량생산경제에서는 대량생산체제에 조응한 대량소비를 지탱하기 위해 정부의 재정지출로 총수요를 증대시키는 경제정책을 통해 성장 동력이 창출될 수 있었다. 그러나 글로벌 자본주의 시대의 지식기반경제에서는 수요 측면의 개입을 통한 성장 동력 창출에 한계가 있다. 세계적 경쟁에 직면하여 창의성 있는 지식에 기초한 혁신을 통한 성장 동력을 확보해야 지속적 성장을 기대할 수 있다. 아울러 혁신에 기초한 공급능력의 지속적 확대에 조응하는 수요체제를 확립해야 지속적 성장이 가능하다. 지식기반경제에서의 수요체제는 대량생산경제에서의 내구소비재의 대량소비 중심의 수요를 넘어 노동자들의 지식수준과 혁신 능력을 높이는 교육·문화·정보 서비스에 대한 수요 중심으로 편성되어야 한다. 이처럼 세계화 시대, 지식기반경제에서 지속가능한 성장을 위해서는 한편에서는 슘페터주의적 혁신추동정책을 실시하고 다른 한편에서는 지식기반경제에서 적합한 케인스주의적 수요창출정책을 실시하는 정책혼합(policy mix)이 필수적이다.

셋째, 국가지상주의와 시장만능주의를 배격해야 한다. 국가의 전능을 믿고 시장기능의 긍정적 측면을 무시하며 경제에 대한 국가의 개입을 통해 모든 문제를 해결하려는 국가지상주의와 시장의 완전성을 믿고 모든 문제를 시장의 자율에 맡기려는 시장근본주의를 함께 배격해야 한다. 국가지상주의가 결국 개인의 자유와 시장을 억압하는 파시즘과 국가사회주의로 귀결되었고, 시장만능주의가 만인에 대한 만인의 투쟁과 경쟁으로 사회를 분열시키는 신자유주의를 등장시키고 있는 역사와 현실을 직시할 필요가 있다. '국가냐 시장이냐', '큰 정부냐 작은 시장이냐', '큰 시장이냐 작은 정부냐'는 논쟁의 틀을 넘어서서, '국가-시장-시민사회' 3부문 간의 상호견제와 협력관계를 통한 적절한 역할 분담을 지향해야 한다. 이를 통해 국민경제를 효율성을 추구하는 시장 부문의 사적 경제(private economy)의 토대 위에 공공성과 공평성을 실현하는 정부 부문의 공공 경제(public economy)와 공동체와 연대를 실현하는 시민사회 부문의 사회적 경제(social economy)가 적절히 결합된 혼성경제(hybrid economy)로 재구성해야 한다.

넷째, 공정한 세계화를 추구해야 한다. 신자유주의적 세계화는 지구촌을 양극화시키고 경제 불안정성을 증폭시키기 때문에 지지될 수 없다. 다른 한편으로, 세계화 그 자체를 반대하는 반세계화운동은 시대 역행적이고 대안이 아니기 때문에 찬성할 수 없다. 공정무역 질서가 수립되고 세계화의 이익과 손실이 국가 간, 지역 간, 계층 간, 양성 간에 합리적으로 분할되는 '공정한 글로벌화(fair globalization)'를 추구해야 한다(ILO, 2004). 세계화가 국민경제에 창출하는 새로운 기회를 적극적으로 활용하기 위해 전략적 개방(유종일, 2006)을 추진하면서도 개방이 초래할 위험에 대해 다양한 제도

묶음으로 구성되는 다중 피드백 시스템(multiple feedback system)을 통한 안전망을 구축해야 한다(김형기, 2006c). 그리고 국민국가의 정치적 자율성과 문화적 다양성이 보장되는 가운데 글로벌수준과 지역수준의 대등한 국제협력과 교류를 통해 지구촌 각 나라가 상생할 수 있는 '인간의 얼굴을 한 세계화'(Stigliz, 2002)의 질서를 수립해야 한다. 신자유주의적 세계화 대신 이러한 '관리된 글로벌화(managed globalization)'를 추구해야 한다(정승일, 2006). 현재 진행 중인 한미 FTA도 이런 관점에서 추진되어야 한다.

이러한 사회경제정책 패러다임과 함께 다음과 같은 정치·사회적 조건이 만들어져야 한다.

첫째, 혁신주도 동반성장체제와 새로운 복지모델을 지지하는 각계각층의 사람들이 동참하는 '대안적 발전 연합'을 형성해야 한다. 대안적 발전 연합은 과거 개발독재 발전모델을 주도한 보수적인 성장연합을 대체하여, 21세기 글로벌화와 지식기반경제에서 대안적 발전모델을 선도할 진보적인 계층연합이다. 이 대안적 발전 연합이 주도하여 과거의 개발독재도 아니고 현재의 신자유주의도 아닌 '한국형 제3의 길'로서의 대안적 발전모델을 실현하기 위해 노-사-정-민 간의 사회적 대타협을 이끌어내야 한다.

둘째, 지속가능한 진보가 지향하는 '참여-연대-생태'의 가치를 지지하는 방향으로 국민들의 지배적 가치관과 세계관의 대전환이 나타나야 한다. 지속가능한 진보를 위한 교육혁명과 문화혁명이 일어나야 할 이유가 바로 여기에 있다. 노동운동과 시민운동을 비롯한 사회운동에도 일대 혁신이 요구된다. 낡은 진보 이념에 기초한 노동운동과 시민운동을 넘어서 실생활에서 다수 국민의 삶의 질을 높이는 '지속가능한 진보'의 비전에 기초한 새로운 노동운동과 시민운동이 일어나야 한다.

셋째, 한반도 전체에 지속가능한 평화체제가 구축되어야 한다. 이러한 평화체제 아래 북한은 보편적 인권과 민주주의를 실현하고 공정한 시장경제를 도입하는 개혁과 공정한 글로벌화 질서 속에 동참하는 개방으로의

체제 전환이 이루어져야 한다. 남북한 경제협력은 이러한 체제 전환 과정을 촉진하는 방향으로 추진되어야 한다. 지속가능한 평화체제 아래, 남한에서 혁신주도 동반성장체제와 새로운 복지모델이 확립되어 지속가능한 성장을 하고 북한에서는 개혁·개방과 남북한 경제협력을 통해 경제를 회생시켜 나갈 수 있을 때, 남북통일을 위한 경제적 토대와 사회적 조건이 형성될 것이다.

참고문헌

국민경제자문회의. 2006. 『동반성장을 위한 새로운 비전과 전략: 일자리 창출을 위한 패러다임 전환』. 서울: 국민경제자문회의.
김형기. 2005a. 「'분권-혁신-통합'에 기초한 국가균형발전의 비전과 정책과제」. 국가 균형발전위원회. 『동북아시대의 한반도 공간구상과 균형발전전략』. 서울: 제 이플러스애드.
_____. 2005b. 「대구경북지역 초광역경제권 발전 구상」. 국가균형발전위원회 연구보 고서.
_____. 2006a. 「지속가능한 진보를 위한 대안적 발전모델」. 좋은정책포럼 창립 기념 심포지엄 발표논문.
_____. 2006b. 「혁신주도 동반성장체제: 지속가능한 진보를 위한 좋은정책포럼의 지향 점」. ≪월간 NEXT≫, 3월호.
_____. 2006c. 「글로벌화, 양극화, 그리고 소득불평등」. 한국국제경제학회 하계 정책 세미나 발표논문.
스티글리츠(Stigliz, Joseph). 2002. 『세계화와 그 불만(Globalization and Its Discontents)』. 송철복 역. 서울: 세종연구원
안병직. 2006. 「한국경제발전의 특징과 선진화의 방향」. 2006 경제학 공동학술대회 발표논문.
안상훈. 2005. 「중소기업의 진입과 성장에 대한 실증분석」. 김주훈 엮음. 『혁신주도형 경제로의 전환에 있어서 중소기업의 역할』. 서울: 한국개발연구원.

유종일. 2006. 「지속가능한 발전을 위한 새로운 경제정책의 방향」. 좋은정책포럼 제2차 포럼 발표논문.

이태수. 2006. 「지속가능한 진보를 위한 사회정책 패러다임」. 좋은정책포럼 창립 기념 심포지엄 발표논문.

좋은정책포럼. 2006. "좋은정책포럼 창립선언문: 지속가능한 진보를 위한 좋은정책 포럼을 지향하며." <www.goodforum.org>

정승일. 2006. 「방비된 세계화와 한미 FTA」. ≪신진보리포트≫, 봄호.

현정택. 2006. 「한국경제의 구조변화와 선진화 과제」. 2006 경제학 공동학술대회 발표 논문.

진노 나오히코(神野直彦). 2000. 『체제개혁의 정치경제학』. 이재은 옮김. 서울: 한울아 카데미.

Borzaga, Carlo & Defourney, Jacques. 2001. The Emergence of Social Enterprise. London and New York: Routledge.

ILO. 2004. "A Fair Globalization: Creating Opportunity for All." World Commission on the Social Dimension of Globalization.

Kim, Hyung Kee. 2006. "A Theory of the Knowledge-based Accumulation Regime." Presented to the French-Korean Regulationist Workshop. 24th Februrary. University of Paris 13.

Lipietz, Alain. 1992. Towards a New Economic Order. London: Polity Press.

제2편 | 대안적 발전모델을 위한 노동개혁과 지방분권 개혁

제4장

한국경제의 대안적 발전모델을 위한 노동개혁*

1. 머리말

1997년 11월 외환위기로 촉발된 1997~1999년 경제위기는 한국경제의 기존의 발전모델을 결정적으로 붕괴시켰다. 한국경제의 기존 발전모델이 어떤 성격이었는가에 대해서는 서로 다른 견해들이 있다. 발전국가 모델, 개발독재 모델, 주변부 포드주의 모델, 외연적 성장 모델, 관치경제 모델 등 이론적 관점에 따라 한국경제의 성격을 서로 다르게 규정한다.

이처럼 서로 다른 성격 규정에도 불구하고 1997~1999년 경제위기를 계기로 한국경제의 기존 발전모델이 붕괴했다는 점에 대해서는 별다른 이의가 없는 듯하다. 그렇다면 왜 1997~1999년의 경제위기가 발전모델의 위기를 발생시켰을까? 그것은 그 경제위기가 비록 유동성 위기에서 출발했으나 빠른 시일 내에 파국적인 공황을 거치면서 전면적 경제위기로 발전하여 기존의 경제발전 패러다임에 결정적 타격을 가했기 때문일 것이다.

이 글에서는 조절이론의 시각에 따라 한국경제의 기존 발전모델을 '주변부 포드주의'[1]로 성격 규정을 한다. 제2차 세계대전 이후 1945~1970년대

---

* 이 글은 「한국경제의 위기와 대안적 발전모델」, ≪사회경제평론≫, 제12호(1999)의 내용을 토대로 노동개혁에 초점을 맞추어 쓴 글로 이원덕 외, 『노동의 미래와 신질서』(한국노동연구원, 2003)에 수록된 것임.

1) 이 글에서는 한국을 비롯한 제3세계 신흥공업국가의 발전모델을 '주변부 포드주의'

까지 선진자본주의 국가들에서 전성기를 구가하던 포드주의가 1970년대 중반 이후 주변부적인 특성을 가지고 제3세계에서 출현하는데, 한국이 그 가장 대표적인 사례이다.

한국의 '주변부 포드주의'는 1970년대 중반 이후 성립하기 시작하여 1980년대 중반경에 확립된다. 그런데 1987년 노동자대투쟁을 계기로 주변부 포드주의가 위기에 처한다. 노동자대투쟁을 계기로 주변부 포드주의를 떠받치고 있던 저임금-장시간 노동체제가 해체되고 병영적 노동통제가 붕괴하기 시작했기 때문이다. 그러나 다른 한편, 노동자 투쟁으로 인한 고임금과 그에 따른 대량소비가 출현함에 따라 주변부 포드주의는 대량생산과 대량소비의 결합에 기초한 본래의 포드주의에 가까워져 가는 양상이 나타난다.

이러한 주변부 포드주의는 1997~1999년 경제위기를 계기로 총체적 위기에 빠져 붕괴되기 시작한다. 2002년 2월 현재까지 유동성 위기와 파국적 공황과 같은 순환적 위기는 극복되었다. IMF 외채를 갚고 경기가 회복되어 이른바 'IMF를 졸업'한 것이다. 그러나 이 경제위기를 계기로 기존의 발전모델은 생명력을 다했지만 그것을 대체할 새로운 발전모델은 아직 등장하고 있지 않다.

이러한 점에서 구조적 위기, 즉 발전모델 그 자체의 위기는 지속되고 있는 것이다. 이러한 구조적 위기는 새로운 발전모델이 확립될 때 비로소 극복될 수 있을 것이다. 새로운 발전모델이 기존의 발전모델과 달리 노동자의 삶의 질을 높이고 국가경쟁력도 높이는 '대안적 발전모델'이 되려면 정치·경제·문화 전반의 총체적 개혁이 요청된다.

로 규정한 리피에츠의 논의를 따른다. 필자는 한국에서의 주변부 포드주의를 '예속적 포드주의'(김형기, 1988)로 특수하게 규정한 바 있지만 여기서는 그 일반적 형태인 주변부 포드주의로 규정하기로 한다.

그런데 조절이론에서 개념화하고 있는 발전모델의 중심에 자본-임노동 관계가 놓여 있으므로 노동개혁은 대안적 발전모델 정립에 핵심적 요인이 된다. 이 글에서는 기존의 주변부 포드주의를 능가하는 대안적 발전모델을 실현하기 위해서는 노동개혁이 결정적인 중요성을 가진다는 인식 아래 한국경제의 대안적 발전모델에 대한 전체적 윤곽을 제시하고 그 대안적 발전모델을 위한 노동개혁의 방향을 제시하고자 한다.

2. 경제위기와 '주변부 포드주의'의 해체

1) 주변부 포드주의

1987년 이전까지 한국경제의 발전모델은 대량생산과 대량수출의 결합, 고생산성과 저임금의 결합, 개발독재와 시장전제주의의 결합으로 특징지어지는 '주변부 포드주의(peripheral Fordism)'로 규정할 수 있다(김형기, 1999a).

주변부 포드주의를 축적체제(regime of accumulation)의 측면에서 본다면 기술적 및 금융적 종속 아래 '대량생산-대량수출', '고생산성-저임금'의 거시경제적 회로를 가지고 포디즘적 대량생산체제와 테일러주의적 작업조직을 가진 축적체제로 규정할 수 있다.

이 축적체제를 구성하는 주요 요소들을 구체적으로 보면 핵심자본재, 기술, 구상기능의 해외의존을 의미하는 기술적 종속, 외채에 의존한 자금 조달을 의미하는 금융적 종속, 수출의존, 고투자와 대량수출, 대규모 설비투자에 기초한 중·저가품의 대량생산이 이루어지는 포드주의적 대량생산체제, 구상과 실행이 분리되고 위계적 노동통제를 받는 탈숙련된 단순 반복노동을 의미하는 테일러주의적 노동과정, 저임금의 유연한 노동시장,

<그림 4-1> 주변부 포드주의 발전모델

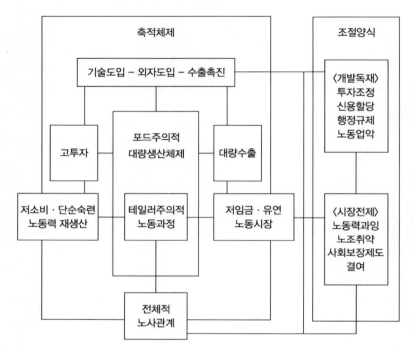

출처: 김형기(1999: 145).

단능숙련의 노동력의 대량창출과 노동자계급의 저소비로 특징지어지는
노동력 재생산, 병영적·가부장적·온정주의적 통제가 결합된 전제적 노사
관계 등을 들 수 있다.

주변부 포드주의는 특히 대규모의 외채에 기초한 발전모델인 이른바
'고부채 모델'(high debt model)이기 때문에 국제금융시장의 상황 변화에
매우 민감한 불안정한 발전모델이다. 아울러 그것은 대량수출에 기초한
'수출주도 발전모델(export-led development model)'이기 때문에 세계시장의
수요 변화에 크게 좌우되는 불안정한 발전모델이다.

이러한 축적체제에 규칙성을 부여하여 재생산을 가능하게 한 조절양식 (mode of regulation)은 개발독재와 시장전제(market despotism)로 특징지을 수 있다. 개발독재는 정부의 투자조정, 신용할당, 행정규제를 내용으로 하는 국가주의적 경제통제, 경제성장과 국가안보의 명분 아래 가해진 인권 및 노동3권의 억압을 의미한다. 시장전제는 노동력의 공급과잉이 유지되어 온 노동시장 상황으로 인한 상대적 과잉인구의 압박, 낮은 노조 조직률 및 약한 노조 교섭력과 단체교섭제도 및 사회보장제도의 결여로 인하여 비인격적인 시장경쟁의 힘이 제도나 교섭력에 의해 제어되지 않는 까닭에 임노동에 대한 자본의 전제지배가 그대로 나타나는 현상을 말한다.

이제 이러한 특성을 가지는 주변부 포드주의 발전모델의 윤곽을 그려보면 <그림 4-1>과 같다.

2) 1987년 이후의 주변부 포드주의

이 발전모델은 1987년 6월 시민항쟁과 7, 8, 9월 노동자대투쟁을 계기로 위기에 빠진다. 우선 축적체제 측면을 보면, 1987년 이후 노동조합의 교섭력 증대로 인한 임금의 급격한 상승이 고임금 현상을 초래하여 대량수출에 부정적 영향을 미쳤다. 따라서 '대량생산-대량수출'이라는 회로에 장애가 생긴다. 그러나 고임금은 대량소비 현상을 초래하여 '대량생산-대량소비'라는 회로의 형성을 가능하게 했다. 이는 한국에서 주변부 포드주의를 본래의 포드주의에 근접하게 만드는 요인이 되었다.

1987년 이후의 고임금은 주변부 포드주의에 위기와 기회라는 상반된 계기를 제공했다. 즉, 고임금은 수출 경쟁력을 악화시켜 위기를 초래했지만, 국내 시장을 확대시켜 새로운 기회를 창출했다. 아무튼 고임금은 고비용 구조를 창출했다. 고지가, 고금리, 고물류비용과 함께 고임금은 주변부 포드주의의 경쟁력을 떨어트리는 요인이 되었다.

반면 포드주의 대량생산체제에서 생산성은 둔화되기 시작했다. 대규모 생산설비와 결합된 테일러주의적 노동과정의 단순 반복노동을 통한 부가 가치 생산은 그 한계가 명백한 것이었다. 높은 노동강도로 행해지는 단순반 복노동에 따른 노동자의 직무 불만이 크게 증대하여 이것이 생산성 둔화의 요인이 되었다. 예컨대, 자동차산업의 경우 컨베이어 시스템에서의 강도 높은 단순조립작업이 직무 불만의 큰 요인 중의 하나가 되었다. 더욱이 1987년 이전의 전제적 노사관계가 해체되고 대립적 노사관계가 형성됨에 따라 노사분규가 크게 증가하는데, 이는 기업 생산성 향상에 장애요인이 되었다.

이렇게 1987년 이전의 고생산성-저임금의 결합이 생산성 둔화와 임금 상승으로 깨어지게 되어 주변부 포드주의 축적체제에 위기가 초래된다. 이는 1980년대 말과 1990년대 초의 경제위기 속에서 '고비용-저효율' 구 조가 국제 경쟁력을 악화시키고 있다는 자본 측과 국가의 주장이 나타나게 된 배경이 되었다.

한편 1987년 이후 노동조합의 교섭력이 크게 증대함에 따라 노동시장의 분단화가 가일층 진전되고 노동시장의 경직화가 새로이 나타난다. 노조의 조직률이 높고 교섭력이 강한 독점 부문과 노조의 조직률이 낮고 교섭력이 약한 비독점 부문 간에 임금 및 작업조건의 격차와 노동이동률 격차가 현격하게 발생한다.

아울러 노조의 교섭력 강화와 내부노동시장의 형성으로 임금 및 고용의 경직화 현상이 출현한다. 과거 무노조 상태나 어용노조가 존재하고 있었을 경우에는 사용자들이 임금삭감이나 동결과 해고를 자유롭게 할 수 있었지 만, 노조가 생기고 어용노조가 민주화되자 경기변동과 기업경영상황 변화 에 따른 임금과 고용의 신축적 조정이 어렵게 된다. 이러한 노동시장의 경직화는 자본의 입장에서는 축적체제의 효율성을 떨어트리는 요인으로 인식되었다.

다른 한편, 1987년 6월 항쟁으로 군사독재가 후퇴함에 따라 개발독재와 시장전제라는 기존의 조절양식이 위기에 빠진다. 국가주의적 경제통제가 완화되고 노동에 대한 탄압이 약화된다. 국가에 의한 투자조정과 행정규제가 완화되는 탈규제가 일정하게 진전된다. 아울러 노동조합의 교섭력이 강화되고 사회보장제도가 일정하게 도입된 결과 노동자에 대한 시장전제도 완화된다. 이를 좀 더 자세히 고찰해 보자.

1987년 이전의 조절양식이었던 개발독재와 시장전제가 1987년 6월 시민항쟁과 7·8·9월 노동자대투쟁으로 결정적으로 해체되기 시작하지만 새로운 조절양식이 등장하지 못한 결과 조절양식의 위기가 나타난다. 개발독재가 해체됨에 따라 정부의 투자조정, 신용할당 기능이 약화되고 행정규제와 노동억압이 완화되기 시작한다. 국민경제에 대한 통제경제의 요소가 약화된다. 이와 같이 개발독재적 조절이 약화되자 투자와 금융 면에서의 재벌의 지배력이 강화되고 재벌 기업들 간의 경쟁 격화로 과잉투자 현상이 나타난다.

한편 이러한 개발독재의 해체와 함께 시장전제도 크게 약화된다. 노동력 부족, 노조의 조직력 및 교섭력 강화, 단체교섭제도, 최저임금제·국민연금제·고용보험제 등 사회보장제도의 초보적·부분적 도입으로 시장전제의 효력이 약화된다. 이제 시장적 조절과 함께 제도를 통한 조절이 등장한다. 대기업을 중심으로 단체교섭을 통한 임금 및 고용의 조정, 최저임금제, 고용보험제 등을 통한 간접임금 범주의 출현, 내구소비재의 대량소비 양식의 등장에 따라 '독점적 조절양식'2)이 부분적으로 성립한다. 다른 한편 개방화와 세계화의 진전에 따라 세계시장에서의 무한 경쟁이라는 새로운

---

2) 독점적 조절양식은 단체교섭을 통해 생산성 임금이 지급되고 고용관계가 안정화되는 가운데 노동 규범과 소비 규범이 변혁되고 사회보장제도가 정비되어 임노동관계가 재생산되는 것을 말한다.

시장전제가 등장한다. WTO, IMF 등과 같은 세계경제기구의 영향력 강화로 국민적 조절의 기능이 약화된다.

자본-임노동 관계에도 위기가 발생한다. 1987년 이전의 전제적 노사관계가 결정적으로 해체되었음에도 불구하고 새로운 노사관계 패러다임이 형성되지 못했다. 노조의 교섭력이 강한 대부분의 대기업에서는 노사가 상호 불신하면서 서로 발목을 잡고 있는 일종의 교착 상태가 형성되어 있다. 테일러주의적 노동과정과 단능숙련 노동력의 대량창출을 통한 생산효율 증대가 한계에 부딪히게 된다.

이와 같이 1987년 노동자대투쟁 이후 주변부 포드주의 발전모델 그 자체에 위기가 발생한 것이다. 1987~1997년에 이르는 10년 동안 미국이 주도하는 신자유주의의 압력 속에서 주변부 포드주의 발전모델이 해체되었음에도 불구하고 그것을 대체할 새로운 발전모델이 등장하지 않은 가운데 위기가 계속되어 왔다.

3) 1997~1999년 경제위기와 '주변부 포드주의'의 붕괴

1997년 외환위기로 촉발된 경제위기는 주변부 포드주의 발전모델의 최종적 위기를 초래했다. 1997년 외환위기 이후 한국경제는 경제주권을 상실하고 IMF 관리체제에 들어가는데, IMF 관리체제에서 추진된 구조조정 프로그램인 고금리정책과 긴축정책은 대량생산-대량소비의 결합에 기초한 포드주의적 축적체제에 결정적인 타격을 주었다.

고금리정책은 투자의 급격한 위축을 초래했고 긴축정책은 정부지출, 투자지출, 소비지출 등 유효수요를 크게 감소시켰다. 원래 포드주의 축적체제는 케인스주의적 팽창정책을 통해 유지되는데 IMF 프로그램의 긴축정책은 포드주의 축적체제를 침식시켰다. 고금리정책은 고부채 모델인 주변부 포드주의의 금융위기와 외채위기를 격화시켜 그것을 파산지경에 이르게 했다.

기업의 부채 비율 200%, 은행의 BIS기준 8% 유지가 강요됨에 따라 기업들의 대대적인 자산 매각과 은행의 대출금 회수가 이루어졌다. 은행 채무 상환, 외채 상환을 위한 자산 매각이 전개되어 대량생산의 물적 기반이 된 고정자산의 대량 파괴가 진행되었다. 이는 자본축적에 심각한 타격을 주고 급격한 생산의 감축을 초래했다. 이 과정에서 수많은 기업들이 도산하고 대량실업이 발생했다.

고금리정책과 긴축정책은 심각한 디플레이션을 초래했다. 상품가격의 폭락과 물가하락이 나타났다. 원래 포드주의 축적체제는 인플레이션과 친화적인데, 한국경제에서 전례가 없었던 심각한 디플레이션은 포드주의 축적체제를 붕괴시키기에 충분했다.

한편 기업들이 경제위기를 극복하기 위한 구조조정을 이유로 임금삭감과 동결에 나서고, 정리해고제가 도입됨에 따라 1987년 이후 나타난 임금과 고용의 경직성, 즉 노동시장의 경직성이 타파된다. 아울러 공기업의 민영화가 진전됨에 따라 고용조정이 이루어진다. 고용형태면에서 정규직의 비중이 감소하고 임시직·일용직과 같은 비정규직의 비중이 증가한다. 아울러 호봉제에 기초한 연공임금제도가 해체되고 연봉제 및 성과급제도가 도입되어 임금의 유연성이 강화된다. 이러한 노동시장의 유연화 및 민영화와 같은 신자유주의적 노동개혁이 진행되면서 주변부 포드주의 발전모델이 해체되어 간다.

신자유주의적 노동개혁은 고용불안을 초래하여 노동자의 삶의 질을 크게 떨어트렸고, 축적된 인적자원의 파괴로 생산력 기반을 와해시켜 기업경쟁력도 오히려 약화시켰다. 따라서 공평성과 효율성 실현의 관점에서, 노동자의 삶의 질 향상과 기업경쟁력 강화의 관점에서, 기존의 주변부 포디즘 발전모델을 넘어서는 대안적 발전모델 구축에 주춧돌이 되는 노동개혁이 과제로 남아 있다.

3. 한국경제의 대안적 발전모델

1) 21세기의 대안적 발전모델: 세계적 구도

21세기 초 세계경제의 4대 흐름은 글로벌화, 신자유주의의 지배, '신경제 (New Economy)의 출현', '금융주도 축적체제(finance-led accumulation regime)'의 등장으로 요약될 수 있다.

먼저 현 단계 글로벌화의 양상은 자본의 글로벌화, 즉 생산 및 금융의 글로벌화와 정보의 글로벌화, 즉 거래 및 교류의 글로벌화로 정리할 수 있다. 이와는 대조적으로 노동의 글로벌화는 일부 지식노동(IT인력)과 단순 노동의 세계적 이동에 국한되고 있다. 자본의 글로벌화에 따라 경제정책 환경이 급변하여 국민국가의 거시경제정책의 유효성이 감소하고 국민경제 의 불안정성이 증대하고 있다.

신자유주의 경제정책은 시장에 대한 국가 개입의 철회를 의미하는 탈규 제(deregulation), 국영기업의 민영화(privatization), 사회복지서비스의 시장의 존을 의미하는 재상품화(re-commoditification) 등으로 요약할 수 있다. 이러 한 신자유주의 경제정책은 노동시장의 유연화와 금융시장의 자유화, 그로 인한 노동시장과 금융시장의 불안정성을 초래했다.

다음으로 신경제는 정보기술(IT)에 기초한 '네트워크 경제'인 디지털 경제(digital economy)와 가치 창출의 주된 원천이 지식인 지식기반경제 (knowledgebased economy)로 구성된다. 이러한 신경제의 생산체제 및 노동과 정의 특성은 유연기술과 글로벌 소싱 및 아웃 소싱의 유연생산체제, 노동과 정에서의 구상과 실행의 통합, 지적 숙련과 사회적 숙련의 요청, 분권화·네 트워크·자율의 조직 원리 요청 등으로 요약할 수 있다.

한편 금융주도 축적체제에서는 가계자산에서 금융자산의 비중이 증가하 는 금융화, 금융자본에 대한 산업자본의 종속, 기관투자가 주도의 기업지배구조에서 주가수익 극대화를 위한 기업행동, 노동소득에 대한 금융소득 우위 등의 현상이 출현한다. 포드주의 축적체제가 주주, 노동자, 경영자의 공동이익이 추구되는 이해관계자 자본주의(stakeholder capitalism)와 친화력을 가진다면, 금융주도 축적체제는 주주의 일방적 이익이 추구되는 주주 자본주의(shareholder capitalism)와 친화력을 가진다.

이러한 21세기 세계경제의 흐름은 '신자유주의적 글로벌 자본주의'(neo-liberalist global capitalism)로 특징지을 수 있다. 한국경제도 이러한 세계 자본주의의 흐름 속에 있다. 특히 IMF 관리체제 이후 한국 자본주의는 신자유주의 경제정책이 결정적으로 우세하게 된다. 20세기 말에서 21세기 초에 대두하고 있는 이 유형의 자본주의는 노동자의 삶의 질을 악화시키고 사회갈등을 심화시키고 있기 때문에 정치적으로 장기간 지속가능하지 않다. 경제적으로도 이러한 유형의 자본주의가 과연 장기 동태적인 효율성을 발휘할 수 있을지 의문이다. 따라서 세계적 수준에서나 한국적 수준에서 대안적 발전모델의 모색이 필요하다.

현대 자본주의의 신자유주의적 발전모델을 넘어서는 새로운 발전모델은 무엇인가? 대안적 발전모델은 노동생활의 질과 삶의 질을 높이는 방향으로 설정되어야 한다.[3]

먼저 축적체제의 미시적 기초인 노동과정과 생산체제부터 보자. 대안적 노동과정은 구상과 실행의 분리, 노동의 탈숙련화, 자본가 통제로 특징지어지는 기금까지의 자본주의적 노동과정의 내재적 경향을 넘어서는 것이어야한다. 즉, 대안적 노동과정은 구상과 실행의 통일, 노동의 재숙련화, 노동자참가라는 세 가지 요소를 포함해야 한다. 생산현장 노동자들이 구상 기능을 수행하고 노동의 복잡도가 증대하며 지식화가 진전되고, 노동자들이 노동과정을 통제하는 데 참가하는 것이 대안적 노동과정이다(김형기, 2001).

---

3) 대안적 발전모델에 관한 이하의 내용은 김형기(2001), 587~596쪽을 참조

대안적 노동과정에서 수행되는 노동은 지식노동이다. 이러한 노동과정은 테일러주의를 넘어서는 반테일러주의(Anti-Taylorism) 혁명을 통해 실현될 수 있다. 현재 급속히 발전하고 있는 정보기술은 노동의 탈숙련화보다는 노동의 재숙련화(re-skilling)를 가져오는 경향이 있다. 쌍방향 의사소통을 가능하게 하는 디지털 기술은 노동자 참가의 가능성을 크게 증대시키고 있다.

대안적 노동과정을 위해서는 디지털경제와 지식기반경제가 요구하는 정보처리 능력과 지식을 갖춘 노동자, 즉 지식노동자가 창출되어야 한다. 그러기 위해서는 노동의 복잡도를 높이고 지식화하는 교육훈련이 실시되어야 한다. 따라서 반테일러주의 혁명을 위해서는 다기능(multi-skilling)의 지식노동을 창출하는 노동력 재생산 과정의 혁명이 필요하다.

대안적 노동과정과 함께 선진자본주의에서 광범하게 출현한 포드주의적 대량생산체제를 넘어서 포스트 포드주의적 신생산체제(new production system)가 구축되어야 한다. 이미 선진자본주의 내부에서 뚜렷한 경향으로 출현하고 있는 신생산체제에는 고도숙련노동자와 유연자동화(flexible automation) 기술에 기초하여 다품종을 소량씩 신축적으로 생산하는 북부 이탈리아의 유연전문화(flexible specialization), 고숙련에 기초하여 고부가가치 제품을 생산하는 독일의 고품질 생산(quality production), 무재고의 적기 생산(Just-In-Time)이 이루어지는 일본의 린 생산(lean production), 고숙련 노동자들로 구성된 자율적인 작업집단의 팀 작업이 이루어지는 스웨덴의 팀 생산(team production) 등의 생산방식들이 존재한다.

요컨대, 신생산체제는 '유연한 고품질 생산(flexible quality production)'체제라 할 수 있다. 정보기술은 유연한 고품질 생산체제의 구축을 가능하게 한다. 대량생산체제의 기업조직이 집권적이고 위계적인 것과는 달리 신생산체제에서 기업조직은 분권적이며 덜 위계적이다. 기업 내 정보의 흐름은 대량생산체제에서는 단선적이며 수직적이지만 신생산체제에서는 다선적이며 수평적이다.

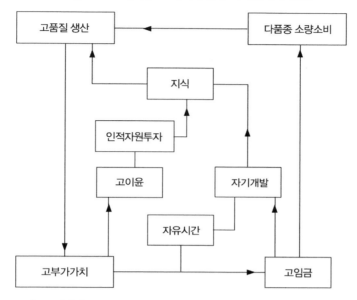

<그림 4-2> 지식주도 축적체제의 거시경제적 회로

고품질 생산 ← 다품종 소량소비

지식

인적자원투자

고이윤   자기개발

자유시간

고부가가치 → 고임금

자료: 김형기(2001: 589).

신생산체제에 기초하여 새로운 축적체제가 구축돼야 한다. 신자유주의
적 자본주의의 금융주도 축적체제를 넘어서는 새로운 축적체제의 하나로
서 '지식주도 축적체제(knowledge-led accumulation regime)'를 들 수 있을 것
이다. 지식주도 축적체제는 축적과 성장에서 지식이 결정적인 중요성을
가지는 축적체제이다. 지식주도 축적체제의 거시경제적 회로는 <그림
4-2>와 같다.

지식에 기초한 고품질 생산이 고부가가치를 창출하고, 고부가가치가
고임금 지급을 가능하게 한다. 고임금은 한편으로는 하이테크 제품의 다품
종 소량소비를 가능하게 하고 다른 한편으로는 노동자들이 자신의 지식을
향상시키기 위한 자기개발을 받을 수 있도록 한다. 다품종 소량소비는
고품질 생산을 자극한다. 고부가가치는 고이윤을 가능하게 하고 고이윤에

기초하여 노동자에 대한 기업의 인적자원투자가 진전되어 지식축적을 가능하게 한다. 다른 한편 고부가가치의 일부가 노동시간 단축과 자유시간 확대로 연결되어 자유시간을 통해 노동자들이 자기개발을 할 수 있다. 이러한 지식주도 축적체제는 이미 현재의 신자유주의적 자본주의에서 지식기반경제가 출현하고 있기 때문에 실현 가능하다.

반테일러주의적 노동과정, 신생산체제, 지식주도 축적체제에 규칙성을 부여하여 그것을 유지하는 조절양식은 어떠한가?(김형기, 2001)

먼저 창출된 고부가가치가 고임금, 고이윤, 자유시간 증대로 분배되는 제도적 장치를 구축해야 한다. 이윤분배제도가 도입되어 고부가가치가 고임금으로 연결되도록 해야 한다. 고임금이 재화 소비만이 아니라 지식향상을 위한 노동자들의 자기개발에 지출하도록 하는 인센티브제도가 도입되어야 한다. 지식수준에 따른 임금을 지급하는 지식급(pay for knowledge)과 교육훈련비 지출에 대한 조세지원 등의 인센티브제도를 도입할 필요가 있다. 노동시간 단축을 제도화하여 고부가가치가 노동시간 단축과 자유시간 확대로 연결되도록 해야 한다.

지식주도 축적체제가 지속되기 위해서는 노동시간 단축이 필수적이다. 그 이유는 두 가지다. 하나는 노동시간을 단축하여 자유시간이 확대되어야 노동자들이 지식향상을 위한 자기개발 시간을 가질 수 있기 때문이다. 노동시간 단축이 노동자들의 지식수준 향상으로 연결되면 고품질 생산이 지속될 수 있다. 이러한 점에서 노동시간 단축은 지식주도 축적체제의 호순환을 담보하는 주요 요인이 된다. 노동시간 단축이 자기개발을 위한 학습시간 증가로 전환되기 위해서는 자유시간을 보내는 사람들의 생활양식의 혁명이 일어나야 한다.

다른 하나는 노동시간을 단축하여 일자리 나누기(job sharing)를 함으로써 일자리를 창출, 실업을 줄일 수 있기 때문이다. 노동시간 단축은 지식기반경제에서 노동생산성 향상에 따른 고용감소 경향에 대응하여 '일자리 없는 성장(jobless growth)'을 막고 '고용지향적 사회(employment-oriented society)'를 만들 수 있는 기초가 된다.

노동시간 단축은 대안적 발전모델이 지속가능하기 위해서 필요하다. 포드주의 발전모델은 대량생산과 대량소비를 통해 심각한 생태위기를 초래했다. 지식과 정보가 주된 투입요소가 되고 지식정보재가 주된 소비대상으로 되는 지식주도 축적체제에서는 소재와 에너지를 적게 사용하는 경향이 있기 때문에 그만큼 환경오염과 생태계 파괴 가능성이 적다. 이 축적체제에서 노동시간이 단축된다면 물질적 재화의 생산과 소비가 줄어들어 생태위기 극복의 길이 열릴 수 있다.

이처럼 노동시간 단축은 일자리를 창출하고 생태위기를 극복하며 삶의 질을 높일 수 있는 유력한 대안이기 때문에 지속가능한 대안적 발전모델 구축에 필수적 요소가 된다. 이런 측면에서 볼 때 대안적 발전모델은 '지식주도 축적체제'임과 동시에 '자유시간에 기초한 축적체제'이기도 하다.

대안적 발전모델에서는 포드주의 발전모델에서 발생한 복지국가의 위기를 극복하는 복지제도가 구축되어야 한다. 신자유주의적 자본주의에서는 복지국가를 해체하여 복지를 축소하는 방향으로 나아갔지만, 대안적 발전모델에서는 복지공동체(welfare community)[4]를 구현해야 한다. 기존 사회민주주의의 복지국가는 중앙정부가 실업자, 빈민 등 복지대상자에게 행정관료기구를 통해 일률적으로 현금을 지급하는 사회복지 방식을 취했다. 이 복지국가에서는 과다한 복지 지출과 관료제로 인한 비효율이 발생했고 복지수혜자가 국가에 의존하는 경향을 낳았다.

복지공동체는 이러한 복지국가의 위기에 대한 진보적 대안으로 제기된다. 복지공동체는 한편으로는 지방정부와 지역 시민사회의 비정부기구(NGO) 혹은 비영리기구(NPO)가 결합하여 지역공동체 수준에서 실업자와

---

4) 복지공동체에 관한 더 자세한 논의는 Lipietz(1992), 92~110쪽 참조.

저소득 빈민에 대해 교육, 의료, 육아, 양로 등과 같은 복지 서비스를 현물급부 형태로 제공한다. 다른 한편으로는 국가부문도 시장부문도 아닌 '제3부문(third sector)'을 시민사회 영역에 창출하여 국가예산의 부분적인 지원 아래 실업자를 고용하여 환경보전과 복지서비스 분야 등 사회적으로 유용한 활동을 전개한다. 이처럼 복지공동체는 지역 수준에서 지방정부와 지역 시민사회가 결합하여 분권적이고 참여적인 복지를 제공하게 된다. 제3부문과 노동시간 단축은 고용을 창출하고 실업을 줄이는 데 기여할 것이다.

2) 한국경제의 대안적 발전모델 : 탈포드주의적 민주적 시장경제

한국에서 대안적 발전모델은 기존 발전모델의 축적체제와 조절양식의 한계와 위기 요인들을 극복하는 제도개혁 내용을 포함하면서, 21세기 새로운 사회경제시스템에 대한 비전이 담긴 것이라야 한다. 위에서 제시한 세계적 수준에서의 대안적 발전모델이 한국에서 실현되기 위한 조건은 무엇인가?

한국경제의 구조적 위기를 추상적으로 말한다면 경제시스템의 공평성·효율성·유연성의 결여에서 비롯되었다고 할 수 있다. 따라서 공평성 실현, 효율성 추구, 유연성 제고는 대안적 발전모델이 실현되기 위한 기본적인 조건이 될 것이다.

공평성과 효율성은 전통적으로 경제정책 수립의 기본 원칙이었다. 여기서 공평성은 기회균등, 규칙의 공정성, 소득 및 부의 분배의 평등을 의미한다. 효율성은 배분적 효율성과 기술적 효율성을 포함한다. 사적 효율성과 단기정태적 효율성뿐만 아니라 사회적 효율성과 장기 동태적 효율성을 포함한다. 유연성은 경제시스템이 외부 환경의 변화에 신축적으로 적용하는 능력을 말한다. 유연성은 세계화가 급속히 진전되고 있는 가운데 증대하는 다양성과 가변성에 대응하기 위해 작업조직·경영조직·기업조직에게 요구되는 필수 원칙이다.

선진자본주의 국가들에서 전후 30년간의 '황금시대'를 가져온 포드주의 성공의 최대의 교훈은 '공평성 없이 효율성 없다'(山田銳夫, 1998)는 것이다. 이와는 대조적으로 1970년대 중반 이후 발생한 포드주의 위기의 최대 교훈은 '유연성 없이 효율성은 없다'는 것이다. 따라서 포드주의를 뛰어넘는 새로운 발전모델은 공평성과 효율성, 그리고 유연성을 기본 요소로 포함해야 한다. 주변부 포드주의라는 기존의 발전모델이 위기에 처한 한국경제의 경우에도 대안적 발전모델은 공정성·효율성·유연성이란 세 가지 요소를 결합하는 제도개혁 내용을 담아야 할 것이다.

이 세 가지 요소를 결합하여 대안적 발전모델을 제시할 경우 자본의 전략과 노동의 전략 그리고 정부의 정책 방향을 고려하는 것이 중요하다.

첫째, 자본의 전략은 신자유주의적 전략이다. 정리해고와 근로자파견을 통한 노동시장의 수량적 유연성 추구, 임금동결 내지 임금삭감, 감량경영(다운사이징), 성과 및 능력과 연계된 임금체계 설정, 기업복지 축소, 기업활동에 대한 규제 철폐 촉구, 외국자본과의 전략적 제휴 등을 추구하고 있다. 재벌의 경우 계열기업의 통폐합, 주력업종 집중 등 자산 감축 방식의 구조조정에 소극적이다. 생산효율을 높이기 위한 작업조직 혁신, 노동자들의 자율성과 창의성 그리고 참가를 높일 수 있는 노사관계의 구축, 다기능고도숙련노동자의 양성을 위한 교육훈련 실시 등에는 아직 관심이 적은 것으로 보인다.[5] 대부분의 기업들이 아직도 설비투자 확대를 통한 중·저가품의 대량생산으로 규모의 경제를 실현하려는 '저비용 전략'에 의존하여 경쟁우위를 획득하고자 한다. 요컨대, 자본의 전략은 신테일러주의(Neo-Taylorism)적 발전모델[6]을 지향하고 있다.

---

5) 필자가 실시한 '생산시스템 및 노사관계의 혁신방향 모색을 위한 상장기업 최고경영자 의견조사'(경북대 경제경영연구소, 1998) 결과 참조.

둘째, 노동의 전략의 지배적 경향은 경제민주주의 전략이다. 재벌체제를 개혁하고 경제민주주의를 통해 한국 자본주의를 근본적으로 개혁하려는 전략이다. 재벌체제 개혁 요구의 내용에는 재벌총수에 대한 기업부실 책임 추궁(재산 환수와 기업부채 상환 촉구), 은행 부채의 주식 전환, 계열사 간 상호 지급 금지, 종업원 대표의 참여가 보장되는 사외이사 및 감사제 의무화, 단독 주주권 허용이나 집단소송제도 도입, 결합재무제표 의무화 등 기업지배구조와 재무구조 그리고 경영의 투명성 제고, 노동자 경영 참가, 실업문제 해결을 위한 적극적 노동시장정책 요구, 근로자파견법 도입 반대, 고용안정특별법 제정을 통한 정리해고 엄격 규제 등이 포함되어 있다. 노-사-정의 사회적 합의에 대해서 노동자들은 사용자와 정부가 기만적이고 전술적인 태도로 임한다는 이유로 불신이 강하다. 단체교섭을 통한 고용 안정성과 사회보장 확충을 주장한다는 점에서는 '사회민주주의적 포드주의'를 지향하는 측면이 보인다.

셋째, 정부의 정책은 신자유주의적 전략을 중심축으로 하면서 경제민주주의 전략을 부분적으로 결합하려는 방향으로 나아가고 있다. 신자유주의적 전략으로서 재벌을 견인하고 노동을 견제하며, 경제민주주의 전략으로 노동을 견인하고 재벌을 견제하려는 전략을 구사했다. IMF 위기에 직면하여 정부의 정책 방향은 단기적인 외환위기 극복과 대량실업에 대한 응급 대응에 집중되어 왔다. 정부는 IMF 관리체제 이후에 대한 중·장기 정책 프로그램은 제시되지 않았다. 이러한 가운데 정책 방향의 혼란과 모순이 점증해 왔다. 예컨대, 신자유주의 전략을 추구하면서 노-사-정 사회적 합의의 틀을 구축하는 것은 그 모순의 뚜렷한 사례이다.[7) 그런데 시간이 지날수

---

6) 컴퓨터 기술의 도입을 통해 테일러주의적 노동과정을 더욱 강화하면서 임금 및 고용의 유연성을 추구하는 발전모델을 조절이론에서는 신테일러주의(Neo-Taylorism) 혹은 신포드주의(Neo-Fordism)라 유형화한다.
7) 이러한 모순적 성격은 특히 김대중 정부의 노동정책에서 뚜렷이 나타난다. 이에

록 정부정책에서 점차 신자유주의 경향이 더욱 강화되어, 최근에 재정경제부가 주도하고 한국개발연구원에서 발표한 『비전 2010』은 거의 완전하게 신자유주의에 기울어진 모습을 확인할 수 있다.

이러한 자본과 노동의 전략 그리고 국가의 정책을 고려했을 때, 현재 대립점은 신자유주의 전략과 경제민주주의 전략 사이에 설정되고 있다. 이러한 대립점의 설정은 타협의 여지가 매우 좁기 때문에 자본-노동-국가 간의 대립 갈등상태를 장기화시킬 가능성이 높다. 여기에 구상과 실행의 통일과 노동자 참가를 핵심내용으로 하는 대안적 노동과정을 지향하면서 포드주의에서 벗어나려는 탈포드주의 전략이 주요한 요소로 고려될 필요가 있다. 그래서 '신자유주의 개혁이냐 경제민주주의 개혁이냐'가 아니라 '신자유주의 개혁이냐 탈포드주의적 민주개혁'이냐로 대립선이 설정되어야 할 것이다. 이 경우 공평성과 효율성 그리고 유연성이라는 세 가지 원칙에 따라 자본이 지향하는 신자유주의 전략과 노동이 추구하는 경제민주주의 전략을 탈포드주의 전략을 중심으로 결합하는 진보적 타협, 민주적 타협의 여지가 생기게 될 것이다.

신자유주의 전략은 유연성을 통해 효율성을 추구하지만 공평성은 없다. 경제민주주의 전략은 공평성을 통해 효율성을 추구하지만 유연성이 없다. 탈포드주의 전략은 공평성과 유연성을 통해 효율성을 추구한다. 그러나 신자유주의 전략의 규제개혁은 유연성과 효율성을, 경제민주주의 전략의 재벌체제 개혁은 공정성을, 탈포드주의 전략의 '교섭에 기초한 참가'와 고숙련으로의 노동개혁은 효율성과 유연성을 각각 높일 수 있을 것이다. 정부주도 경제성장과 재벌지배경제의 모순은 경제민주주의 전략과 신자유주의 전략의 결합을 통한 정경유착 단절과 규제 철폐와 재벌 개혁을 통해서, 주변부 포드주의의 모순은 탈포드주의를 통해서 각각 해결해야 할 것이다.

관해서는 김형기(1998) 참조.

공평성 없이 효율성과 유연성만 추구하는 신자유주의 전략이 지배적으로 관철되면, 사적 효율성과 단기적 효율성은 증대할지 모르나 사회적 효율성과 장기적 효율성을 저해할 수 있다. 기업의 인원감축은 사적으로는 비용절감을 가져와 효율적일지 모르나 사회적으로는 실업을 발생시켜 자원낭비와 사회불안을 초래하여 비효율적이게 된다. 정리해고를 통한 노동시장 유연화는 단기적으로는 기업경쟁력을 높일지 모르나 장기적으로는 기업 내 숙련축적을 저해하여 기업경쟁력을 약화시킬 수 있다. 따라서 신자유주의 전략은 노동자들의 삶의 질을 악화시킬 뿐만이 아니라 경제위기 극복을 지체시킬 가능성이 높다.

이러한 인식에 기초하여 필자는 탈포드주의 전략과 경제민주주의 전략의 결합의 기초 위에서 신자유주의 전략의 일부 요소를 선별적으로 결합하는 '탈포드주의적 민주개혁(Post-Fordist Democratic Reform)'을 통해 대안적 발전모델을 정립함으로써 경제위기를 탈출하는 전략이 노-사-정 사회적 합의에 도달할 수 있는 바람직하고 실현 가능한 방안이라고 생각한다. 이러한 민주개혁을 통해서 성립하는 대안적 발전모델은 말하자면, '탈포드주의적 민주적 시장경제(Post-Fordist Democratic Market Economy)'라 규정할 수 있을 것이다.

4. 대안적 발전을 위한 노동개혁의 기본 방향

위에서 제시한 바와 같은 대안적 발전모델 정립을 통해 구조적 경제위기를 극복하기 위한 노동개혁의 기본 방향은 무엇인가? 여기서 노동개혁은 곧 자본-임노동 관계의 개혁이다. 따라서 '노동과정-노동시장-노동력 재생산'이라는 임노동 재생산의 세 영역에 대한 개혁이 한 묶음으로 추진되어야 한다. 예컨대, 노동과정 및 노동력 재생산 과정의 개혁 없이 노동시장

개혁이 효과적으로 이루어질 수 없다.

1) 노동과정 개혁: 유연하고 효율적인 신생산체제의 구축

현재와 같이 비효율적이고 경직적인 포드주의적 대량생산체제를 유연하고 효율적인 신생산체제로 전환시켜야 한다. 생산체제의 효율성은 무엇보다 구상과 실행의 분리, 육체노동들의 탈숙련된 단순 반복노동, 위계적 노동통제 등으로 특징지어지는 테일러주의적 작업조직을 극복하고, 경험적 지식과 이론적 지식을 겸비한 다기능 숙련노동자들과 다기능 기술자들의 '교섭에 기초한 참가'가 이루어지는 반테일러주의(Anti-Taylorism)적 작업조직을 창출함으로써 높일 수 있다. 세계적 수준에서 봤을 때 이미 효율성이 소진된 경직적인 대량생산체제인 포드주의적 생산체제를 넘어 범위의 경제를 추구하는 다품종소량생산체제를 구축해야 한다. 이러한 작업조직과 생산체제를 확립하기 위해서는 기업과 정부 차원의 대대적인 인적자원투자를 통해 노동능력, 경영능력, 기술력 등 기업의 역량을 획기적으로 높여야 한다.

생산체제의 유연성은 유연자동화(flexible automation) 기술과 유연조직(flexible organization)을 통한 유연생산체제(flexible manufacturing system)의 구축과 노동시장 유연화를 통해 획득될 수 있다. 한국에서는 그동안 유연자동화 기술의 도입은 비교적 빠른 속도로 확산되어 왔지만 그에 대응한 유연조직의 형성은 지지부진했다. 따라서 기술의 유연성과 조직의 경직성 간의 부조화가 나타나고 이것이 생산조직 비효율의 중요한 원인의 하나로 되고 있다. 조직의 유연성 증대를 위해서는 분권화와 노동자의 자율성 증대와 다기능화가 필수적이다. 현재 생산 시스템과 작업조직의 유연화에 대해 노동자들은 고용 불안과 노조 약화를 우려하여 소극적이거나 반대하는 경우가 많다. 따라서 생산 시스템과 작업조직의 유연화를 노사가 합의하는 공정한 규칙에 따라 진행할 필요가 있다.

아울러 노사 간의 불신으로 인해 생산체제와 작업조직의 혁신에 지장이 초래되는 일이 빈번히 나타난다. 따라서 '불신의 경직성'을 넘어 '신뢰의 유연성'을 실현할 수 있도록 노사 간의 상호신뢰 형성이 필요하다. 이를 위해서는 특히 정보공유와 기업경영의 투명성 확보가 중요하다.

이러한 방향으로의 노동과정 개혁에서 개혁주체는 노사 양측이다. 노사가 합의하는 공정한 규칙에 따라 생산체제의 유연성과 효율성을 높일 수 있는 노동과정 개혁 프로젝트를 노사 공동으로 추진해야 한다. 팀 생산방식, 모듈 생산방식, 노동의 인간화 프로그램 등 탈테일러주의적 노동과정 실현을 위한 실험들을 검증하고 확산시켜야 한다. 국가는 이러한 프로젝트에 기술적 및 재정적 지원을 해야 할 것이다.

2) 노동시장 개혁: 공정하고 유연한 노동시장

분단화되고 경직적인 노동시장을 공정하고 유연한 노동시장으로 전화(轉化)시켜야 한다. 그동안 노동시장 개혁은 노동시장 유연화에 맞추어져 왔다. 그런데 노동시장 유연화보다 더 중요한 것은 공정한 노동시장 구조의 형성이다.

노동시장의 공정성을 위해서는 무엇보다 대기업과 중소기업 간의 노동시장 분단에 의한 노동시장의 이중구조를 해소하고 학력 간 임금 격차를 줄이며 여성에 대한 노동시장 차별을 철폐해야 한다. 임금 격차와 숙련수준의 격차로 인한 노동계급 내부의 계층 간 격차를 줄이기 위해서는 고이윤 기업의 임금과 저이윤 기업의 임금을 균등화하거나 모기업과 하청기업의 임금 격차를 줄이는 '연대임금정책(solidaristic wage policy)'과 노동자들 간의 직무격차를 줄이는 '연대작업정책(solidaristic work policy)'(Martin, 1995)의 한국적 형태를 고안해 낼 필요가 있다. 연대임금정책은 산업별노조가 건설되어야 가능할 수 있다. 연대작업정책은 숙련 격차를 해소시키는 교육훈련정책이 전제되어야 한다. 연대임금정책은 분배시스템의 변화를, 연대숙련정책은 생산 시스템과 노동력 재생산 과정의 변화를 요구한다.

노동시장의 유연화는 임금 및 고용의 경직성을 타파하는 수량적 유연성과 다기능화와 직무순환을 통해 작업조직을 유연화하는 기능적 유연성이란 두 가지 방식으로 추구될 수 있다. 우리가 상정하는 대안적 발전모델을 위해서는 수량적 유연성보다는 기능적 유연성이 추구되어야 한다. '수량적 유연성'이 추구될 경우에도 시장경쟁의 힘에 의해서 추진되는 '자유주의적 유연성(liberal flexibility)'이 아니라 노사 간의 전략적 행동에 의해 추진되는 '조정된 유연성(coordinated flexibility)'(Schmid, 1993)이 노사관계의 안정과 장기적 효율성 실현에 도움이 될 것이다. 기능적 유연성이 추구되려면 내부노동시장에서의 노동자들에 대한 지속적인 다기능 숙련 형성(재훈련과 향상훈련)이 필수적이다. 수량적 유연성 추구의 결과 발생하는 고용 불안과 실업에 대처하기 위해서는 '동태적 고용보장'(Lipietz, 1992)이란 관점에서 실업자의 재취업을 촉진하는 외부 노동시장에서의 전직훈련과 직업알선, 일자리창출 등 적극적 노동시장정책을 실시해야 한다. 아울러 노동시간 단축과 시민사회에서의 '제3섹터의 창출'(리프킨, 1995)을 통해 실업을 흡수해야 할 것이다.

노동시장의 유연성과 경직성의 측면에서 한국의 발전모델을 <표 4-1>을 통해 보면 1987년 이후 수량적 경직성과 기능적 경직성으로 특징지어지는 포드주의(Fordism) 상태에 있다가 최근 정리해고제의 도입에 따라 수량적 유연성과 기능적 경직성의 상태인 신테일러주의(Neo-Taylorism)로 나아가고 있다. 포드주의에서 신테일러주의로의 전환은 미국적 발전 경로를 따르는 것이다. 포드주의에서 수량적 경직성과 기능적 유연성으로 특징지어지는 칼마르주의(Kalmarism)[8]로 이행한 나라는 스웨덴과 독일이다. 일본의 도요타주의(Toyotism)에서는 독점대기업의 정규 남자 노동자의 경우에

<표 4-1> 노동시장의 유연성과 다양한 발전모델

구 분	기능적 경직성	기능적 유연성
수량적 경직성	포드주의 (Fordism)	칼마르주의 (Kalmarism)
수량적 유연성	신테일러주의 (Neo-Taylorism)	도요타주의 (Toyotism)

는 기능적 유연성이, 중소기업 노동자·비정규노동자·여성노동자의 경우에
는 수량적 유연성이 요구되고 있어 이중 구조의 형태를 띠고 있다. 따라서
장기적으로는 기업경쟁력과 노동생활의 질 그리고 사회적 연대 및 안정성
을 동시에 높일 수 있는 발전모델인 칼마르주의로 나아가야 한다. 다만
이 경우에도 '조정된 유연성'을 통한 수량적 유연성을 추구해야 하는데
이로 인해 발생하는 실업문제는 반드시 '적극적 노동시장정책'을 통해 해
결되어야 한다.

3) 노동력 재생산 개혁: '새로운 숙련'의 형성

중·저가품의 대량생산체제 아래 테일러주의적 노동과정에 적합한 단능
숙련 노동력이 아니라 신생산체제에 적합한 새로운 숙련이 형성되어야 한
다. 정보기술이 보편화되고 있는 정보화 시대에 고도숙련의 인적자원에
기반하고 노동자 참가에 기초한 대안적 발전모델 실현을 위해서는 신생산
체제에 적합한 지식과 창의력 그리고 결합노동자 내부를 매개하는 의사소
통 능력과 리더십을 의미하는 '사회적 숙련(social skill)'을 겸비한 새로운
숙련을 창출하는 메커니즘을 구축해야 한다. 이러한 새로운 숙련을 형성하

---

8) '칼마르주의'는 스웨덴 볼보자동차의 칼마르 공장의 노동과정과 노사관계에 기초하
  여 개념화된 것이다.

기 위해서는 생산현장과 기술·관리부문의 단절, 숙련과 기술 간의 단절을 극복하는 것이 무엇보다 중요하다. '단능숙련 → 다기능숙련 → 다기능기술'로 이어지는 생산현장에서 출발하는 '숙련 형성 경로'와 '과학 → 기술 → 다기능기술'로 연결되는 연구실에서 출발하는 '기술적용 경로'가 다기능기술자(technician)를 매개로 해서 교호작용하는 '숙련-기술' 결합메커니즘을 구축할 필요가 있다. 과학자 및 연구자와 엔지니어 간의 산학협동이 아니라 과학자-연구자-엔지니어-다기능기술자 간의 확대된 산학협동체제 구축이 요청된다. 매개자로서의 다기능기술자는 이론적 지식과 기술적 지식을 겸비하고 현장노동자와 기술자 간을 연결하며 현장노동자들의 요구를 매개하는 의사소통 능력을 가져야 한다. 컨커런트 엔지니어링(concurrent engineering)에의 현장노동자 참가, 숙련노동자와 기술자 간의 테스크 포스팀 구성 등 현재 선도적 대기업들에서 나타나고 있는 새로운 요소들이 강화되어야 한다. 숙련 형성을 촉진하기 위해 숙련 수준 및 능력 수준과 임금 및 승진을 연계시키는 새로운 인센티브 시스템을 구축하는 것도 시급하다.

그리고 노동시장의 유연화가 강화되고 있는 상황에서 새로운 숙련 형성의 내부화와 외부화가 동시에 추진되어야 할 것이다. 새로운 숙련 형성의 내부화를 위해서는 사내훈련이 지적 숙련과 사회적 숙련을 겸비하게 하는 교육과정으로 전면 개편되어야 할 것이다. 새로운 숙련 형성의 외부화를 위해서는 노동시장 유연화에 대응한 전직훈련과 창의력과 사회적 숙련이란 능력을 갖춘 새로운 인력을 집중적으로 양성하는 방향으로 교육제도 및 직업훈련제도를 전면적으로 개혁할 필요가 있다. 이러한 점에서 새로운 숙련이 형성되려면 교육개혁이 필수적이다.

4) 노사관계 개혁: '참가적 노사관계'의 정립

1987년 이후 과거의 전제적 노사관계가 해체된 이후 아직 새로운 노사관계가 구축되고 있지 않다. 주변부 포드주의와 친화력을 가지는 전제적 노사관계를 넘어서 대안적 발전모델 구축에 기초가 되는 것은 대안적 노사관계를 정립해야 한다. 기업 수준과 산업 수준 및 사회 수준에서 '교섭에 기초한 참가'가 이루어지는 참가적 노사관계, 인간적·민주적·생산적 노사관계로서의 '진보적 노사관계'(김형기, 1992)를 형성해야 한다.

참가적 노사관계의 정립을 위해서는 무엇보다 노동자 경영 참가를 제도화하는 것이 중요하다. 노동자 경영 참가는 종업원지주제의 개선을 통한 자본참가를, 성과배분제도의 정착을 통한 이익참가를, TQC·QM·제안활동과 같은 작업장 참가와 노사공동결정제·노동자이사제도 등에 의한 전략적 의사 결정 참가라는 세 가지 방향으로 추진해야 할 것이다. 그런데 현재 경영자들은 노동자의 작업장 참가에 대해서는 적극적이지만 전략적 의사 결정 참가에 대해서는 소극적이다(김형기, 1999b). 반면 노동조합은 작업장 참가에 대해서는 소극적이지만 전략적 의사 결정 참가에 대해서는 적극적이다. 따라서 지금 의사 결정 참가는 어느 방향으로도 제대로 진전되지 못하는 교착 상태에 빠져 있다. 이러한 상태를 극복하기 위해서는 전략적 의사 결정 참가와 작업장 참가를 교환하는 노사합의에 도달할 필요가 있다. 이러한 노사 타협을 법적으로 뒷받침하기 위해 노사정위원회에서 노동자 경영 참가법의 제정에 합의할 필요가 있다.

현재 자본은 신자유주의 전략을 추구하고 노동은 경제민주주의 전략을 추구하고 있다. 자본은 노동시장의 수량적 유연성을 추구하고 있고 노동은 수량적 경직성을 고수하고자 한다. 자본은 작업장 참가를 강조하고 있는 반면, 노동은 전략적 의사 결정 참가를 주장하고 있다. 노동은 재벌개혁을 주장하고 있고 자본은 노동시장 유연화를 주장하고 있다. 이와 같이 서로 대립하거나 지향점이 다른 자본과 노동 간의 대치상태가 1987년 이후 지속되어 왔다.

이러한 가운데 생산 시스템과 축적체제의 효율성은 떨어지고 조절양식은 무기력하게 되었다. 이러한 교착 상태는 글로벌경쟁이 격화되는 세계화 추세 속에서 더 이상 지속될 수 없게 될 것이다. 따라서 기업 수준에서 기업경쟁력 강화와 노동자의 삶의 질 향상을 동시에 추구하는 새로운 단체협약을 통해 노사합의에 의한 구조조정을 추진해야 할 것이다. 나아가 노-사-정 간의 사회적 합의 장치를 제도화하는 관행을 정착시키는 것이 절실히 필요하다.

이러한 노사합의와 노-사-정 사회적 합의는 탈포드주의 전략을 중심으로 신자유주의적 전략의 일부 요소와 경제민주주의 전략의 일부 요소를 배합하는 발전모델을 지향할 경우 실현 가능할 것으로 생각된다. 노사 간에 고용 안정과 작업장 참가를, 작업장 참가와 전략적 의사 결정 참가를, 생산성 및 품질 향상과 노동과정에서의 자율성을, 생산성 향상과 노동시간 단축을 각각 서로 교환하며, 기능적 유연성과 조정된 수량적 유연성 추구를 합의해야 할 것이다. 이러한 진보적 노사타협을 통해 생산체제와 축적체제의 공정성·효율성·유연성을 높여 대안적 발전모델을 구축할 때 비로소 구조적인 경제위기를 벗어날 수 있을 것이다.

앞에서 제시한 노동개혁을 통해 구축될 수 있는 대안적 발전모델의 전체적 구도는 <그림 4-3>과 같이 나타낼 수 있다. 반테일러주의적 노동과정, 다기능 숙련노동력 재생산, 기능적 유연성과 조정된 수량적 유연성이 결합된 고임금의 유연한 노동시장을 기초로 탈포드주의적 유연생산체제가 성립한다. 세계시장 경쟁 속에서 지식자본, 유연기술, 인적자원투자, 다품종소량소비를 통해 새로운 축적체제가 성립한다. 이러한 축적체제에 규칙성을 부여하는 것은 민주적 통제와 사회적 합의이다. 첨단기술과 고도 숙련의 인적자원과 참여민주주의에 기반을 둔 발전모델이 정립된다. 이러한 발전모델이 바로 앞에서 제시한 '탈포드주의적 민주적 시장경제'[9]인 것이다.

---

9) 김대중 정부에서 정책 브레인 사이에 제기된 바 있는 '민주적 시장경제론'은 '사회민

<그림 4-3> 노동개혁과 대안적 발전모델

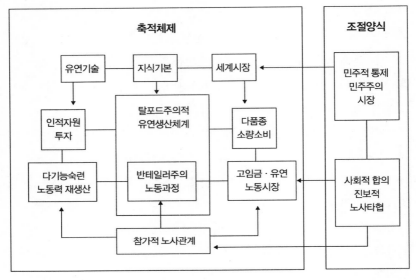

5. 맺음말

위와 같은 노동개혁이 성공하기 위해서는 자본개혁과 국가개혁이 병행
되어야 한다. 그것은 노-사-정의 고통 분담의 차원에서뿐만 아니라 노동개
혁과 자본개혁, 국가개혁 간의 상호 의존성 때문에도 필요하다.

자본개혁의 핵심은 재벌지배체제의 개혁이다. 경제독재체제라 할 수
있는 재벌지배체제의 민주개혁 없이는 신생산체제와 대안적 노사관계를

주주의적 포드주의' 발전모델 혹은 사회적 시장경제론(전후 30년간의 스웨덴-독일
모델)과 유사한데, 이는 신자유주의 전략과 배치된다. 이 발전모델은 포드주의적
축적체제를 중심에 두고 있다. 우리가 여기서 제시하는 '탈포드주의적 민주적 시장
경제'는 공정성과 유연성을 결합한 탈포드주의적 축적체제에 기초하는 것이다. 민주
적 시장경제에 대해서는 최장집(1998)을 참조.

정립할 수 없을 것이며, 따라서 공정하고 효율적이며 유연한 탈포드주의적 자본-임노동 관계를 가능케 하는 노동개혁이 이루어질 수 없다. 역으로 노동개혁이 없이는 재벌개혁이 완결될 수 없다. 재벌개혁과 노동개혁이 병행되어야 하는 이유는 노동개혁과 재벌개혁 간의 이러한 상호관련성 때문이다.

한편 재벌 기업을 포함한 기업의 구조조정은 노동시장의 유연화를 필요로 한다. 그러나 이 경우에도 노사합의를 통한 '조정된 유연성' 추구와 인력 감축보다 자산 감축을 선행하고 자본비용의 절감에 우선 주력해야 할 것이다. 자산 감축과 자본비용절감 없이 인력 감축만 한다는 것은 구조조정의 고통을 노동자들에게 전담시키는 것이 된다. 쇠퇴하는 기업에서 인력 감축보다는 자산 감축을 할수록 기업성과의 회복 속도가 빨라진다는 연구 결과[10]가 말해주는 것처럼 경제위기의 조기 극복을 위해서도 기업들은 인력 감축보다는 자산 감축에 주력해야 한다. 인력 감축이 불가피한 경우에도 핵심역량을 보존하고 강화하는 인력 구조조정이 이루어져야 할 것이다.

국가개혁의 두 가지 축인 행정개혁과 정치개혁은 재벌개혁과 노동개혁을 지원하고 조정하는 방향으로 이루어져야 한다. 국가개혁을 통해 개발독재가 아닌 '민주적 통제' 양식을 확립해야 할 것이다.

행정개혁은 개발독재체제 아래 비대하게 형성된 중앙집권적 관료제에 대한 전면적 개혁이 되어야 한다. 중앙정부로부터 자치단체로 권한이 이양

---

10) 문계완(1997)은 1983~1992년간 미국의 247개 기업을 분석한 결과, 다운사이징(인력 감축)을 할수록 기업성과의 회복 속도는 그만큼 늦어지고, 원가절감은 기업성과 회복률에 영향을 미치지 못하며, 자산 감축이 많을수록 회복률이 더 빨라진다는 흥미 있는 연구 결과를 제시하고 있다. 이 연구는 우리나라 기업의 구조조정 정책에 시사하는 바가 크다. 즉 경제위기에서 빨리 벗어나려면 인력절감이나 원가절감보다는 자산절감을 하는 것이 효과적이라는 것이다.

되는 지방분권 개혁이 이루어져야 한다. 아울러 통제경제의 유산인 관치금융과 상품시장에 대한 불필요한 행정규제를 철폐해야 할 것이다. 기업조직과 정부조직의 거품과 부실을 제거하여 낭비와 비효율을 없애야 한다. 불필요한 규제에 투입되고 있던 행정인력을 감축하고 조정과 지원을 위한 전문 인력을 대폭 증대시키는 정부부문 혹은 공공부문의 구조조정이 필요하다.

정부의 새로운 역할은 민주주의의 힘과 시장의 힘을 결합하여 새로운 효율성을 발휘할 수 있는 새로운 제도를 정착시키는 것에서 찾아야 한다. 기업들이 기회주의적·근시안적 행동을 하지 못하도록 하고 사적 효율성과 단기 정태적 효율성을 넘어 사회적 효율성과 장기 동태적 효율성을 추구하도록 유도하는 인센티브 제도도 마련해야 할 것이다. 특히 노동자들의 숙련과 기업의 경영 능력과 기술혁신 능력을 향상시킬 수 있는 제도를 정비하고 거기에 정부 인력을 집중시켜야 할 것이다. 아울러 기업조직에 대한 노동자의 참가를 보장하는 「경영참가법」을 제정하여 노동자의 경영참가를 통해 생산성 및 품질향상에 적극 참가함과 동시에 경영감시 기능도 수행할 수 있도록 해야 할 것이다.

1930년 대공황 시기에 세계는 '뉴딜이냐 파시즘이냐'는 선택에 직면했다. 결국 뉴딜의 길을 선택한 국가들이 승리하고 전후 황금시대를 구가했다. 1997년 말 IMF 경제위기 당시 한국의 노-사-정 3주체와 국민들은 경제위기 탈출의 두 가지 길, 즉 '신자유주의적 개혁'이냐 '탈포드주의적 민주개혁'이냐의 두 가지 선택의 기로에 직면했다.

지난 4년 동안 자본과 정부는 기본적으로 신자유주의적 개혁의 길을 지향했다. 그 결과 노동자의 고용 불안과 생활위기, 사회적 양극화가 초래되었다. 이러한 신자유주의 모델은 그것이 빚어낸 심각한 사회적 모순과 정치적 위기 때문에 지속가능하지 않다.

과거의 주변부 포드주의도 아니고 신자유주의도 아닌 대안적 발전모델을 지향하는 '탈포드주의적 민주개혁'이 구조적인 경제위기를 탈출할 수 있는 희망의 길이다. '탈포드주의적 민주적 시장경제'로 나아가는 노동개혁을 위한 노-사-정의 대타협과 국가개혁을 위한 국민적 합의 도출이 절실히 요청되고 있는 시점이다.

참고문헌

경북대 경제경영연구소. 1998. 『생산시스템 및 노사관계의 혁신방향 모색을 위한 상장기업 최고경영자 의견조사』.
김장호. 1997. 「신자유주의의 한계: 노동유연성과 고용안정 문제를 중심으로」. 『산업민주주의와 노동정치』. 서울: 고려대학교 노동대학원.
김형기. 1988. 『한국의 독점자본과 임노동』. 서울: 까치.
_____. 1992. 「진보적 노사관계와 진보적 노동조합주의를 위하여」. ≪경제와 사회≫, 제15호
_____. 1996a. 「1980년대 한국자본주의: 구조전환의 10년」. ≪경제학연구≫, 제44권 제4호.
_____. 1996b. 「노사관계의 성격과 기업경쟁력」. ≪산업노동연구≫, 제1권 제2호.
_____. 1997. 『한국노사관계의 정치경제학』. 서울: 한울.
_____. 1998. 「김대중 정부의 노동정책: 평가와 전망」. 『IMF 이후의 한국의 경제정책』. 서울: 서울사회경제연구소.
_____. 1999a. 「한국경제의 위기와 대안적 발전모델」. ≪사회경제평론≫, 제12호.
_____. 1999b. 『한국 제조업 생산체제의 특성과 혁신방향』. 서울: 한국노동연구원.
_____. 2001. 『새정치경제학』. 서울: 한울.
리프킨, 제레미. 1995. 『노동의 종말』. 이영호 옮김. 서울: 민음사.
문계완. 1997. 『다운사이징: 성과회복에 필수적인가』. 한국전략경영학회 추계 학술발표회 논문.
유종일. 1997. 「한국노동시장의 유연성 문제에 관한 고찰」. 한국사회경제연구회. 『제16회 학술대회-쟁점: 한국자본주의』.

장하원. 1997. 「한국산업정책의 진화과정과 이윤률 추세(1963~1990)」. 조원희 엮음. 『한국경제의 위기와 개혁과제』. 서울: 풀빛.

주무현. 1997. 「한국자동차산업 생산체제의 일본화에 관한 연구」. 경북대 경제학과 박사논문.

폴 크루그먼(Paul Krugmamn)·제프리 삭스(Jefery Sox) 외. 1997. 『세계가 진단하는 한국경제』. 서울: 한뜻.

최장집. 1998. 「'민주적 시장경제'의 한국적 조건과 함의」. ≪당대비평≫, 제3호.

한국개발연구원. 2001. 『2011 비전과 과제: 열린 세상, 유연한 경제』.

홍성우. 1996. 「한국제조업의 수량적 유연성에 관한 연구」. ≪산업노동연구≫, 제1권 제2호.

山田鋭夫. 1994. 『20世紀 資本主義』. 東京: 有斐閣.

_____. 1998. 「21世紀資本主義の發展モデル-代案を求めて」. ≪경상논집≫, 경북대학교 경상대학 제25권 제2호.

Boyer, R·山田鋭夫 編. 1996. 『ラホ―ル·サラリア―ル』. 東京: 藤原書店.

Lipietz, A. 1987. 『奇蹟と幻影: 世界的危機とNICS(Mirages et Miracles: Problemes de l'industrialisation dans le tiers monde)』. 若森章孝·井上泰夫 譯. 東京: 新評論.

Adler, P. S(ed.). 1992. *Technology and the Future of Work*. New York: Oxford University Press.

Appelbaum, E. and R. Batt. 1994. *The New American Workplace: Transforming Work Systems in the United States*. Ithaca, N.Y.: ILR Press

Berggren, C. 1992. *Alternatives to Lean Production: Work Organization in the Swedish Auto Industry*. Ithaca, N.Y.: ILR Press

Boyer, R. 1995. "The Capital Labour Relation in OECD Countries: From the Fordist Global Age to Contrasted National Trajectories." in Schor, J. & You, J(eds.). *Capital, the State and Labour: A Global Perspective*. Aldershot: Edward Elgar.

Kern, H. and M. Schuman. 1992. "New Concepts of Production and the Emergence of Systems Controller." Adler, P. S(ed.). 1992. *Technology and the Future of Work*. New York: Oxford University Press.

Lipietz, A. 1992. Towards a New Economic Order: Postfordism, Ecology and Democracy. London: Polity Press.

_____. 1998. "Korea and the Crisis in Post-Fordism." ≪경상논집≫, 경북대학교

경상대학 제25권 제2호.

Martin, A. 1995. "The Swedish Model: Demise or Reconfiguration?" in Schor, J. and J. You(eds.). *Capital, the State and Labour: A Global Perspective.* Aldershot: Edward Elgar.

Meidner, R. 1997. "The Swedish Model: Experiences and Lessons." Symposium on Industrial Relations: New Perspectives in Industrial Relations: Lessons from Scandinavian Model Institute for Business and Economic Research. Kon-Kuk University.

Schmid, G. 1993. "Coordinated Flexibility: The Future of Labour Market Regulation." *Employment Security and Labour Market Behavior.* Ithaca, N.Y.: ILR Press

You, J. I. 1995. "Changing Capital-Labour Relations in South Korea." in Schor, J. and J. You(eds.). *Capital, the State and Labour: A Global Perspective.* Aldershot: Edward Elgar.

제5장
지방분권 개혁과 국가경쟁력*

1. 머리말

지방분권에 반대하는 가장 강력한 논리 중의 하나가 지방분권이 자원의 비효율적인 사용을 초래하여 국가경쟁력을 떨어트릴 것이라는 것이다. 지방분권이 비록 지방을 살릴 수 있다고 하더라도 국가경쟁력을 떨어트린다면 국력을 훼손하는 일이 되므로 쉽게 지지하기 어려울 것이다. 지방의 이익이 국익과 상충함에도 불구하고 지방의 이익을 고집한다면 그것은 국가발전을 가로막는 지방 이기주의가 될 것이다.

과연 지방분권은 국가경쟁력을 높일 것인가, 떨어트릴 것인가? 지방분권과 국가균형발전을 핵심 국정 의제로 설정하고 있는 참여정부가 등장하고 지방을 살리기 위한 지방분권 개혁을 요구하고 있는 지방분권운동이 전국 각 지역에서 일어나고 있는 현 시점에서 지방분권은 이미 이론적 문제가 아니라 정책적·실천적 문제가 되었다.

「지방분권특별법안」과 「국가균형발전특별법안」이 국회에 상정되는 것을 계기로 지방분권에 대한 찬반 논쟁이 본격적으로 전개되었다. 이 논쟁은 중앙정부와 자치단체, 서울·수도권과 지방·비수도권 사이의 이해의 대립

---

* 이 글은 ≪동향과전망≫, 제59호(한국사회과학연구소, 2003. 12)의 게재논문을 수정한 것임.

이란 요인이 포함된 가운데 국가 경영의 효율성이란 측면에서 제기되고 있다. 서울·수도권과 지방·비수도권 각자의 특수 이익이 국가의 이익이라는 보편 이익으로 포장되어 주장되기도 한다. 이러한 지방분권 개혁 논쟁의 핵심은 지방분권이 과연 국가경영의 효율성을 높이는가, 즉 국가경쟁력을 높이는가 하는 문제가 될 것이다. 아울러 어떠한 지방분권이 국가경쟁력을 높일 수 있는가 하는 것이 논의되어야 한다.

이 글에서는 현재 정부가 추진하려고 하고 지방분권운동이 요구하고 있는 지방분권이 국가경쟁력을 높일 수 있을 것인지, 어떠한 조건이 충족되어야 지방분권이 국가경쟁력 제고에 기여할 수 있는지를 알아보고자 한다.

2. 지방분권 개혁의 비전

1) 대안적 지역발전

지방분권(decentralization)이란 개념은 정확히 말하자면 탈중앙 혹은 탈집중을 의미한다. 이러한 의미를 가지는 지방분권은 탈중앙 과정으로서 중앙정부에서 자치단체로의 권한이양(devolution)과 탈집중 과정으로서 서울·수도권으로부터 지방·비수도권으로의 자원분산(deconcentration)이라는 두 측면을 포함한다. 전자는 행정·입법·사법 등 권한의 지방분산을 의미하며 협의의 지방분권이 이에 해당한다. 후자는 경제력의 지방분산을 의미한다. 이러한 이중적 측면을 가지는 지방분권은, 결국 지방에 결정권이 있고 지방으로 자원이 모이는 것을 말한다.

그렇다면 정부의 지방분권 개혁과 지방분권운동에서 지향하는 지방분권의 목표는 무엇인가? 정부의 지방분권 로드맵을 보면, 지방분권 개혁은 권한이양과 자원분산을 통해 중앙집권적 민주국가로부터 지방분권적 참여

민주국가로 국가경영 패러다임을 바꾸는 과정임을 알 수 있다. 각 지역의 지방분권 운동조직의 전국적 연대체인 지방분권국민운동에서는 참여, 연대, 생태를 지향하면서 지방분권-주민자치-지역혁신에 기초한 지역경제의 내생적 발전을 통해 대안적 발전모델을 실현하는 것을 목표로 하고 있다.

여기서 지방분권이 지향해야 할 기본 가치인 참여, 연대, 생태란 무엇인가? 참여(participation)는 풀뿌리 참여민주주의를 말한다. 참여는 주민 참여, 전문가 참여, NGO 참여라는 세 차원을 가진다. 연대(solidarity)는 시장경쟁에 탈락한 사람들과 경쟁에서 불리한 처지에 있는 사람들도 인간답게 살 수 있는 조건이 보장되는 것을 말한다. 이는 곧 더불어 사는 공동체를 실현하는 것이다. 지방분권체제 아래에서 자치단체와 지역 시민사회가 함께 만드는 복지공동체(welfare community)를 실현하는 것이 그 요체이다. 생태(ecology)는 지속가능한 발전을 추진하고 환경친화적인 생산체제와 지역개발을 도입하며 생태주의 생활양식을 지향하는 것이다.

참여-연대-생태를 지향하는 지방분권-주민자치-지역혁신은 21세기 한국의 대안적 지역발전모델임과 동시에 대안적 국가발전 모델이라 할 수 있다. 이러한 대안적 지역발전모델은 성장과 발전의 원동력이 지역 내부에서 창출된다는 점에서 내생적(endogenous)이고, 주민 참여를 통해 주민의 삶의 질을 높이려 한다는 점에서 주민중심적(people-centered)이고, 연대를 추구한다는 점에서 공동체 지향적이며, 생태를 지향한다는 점에서 지속가능한 발전모델이 된다. 이 대안적 발전모델은 참여민주주의와 인적자원개발을 촉진하고 복지공동체를 구현한다는 점에서 지속가능한 인간개발(sustainable human development)이란 비전을 실현하는 길이다(김형기, 2000).

이러한 비전을 가지는 지방분권 개혁은 현재 한국에서 비만증에 걸린 중앙정부와 서울·수도권을 다이어트 하여 확보한 권한과 자원을 영양실조에 걸린 자치단체와 지방·비수도권에 보충해 줌으로써 서울도 살리고 지방도 살리는 상생의 과정이다. 이런 점에서 지방분권 개혁은 새로운 국가경영

패러다임 실현을 통해 지방민과 서울민을 함께 구제하려는 21세기 경세제민의 기본 틀이라 할 수 있다.

2) 지방분권의 두 과정: 권한이양과 자원분산

여기서 지방분권 개혁 과정을 더 구체적으로 접근하기 위해 지방분권의 두 측면인 권한이양과 자원분산의 과정과 차원을 좀 더 자세히 살펴보면 다음과 같다.

우선 권한이양과 자원분산의 경로는 중앙정부→광역자치단체→기초 자치단체로 이어져야 한다. 보충성(subsidiarity)의 원칙에 입각하여. 개인이 못하는 것을 가정이, 가정이 못하는 것을 공동체가, 공동체가 못하는 것을 자치단체·지방정부가, 자치단체·지방정부가 못하는 것을 국가·중앙정부가 해야 한다. 이러한 관점에서 보았을 때, 권한이양과 자원분산은 도·광역시라는 광역자치단체에서만 머물면 안 되며 시·군·구라는 기초자치단체에까지 미쳐야 한다. 권한이양의 경우에는 기초자치단체에 우선 이양되고 다음으로 광역자치단체에 이양되는 보충성의 원칙이 지켜질 필요가 있다. 궁극적으로 주민자치를 통해 권한이 풀뿌리 지역 주민에게 주어져야 한다. '주민에 결정권을', 이것이 권한이양의 최종 목표이다. 자원분산의 경우, 지역혁신을 위한 전략적 단위인 광역자치단체에 일차적으로 분산이 이루어지고 다시 광역자치단체 내부에서 이차적 분산이 이루어지는 단계적 접근이 효과적일 수 있다.

권한이양을 둘러싼 중앙정부와 자치단체의 관계는 보충성의 원칙과 조정·통합의 원칙이 결합되는 방향으로 설정되어야 한다. 보충성의 원칙은 위에서 이미 언급한 바와 같다. 조정·통합(coordination/integration)의 원칙은 개인 간, 공동체 간, 자치단체 간의 이해 대립과 불균형 및 격차를 조정하고 사회통합을 실현하는 것인데, 이는 국가·중앙정부의 고유한 역할이다. 분권이 확대·심화될수록 중앙정부의 역할은 조정과 통합의 업무에 집중될 것이다. 중앙정부가 강력한 조정력과 통합력을 가지지 못하면 지방분권은 혼란과 비효율을 초래할 우려가 있다.

이제 권한이양과 자원분산의 다양한 차원들을 보자.

먼저 권한이양은 입법권, 행정권, 재정권의 이양 등의 몇 가지 차원을 가진다. 조례제정권의 확대, 나아가 자치입법권의 보유, 행정분권과 재정분권과 같은 서로 다른 차원의 권한이양이 있어야 한다. 여기서 특히 자치재정권 없는 자치입법권 혹은 자치행정권은 무의미하다는 것이 강조되어야 한다. 물적 기초가 없는 자치는 지속가능하지 않기 때문이다.

자원분산은 하드웨어적 차원과 소프트웨어적 차원이 있다. 하드웨어는 공장 설비, 정부 기관과 같은 실물 자원의 분산을 말한다. 소프트웨어적 차원은 금융과 정보, 지식, 문화와 사람의 분산을 말한다. 여기서 인구분산이 자원분산의 가장 결정적인 지표이다. 그리고 소프트웨어적 자원분산 없는 자원분산은 공허하다는 점을 지적해 두어야 한다.

권한이양과 자원분산은 상호 의존하고 상승 작용을 한다. 첫째, 권한이양 없이 자원분산이 제대로 될 수 없다. 한국에서 "중앙집권이 서울집중을 초래한다"는 헨더슨(G. Henderson)의 명제는 타당하다. 결정권과 기획·구상 기능(중추관리기능)이 서울에 위치한 중앙정부에 있기 때문에 서울집중이 일어난다. 둘째, 자원분산 없이 권한이양이 실질적으로 완성될 수 없다는 점이 지적되어야 한다. 자원분산 없이 권한이양만 된다면 자치단체 및 지역 주민은 그 권한을 제대로 행사할 수 없다. 서울일극집중이 이루어져 있는 한국에서 자원분산 없는 권한이양은 서울과 지방의 격차를 더욱 확대시킬 위험이 있다.

이러한 까닭에 권한이양은 자원분산과 동시적으로 추진되어야 한다. 권한이양이 먼저냐 자원분산이 먼저냐고 논란하는 것은 소모적 논쟁에 불과하다.

3) 지역혁신체제를 통한 내생적 지역발전

지방분권은 지금까지와 같은 중앙집권적 개발독재체제와 재벌지배의 경제체제 아래 서울과 재벌에 의존하는 종속적 지역발전과는 다른 새로운 지역발전모델 구축에 기여할 수 있다. 지방분권은 지역발전의 새로운 패러다임을 위한 전제 조건이다. 그러나 두말할 필요 없이 지방분권은 결코 만병통치약이 아니다. 지방분권은 대안적 지역발전모델의 필요조건일 뿐 충분조건이 아니다.

지방분권은 자기결정(self-determination)과 자주관리(self-management)라는 철학적 기초 위에서 접근되어야 한다. 자기 문제는 자기가 결정할 권리가 있다는 사고, 조직과 집단의 문제는 그 구성원들이 스스로 결정하고 해결한다는 사고, 자기혁신을 통해 자기 지역을 발전시킨다는 사고가 바탕에 깔려 있어야 한다. 이러한 철학적 바탕 위에서 지방분권이 대안적 지역발전에 기여하려면, 지방분권은 지역혁신 및 주민자치와 반드시 결합되어야 한다.

먼저 지방분권은 반드시 지역혁신과 결합되어야 한다. 지방분권이 지역발전을 가로막고 있는 중앙집권-서울집중체제라는 구조에 대한 개혁을 의미한다면, 지역혁신은 지역발전을 저해하는 지역 자신의 낡은 패러다임을 창조적으로 파괴하는 주체의 개혁을 의미한다. 이러한 구조개혁과 주체의 혁신은 맞물려 있다. 지방분권이란 구조개혁이 있어야 지역혁신이란 주체의 혁신이 가능하고 지역혁신이 있어야 실질적인 지방분권을 실현할 수 있다. 지역혁신을 통한 지역 주체들의 능력 향상이 없으면 지방분권을 획득하고 유지할 수 없다. 지역혁신은 지역의 자생력과 가치 창출 능력을 갖추게 하는 지방분권의 경제적 토대이기 때문이다. 또한 지역혁신 없는 지방분권은 권한과 자원의 오용과 비효율적 사용을 초래하여 국가경쟁력을 약화시킬 수 있다.

지역혁신은 지역의 혁신 주체(innovator)들이 상호 협력하는 시스템을 구축할 때 이루어질 수 있다. 지역의 대학, 테크노파크, 기업, 자치단체, 연구소 등 지역의 혁신 주체들이 긴밀한 네트워크를 형성하고 상호 학습하는 사회적 관계가 형성될 때 지역혁신체제(regional innovation system)가 성립한다. 지역혁신체제는 지역 내부에서 자생적인 발전 잠재력을 창출한다는 점에서 지역의 내생적 발전(endogenous development)을 가능하게 한다. 지방분권 시대에 이러한 지역혁신체제가 구축될 때 비로소 중앙정부나 외부 대기업에 의존하는 종속적 발전에서 벗어나 자립적인 내생적 지역발전을 전망할 수 있다. '자립적 지방화'는 지역혁신체제의 효과적 구축을 통해 실현될 수 있다.

　　다음으로 지방분권은 주민자치와 결합되어야 한다. 주민자치는 지역수준에서 참여민주주의를 실현하는 길이다. 주민자치와 결합되지 않는 지방분권은 지방정부 관료와 토호들의 권력만 강화하여 지역수준에서 새로운 관료적 권위주의를 낳을 것이다. 주민자치를 위해서는 주민의 자치 능력이 향상되어야 함은 두말할 필요가 없다. 주민의 자기개발 노력과 참여의식은 주민자치의 필수적 조건이다. 자치는 '실행을 통한 학습(learning by doing)' 과정이기 때문에 자치행정과 자치입법에 대한 주민의 적극적 참여가 무엇보다 중요하다.

　　지방분권에 기초한 주민자치를 통해 지역혁신을 추진해야 한다. 분권화된 광역(廣域) 지방정부(市·道) 내에서 협역(狹域) 기초자치단체 단위(市·郡·區)로 주민이 참여하여 창의성과 적극성을 발휘함으로써 지역혁신을 추진해야 한다. 최근의 지역혁신체제론이 주장하는 것처럼 지역혁신은 지역을 학습지역으로 만들어 주민들의 혁신능력을 높일 때 성공할 수 있다(이철우, 2000). 따라서 소수 엘리트 중심의 지역혁신이 아니라 지역 주민 중심의 지역혁신을 추진해야 한다. 주민의 자치 능력과 혁신 능력을 높여야 지방분권에 기초하여 지역혁신에 성공할 수 있다.

이렇게 '지방분권-주민자치-지역혁신'의 결합이 실현될 때, 대안적 지역 발전의 핵심을 이루는 내생적 발전을 기대할 수 있을 것이다. 내생적 발전이란 지역 주민의 삶의 질 향상을 목표로 중앙정부의 사업이나 외부 대기업 유치에 의존하는 것이 아니라 지역 내부의 기술·산업·문화를 토대로 지역 산업 연관이 존재하는 지역경제구조를 형성하고 지역 주민의 참여를 통해 학습하고 계획하고 경영함으로써 자생적인 지역발전을 꾀하려는 것이다(황한식, 1995).

내생적 발전은 중심-주변, 지배-종속 관계를 가진 종래의 발전에 대해, 공생과 나눔과 같은 인간 개개인의 상호 의존 관계와 조화를 중시하는 발전이다. 내생적 발전의 조직형태는 협동주의(association), 자주관리(autogestion, self-management), 참가(participation)이다. 이는 생산의 장에서의 조직형태가 사회의 운영, 결정에 대해서 발언권을 가지는 사회경제형태를 상정하고 있다. 내생적 발전은 중앙집권적 발전을 배제하고 인간의 물화를 거부하는 사상으로서 생성·발전되어 왔기 때문에, 내생적 발전의 경제적 요인으로서 중요한 것은 자력갱생에 기초한 지역발전이다. 아울러 내생적 발전에서는 주민의 공간적·시간적으로 최적의 공동체 생활의 형성을 지향하기 때문에 생태계 보전을 중요한 목표로 삼는다.

내생적 발전의 요체는 지역 내부에서 형성되는 발전 잠재력을 토대로 지역을 발전시키려는 데 있다. 그것은 결코 지역 내에 완결된 분업구조를 지향하는 것이 아니며 국내 분업이나 국제 분업을 배제하는 것이 아니다. 오늘날 생산의 글로벌화 추세 속에서 내생적 발전은 다면적인 국제 분업 네트워크를 형성하면서도 일정한 지역산업 연관을 가지고 지역혁신체제에 기초한 자기중심성을 가지는 지역경제구조를 형성할 때 가능할 것이다.

이탈리아의 에밀리아로마냐 지역에서 전형적으로 나타난 내생적 발전 모델은 지방분권에 기초하여 산업자치가 실현되고 지방정부와 협동조합조직, 민간 기업, 시민 간에 민주적 협력관계가 형성되며 시민·기업·행정

담당자가 높은 자치 역량을 가지고 있었기 때문에 성공할 수 있었다(Piore & Sabel, 1984; 重森 曉, 1992).

이처럼 제3이탈리아의 유연전문화(flexible specialization) 모델이라고도 불리는 에밀리아로마냐의 성공 사례에서 알 수 있는 것처럼, 내생적 발전은 글로벌화와 포스트포디즘(Post-Fordism) 시대에 지방분권-주민자치-지역혁신에 기초한 새로운 대안적 지역발전모델로서 가능성을 가진다고 할 수 있다.

3. 지방분권-지역혁신체제와 역동적 균형발전

1) 역동적 균형발전

권한이양과 자원분산 과정을 포함하는 지방분권은 중앙정부와 서울·수도권이 잃고 자치단체와 지방·비수도권이 얻는 제로 섬 게임(zero-sum game)이 될 수 있다. 지방분권은 공평성은 실현할 수 있어도 잘못하면 국가 전체의 효율성을 떨어트리고 국가경쟁력을 약화시킬 수 있다. 가치의 이전 혹은 가치의 분배만이 일어나는 기존의 지방분권은 이러한 결과를 초래할 수 있다.

그러나 오늘날 글로벌화 시대와 지식기반경제에서 지방분권은 새로운 성장 잠재력을 창출하는 신성장전략의 핵심 요인 중의 하나가 되고 있다. 기존의 지방분권과 달리 새로운 지방분권은 가치 창출의 과정이 될 수 있다. 새로운 지방분권은 공평성뿐만 아니라 효율성을 중시한다. 지방분권을 통해 가치 이전만 이루어지는 것이 아니라 가치의 창출이 이루어지는 것이다. 공평성을 지향하며 가치 분배를 추구함으로써 '제로 섬 게임'이 되는 기존의 지방분권과 달리 새로운 지방분권은 공평성과 효율성을 동시에 지향하며 가치 창출을 촉진함으로써 '포지티브 섬 게임'이 될 수 있다.

지방분권이 가치 창출을 가져오려면 지방분권이 지역혁신과 결합되어야 한다. 지역혁신은 '창조적 파괴'를 통해 지역의 혁신역량을 강화하여 가치 창출 능력과 성장 잠재력을 높이는 과정이다. 지방분권을 통해 지방에 주어지는 권한과 세원과 인재를 결합하여 지역혁신역량을 강화할 때 지방분권은 가치 창출에 기여할 수 있다. 이때 지방분권은 국가경쟁력을 높이게 될 것이다.

이와 같이 지방분권과 지역혁신이 결합될 때 발전의 잠재력이 지역 내부에서 형성되는 내생적 발전이 가능하다. 내생적 발전은 새로운 균형발전 개념인 '역동적 균형발전(dynamic balanced development)' 전략의 핵심적 요소를 이룬다.

역동적 균형발전은 가치의 이전만이 이루어지는 통합적 균형발전과 달리 지역에서 구축되는 지역혁신체제(regional innovation system: RIS) 간의 경쟁과 협력을 통해 가치 창출이 이루어지는 균형발전 과정이다. 통합적 균형발전이 결과의 균등을 추구한다면, 역동적 균형발전은 기회의 균등을 추구하면서도 지역의 자기혁신 노력 정도에 따른 결과의 차등을 인정한다. 오히려 결과의 차등을 역동성 발휘의 인센티브로 활용하고자 한다(성경륭, 2003).

지방분권이 이처럼 역동적 균형발전을 가져오기 위해서는 주민들의 창의성과 적극성이 발휘되는 주민 참여가 필수적이다. 주민 참여가 이루어지는 주민자치제도는 내생적 발전의 전제 조건이기도 하다. 요컨대 역동적 균형발전은 '지방분권-주민자치-지역혁신'의 결합을 통한 내생적 발전 메커니즘이 지역 내부에 구축될 때 가능하다.

역동적 균형발전이 이루어지기 위해서는 지역혁신 초기 조건의 격차를 해소해야 한다. 즉, 지식, 정보, 재원, 사회간접자본과 같은 혁신 인프라의 국민적 최저수준(national minimum)이 어느 지역에서나 보장되어야 한다.

<표 5-1> 기존의 지방분권과 새로운 지방분권

기존의 지방분권	새로운 지방분권
• 제로 섬 게임(zero-sum game)	• 포지티브 섬 게임(positive-sum game)
• 가치분배	• 가치 창출
• 공평성	• 효율성

이러한 최저수준의 혁신 초기 조건의 균등 속에서 지역혁신체제 간의 경쟁으로 인한 지역별 차등을 인정할 때 역동성이 발휘될 수 있다. 이와 연계하여 사회복지에서 중앙정부가 전 국민에게 보장하는 국민적 최저수준과 지방자치단체가 전 주민에게 보장하는 시민적 최저수준(civil minimum)의 이층구조의 형성도 역동성을 창출하는 인센티브 요인이 된다.

'지방분권-주민자치-지역혁신'에 기초한 내생적 발전은 글로벌화 환경 속에서의 신경제(New Economy), 즉 디지털-네트워크 경제와 지식기반경제에서 새로운 성장 잠재력을 창출하는 신성장전략의 핵심적 요소가 될 수 있다. 글로벌화 시대에 신경제의 새로운 성장전략의 요체는 지방분권에 기초하여 지식기반경제의 호순환 메커니즘을 창출하는 것이다. 이 때 지역경제는 세계로 향해 열린 개방적 내생적 발전(open endogenous development)을 지향해야 한다. 내생적이면서도 개방적인 발전 메커니즘을 지역 내부에 형성하는 과정이 바로 지역혁신체제를 구축하는 것이다.

국민소득 1만 달러 수준에서 맴돌고 있는 한국에서 국민소득 2만 달러 시대를 열기 위해서는 이처럼 지방분권에 기초하여 새로운 성장전략을 추구해야 한다. 중앙집권-서울집중제체에서 도달한 최대 한계가 대략 1만 달러 소득이라고 보아야 하지 않을까 한다. 마의 1만 달러 소득 덫을 탈출하여 가까운 장래에 2만 달러 소득으로 도약하려면 지방분권이 이루어져야 한다.

과거와 같이 중앙집권체제 아래에서 지역경제가 고려되지 않는 '국민경제＝국가경제'가 아니라 지방분권체제 아래에서 국민경제는 지역경제의 총계, 즉 '국민경제＝Σ지역경제'로 인식되어야 한다. 그래서 역동적이고 내생적으로 발전하는 지역경제의 총계로서의 국민경제라는 개념이 설정되어야 한다.

이러한 새로운 패러다임은 신경제의 출현으로 인하여 실현 가능한 것으로 되었다. 집권화와 위계, 그리고 타율의 조직 원리를 가진 대량생산경제와 달리 분권화와 네트워크 및 자율의 조직 원리를 가진 신경제(김형기, 2001a)는 중앙집권체제보다는 지방분권체제에서 더 잘 작동할 수 있다. 지방분권체제에서 구축되는 지역혁신체제를 통한 지역발전에 기초한 경제 발전이 신경제의 발전 메커니즘인 것이다. 따라서 '신경제-지방분권-지역혁신-지역발전'이란 연계가 성립하는 것이다.

신경제, 즉 지식기반경제와 디지털-네트워크 경제(digital-network economy)에서 지역발전의 전략적 요소는 지역 내의 인적자본(human capital)과 사회자본(social capital)의 형성이다. 지역혁신 주체들의 혁신역량을 높이는 것이 인적자본의 형성과정이다. 여기서 인적자본의 핵심 요소는 '창조적 파괴'를 하는 창의적 지식과 의사소통 능력과 매개 능력을 높이는 사회적 숙련(social skill)이라 할 수 있다(김애경, 1998). 혁신 주체들 사이에 네트워크를 구축하고 상호 협력적인 사회관계를 형성하는 것이 사회자본의 형성 과정이다. 경제주체들 및 사회 주체들 간의 신뢰와 협력이라는 사회자본은 학습 효과와 시너지 효과를 창출하여 가치 창출에 기여한다.

과거 대량생산경제에서는 물적 자본(physical capital)이 가치 창출의 전략적 요소였으나 신경제에서는 인적자본과 사회자본이 핵심적인 전략적 요소가 된다. 이처럼 인적자본과 사회자본은 신경제하에서 작동하는 지역혁신체제의 효과적인 구축에 필수적이다. 지역혁신체제 구축에 필요한 인적자본과 사회자본을 효과적으로 형성하려면 교육혁신과 문화혁신이 요청된다. 창의적 지식과 사회적 숙련을 형성하는 교육혁신, 신뢰와 협력의 토양을 형성하는 문화혁신이 필요하다. 창조적 파괴를 촉진하는 비판정신과 모험을 장려하고 실패를 관용하는 문화가 있어야 한다. 아울러 지역의 경제주체와 사회주체들이 혁신 지향적인 사고와 행동을 하도록 유도하는 게임의 규칙을 마련하는 제도혁신이 필요하다.

2) 지역혁신체제 구축의 성공 조건

지역혁신체제를 통한 지역발전은 새로운 지역경제 발전 패러다임이다. 우리나라에서는 김대중 정부 시절에 '중앙주도-지방후원' 형의 지역혁신체제 구축의 시도가 있었지만 실패했다. 현재 참여정부가 국가균형발전의 핵심 전략으로서 제시하고 있는 지역혁신체제는 '지방주도-중앙후원' 형이다. 이러한 새로운 모델의 지역혁신체제가 성공적으로 구축되려면 어떤 조건이 필요할까?

첫째, 무엇보다 먼저 획기적인 지방분권 개혁이 선행되어야 한다. 지방을 황폐화시키는 중앙집권-서울집중체제를 해체하는 획기적인 권한이양과 자원분산이 없으면 지역혁신을 위한 인적·물적 자원과 제도적 기반이 확보될 수 없기 때문이다. 블랙홀 서울로 빨려 들어가는 사람과 돈의 U턴이 있어야만 지역혁신이 가능한 것이다. 보충성의 원칙에 기초한 행정분권과 세출과 세입의 자치가 보장되는 재정분권과 같은 권한이양정책과 국가 공공기관의 지방이전과 인재 지역할당제의 도입과 같은 자원분산정책이 선행되어야 한다.

둘째, 기술혁신·제도혁신·문화혁신이란 세 차원을 포함하는 총체적 지역혁신이 이루어져야 지역혁신체제가 성공적으로 구축될 수 있다. 기업의 혁신과정과 제도 및 문화 간의 연관을 중요시하거나 기술과 조직의 공진화를 강조하는 제도경제학과 진화경제학의 관점에 따르면, 지역혁신을 곧바로 기술혁신으로 환원할 수 없으며, 제도와 문화의 차원에서도 접근해야 한다(박경·박진도·강용찬, 2000). 특히, 디지털-네트워크 경제와 지식기반경제에서 기술혁신을 위해서는 제도혁신과 문화혁신이 필수적이다. 요컨대 혁신은 지역 사회 내의 제도와 문화에 뿌리내릴 때 출현할 수 있다는 점에서 제도적 착근성(institutional embeddedness)을 가진다(Gertler & Wolfe & Garkut, 2000). 따라서 지역혁신체제 구축을 위해서는 지역의 낡은 경제 패러다임을 새로운 경제 패러다임으로 바꾸는 제도 및 문화의 혁신, 대학혁신, 기업혁신, 자치단체혁신, 주민혁신 등 지역 주체들의 자기혁신이 필요하다. 이를 통한 지역혁신 주체들의 형성과 그들 사이의 네트워크 형성이 요청된다.

셋째, 지역혁신체제 구축에 순기능적인 국가균형발전 추진체계를 정립해야 한다. 세계적으로 유례가 없는 집권적 집중체제가 분권적 분산체제로 체제 전환되는 이행기에는 강력한 집행력을 갖춘 중앙정부 수준의 부처급 기구와 자치단체 수준의 독자적 기구가 필요하다. 가칭 '국가균형원'을 설치하여 각 중앙정부의 권한이양과 자원분산정책을 통합·조정하고 광역자치단체와 기초자치단체 간, 지역 간의 이해 대립과 갈등을 조정해야 한다. 지방에서는 광역 단위 혹은 초광역 단위로 지역의 대학, 테크노파크, 자치단체, 연구소, 기업이 함께 참가하는 공사형태의 '지역발전청(RDA)'을 설치하여 국가균형원을 통해 이전된 권한과 자원을 결합하고 자치단체의 지역발전 정책기능을 통합하여 지역혁신을 추진해야 한다.

넷째, 지역혁신체제가 주민의 삶의 질을 높이는 지속가능한 지역발전으로 연결되려면, 참여-연대-생태라는 기본 가치를 공유하는 사람들에 의한 '민주적 거버넌스(democratic governance)'가 이루어져야 한다. 단순히 민과 관이 함께 의사 결정과 집행을 하는 거버넌스로는 안 된다. 기득권을 가진 지역의 토호나 엘리트만 참가하는 권위주의적 거버넌스는 그 자체가 비민주적일 뿐 아니라 지역혁신을 저해할 수 있기 때문이다. 광범위한 주민의 민주적 참여를 통한 에너지의 집결은 지역혁신의 성공적 추진의 관건이 된다. 그런데 창조적 파괴를 하는 혁신 과정은 일반적으로 급격한 구조조정을 수반하는 단절적이고 불안정한 과정이며 반드시 승자와 패자를 낳기 때문에 사회통합을 위한 연대가 복지공동체(welfare community) 형태로 실현되어야 한다. 지역혁신이 성장 지상주의로 흘러 환경을 파괴하는 생산체제와 개발방식을 조장하지 않도록 생태주의적 관점에 의해 규제되어야 한다.

다섯째, 중층적인 지역혁신체제가 구축되어야 한다. 지역혁신체제 구축 단위는 기본적으로 상대적 독자성을 가진 경제권, 생활권, 문화권 단위로 형성되어야 한다. 이런 관점에서 볼 때 우리나라에서 지역혁신체제는 대체로 현행 광역행정 단위를 넘는 초광역 단위의 권역별로 구축하는 것이 바람직할 것이다. 대구·경북권, 부산·울산·경남권, 광주·전남·전북권, 대전·충남·충북권, 강원권 등으로 나누거나 혹은 더욱 넓혀 영남권, 호남권, 중부권 등 권역별로 구축하는 방안을 생각해 볼 수 있다. 여기서 지역발전청을 통한 광역자치단체 간의 협력체제 형성이 아주 중요하다. 아울러 기초자치단체 수준에서도 독자적으로 혹은 몇 개의 자치단체가 연합해서 지역혁신체제를 구축할 필요가 있다. 이처럼 권역(광역자치단체연합)-기초자치단체(연합)이라는 중층적 구조를 가진 지역혁신체제를 구축해야 서울 일극집중체제에서 다극발전체제로의 전환과 광역자치단체와 기초자치다체 간의 균형발전을 동시에 실현할 수 있다.

여섯째, 지역별로 특성화된 다양한 지역혁신체제를 구축해야 한다. 입지나 지역의 사회·경제·문화적 특성에 따라 혁신체제 구축의 기반이 지역마다 다르기 때문에 획일적인 지역혁신체제 구축은 성공할 수 없다. 또한 지역혁신체제간의 분업과 협업이 필요하다. 모든 지역이 IT, BT, NT와 같은 첨단산업 중심의 지역혁신체제를 구축하는 것은 가능하지도 않고 바람직하지도 않다. 그래서 구축 단위별로 국가경제선도형 RIS(광역도시모델), 지역경제선도형 RIS(중소도시모델), 생활공동체 기반조성형 RIS(과소지역모델), 내용별로는 산업도시 지향형 RIS, 문화도시 지향형 RIS, 생태도시 지향형 RIS 등 다양한 지역혁신체제를 구상할 수 있다(김영정, 2003).

4. 지방분권의 국민경제 효율성

1) 지방분권의 거시경제적 성과

앞에서 지방분권, 즉 지방으로의 권한이양과 자원 분산을 통해 지역혁신체제를 구축하면 국민경제의 효율이 향상되어 국가경쟁력을 높일 수 있다고 주장했다. 우리는 이를 '신지방분권론의 기본 가설'이라 부르고자 한다. 과연 이러한 가설이 현재 그리고 앞으로 한국에서 타당할 것인가? 하지만 아쉽게도 현재 이에 대한 실증적 연구 결과를 찾기가 쉽지 않다.

지방분권과 거시경제적 성과, 즉 경제성장 간의 상관관계에 대한 외국의 연구 결과들에 의하면, 권한이양 및 재정분권과 같은 지방분권과 경제성장 간의 관계는 플러스의 관계와 마이너스의 관계, 어느 한쪽도 지배적이지 않았다. 다시 말해, 지방분권이 경제성장을 촉진할 수도 있고 저해할 수도 있는 것으로 나타났다. 하지만 그중에서 지방분권이 경제성장에 마이너스 관계를 보이는 경우는 대체로 다음 세 가지로 요약할 수 있다. 첫째, 주로 임명직이 통치하는 지방자치단체가 지출의 배합을 잘못한 경우, 둘째, 형식적 분권화만 이루어질 뿐 중앙정부의 실질적 간섭이 심한 경우, 셋째, 사회간접자본 투자가 부족한 상태에서 지방분권이 이루어진 경우 등이었다(이민원, 2002). 이는 결국 완전한 권한이양과 의미 있는 자원분산이 이루어져야 지방분권이 경제성장을 촉진할 수 있음을 말해준다.

최근에는 중국과 같은 전환도상경제(transition economies)에서 지방분권이 지역경제 발전을 촉진했다는 연구 결과들이 나오고 있다. 이는 정보와 권한의 분권화와 지방정부 간 경쟁이 중앙정부와 지방정부로 하여금 시장 인센티브를 제공하는 역할을 했기 때문이다(Bardhan, 2002).

한편, 일본의 지방분권론자들은 지방분권이 지역경제를 활성화시켜 장기 침체에 빠진 일본 경제를 회복시킬 수 있다는 주장을 펴고 있다. 예컨대

가네코 마사루(金子 勝, 2002)는, 환경이나 복지 등 비교역재의 영역에서 안정적인 고용을 확보함과 동시에 지역경제의 자율적 순환구조를 창출하는 지방분권을 통해 일본경제의 장기 침체의 극복을 내다볼 수 있다고 생각한다.

기존의 연구 결과들은 지방분권이 지역경제를 활성화시키는 요인으로 대개 주민 참여의 증대, 자원 이동성 제고, 자치단체의 책임성 및 투명성 증대 등을 들고 있다. 우리의 논리에 따르자면, 지방분권이 주민의 자치역량과 혁신역량을 높임으로써 지역경제를 활성화시킨다는 것이 될 것이다. 즉, 앞에서 논의한 것처럼 '지방분권-주민자치-지역혁신'의 결합이 있어야 지역경제의 내생적 발전을 기대할 수 있다. 이는 결국 지방분권 관련 제도가 주민자치 및 지역혁신 관련 제도로 보완되어야 지역경제 발전이란 소기의 성과를 거둘 수 있다는 것이다. 이러한 제도적 보완성(institutional complementarity)에 유의하여 분권, 자치, 혁신 관련 제도를 하나의 패키지로 도입해야 지방분권 개혁이 성공할 수 있다. 따라서 권한이양과 주민자치를 다루는「지방분권특별법」과 자원분산과 지역혁신을 다루는「국가균형발전특별법」이 동시에 제정되어야 한다. 결국 최근「지방분권특별법」만 제정하고 수도권과 비수도권의 이해 대립이 예상되는「국가균형발전특별법」은 뒤로 미루거나 기각하자는 일부 학자들의 주장은 옳지 못하다고 할 수 있다.

2) 지방 투자의 효율성

지방분권이 자원의 효율적 배분을 가져와 배분적 효율성을 실현하고 (Oates의 지방분권 정리), 산업에서 규모의 불경제가 나타날 경우 기술적 효율성을 발휘할 수 있다는 점은 잘 알려져 있다. 지방분권이 미시적으로 배분적 효율성과 기술적 효율성을 높일 경우 경제성장을 촉진하는 거시경제적 성과를 가져올 것으로 기대할 수 있다(Baily, 1999). 이는 지방분권의 한 측면인 자원분산 과정을 통해 지방에 대한 투자가 확대될 경우 국민경제의 효율성이 높아질 수 있다는 것이다.

이제는 한국에 있어 지방에 대한 투자 강화, 즉 자원의 지방분산이 초래할 거시경제적 성과가 어떠할지 알아보자. 자원의 수도권 집중을 극복하고 지방 투자를 강화할 때 국민경제의 효율성이 높아진다는 다음과 같은 연구 결과들이 있다.

우선, 국토연구원 연구(박양호, 2003b)에 의하면, 수도권의 인구가 집중될수록 수도권 집적 경제는 감소하는 경향이 있는 것으로 나타났다. 즉, 1982년의 수도권 집적 경제를 100으로 했을 경우 1985년에는 92, 1990년에는 83, 2000년에는 76으로 지속적으로 감소해 왔다. 이러한 수도권 집적 경제의 퇴조 현상은 수도권 집중이 심화됨에 따라 자원배분이 더욱 비효율적으로 이루어짐을 나타낸다.

다음으로 위와 같은 국토연구원의 연구에 의하면, 지난 20년간의 지역 간 투자의 변화가 지역경제와 국민경제에 미치는 영향을 연산일반균형(CGE) 모형에 의해 분석한 결과, 앞으로 지방의 투자 비율을 현재보다 5% 포인트 증가시키고 수도권에 대한 투자를 5% 포인트 감소시킬 경우 현재보다 국내총생산을 단기적(1~3년)으로 0.10%, 중기적(4~6년)으로 0.14%, 중·장기적(7~10년)으로 0.19%, 장기적(11~15년)으로 0.25% 증가시키는 효과를 나타내는 것으로 밝혀졌다. 반대로 수도권 투자 비율을 5% 포인트 증가시키고 지방에 대한 투자를 5% 포인트 감소시킬 경우 국내총생산을 단기적으로 0.1%, 중기적으로 0.15%, 중·장기적으로 0.21%, 장기적으로 0.28% 감소시키는 것으로 분석되었다. 이 연구 결과는 수도권에서 지방으로의 투자 재원의 재배분이 경제성장에 플러스 효과를 미치며, 지방에 대한 투자가 국민경제적으로 더 효율적임을 말해준다.

허재완(2002)은 전략산업의 수도권-비수도권 배치에 따른 파급 효과를 추정하여 수도권 투자는 지방에 거의 영향을 미치지 못한 반면, 지방 투자는 수도권에 긍정적 경제 효과를 미침을 보여주고 있다. 즉, 수도권의 일반 제조업에 대한 100억 원의 투자 증가는 수도권 지역에 171.5억 원의 파급 효과, 비수도권 지역에 1.7억 원의 파급 효과를 미치는 반면, 비수도권에 대한 100억 원의 투자 증가는 비수도권에 158.6억 원의 파급 효과, 수도권에 21.5억 원의 파급 효과를 미치는 것으로 나타났다. 신산업의 경우에는 수도권에 대한 100억의 투자 증가는 수도권 지역에 196.1억 원의 파급 효과, 비수도권 지역에 1.5억 원의 파급 효과를 미치는 반면, 비수도권에 대한 100억의 투자 증가는 비수도권에 172.4억 원의 파급 효과, 수도권에 23.1억 원의 파급 효과를 미치는 것으로 나타났다. 이 연구 결과는 지방 투자가 지방도 살리고 수도권도 살리는 윈-윈 게임(win-win game)임을 말해 준다.

한편 앞의 국토연구원 연구에 의하면, 지역 간, 산업 간 투입산출(MRIO) 방식을 이용하여 지역별 사업성장의 지역 내 파급 효과(국지성)와 지역 간 파급 효과(연계력)를 비교한 결과, 수도권의 경우 산업성장의 지역 내 파급 효과, 즉 국지성은 가장 높은 반면 지방으로의 산업연계력은 가장 낮게 나타났다. 수도권 산업생산의 국지성을 100으로 본다면 호남권은 63.6, 영남권은 89.4, 충청·강원·제주권은 59.9에 불과했다. 반면 수도권 산업생산의 지역 간 연계력을 100으로 볼 경우 산업생산의 지역 간 연계력은 호남권은 216.5, 영남권은 136.3, 충청·강원·제주권은 241.7로 나타났다.

이러한 연구 결과들은 지방에 대한 투자가 지방과 수도권의 상생 발전을 가져와 결국은 전체 국민경제의 성장을 촉진할 것이라는 사실을 입증해 주고 있다. 지방 투자가 만약 잘 구축된 지역혁신체제와 결합되면 이러한 지방 투자의 국민경제 효율성은 더욱 높아질 것이다. 이러한 연구 결과들은 권한이양과 자원분산 과정을 포함하는 지방분권이 주민자치 및 지역혁신과 결합되면 투자의 파급 효과뿐만 아니라 성장 잠재력이 창출되어 지속적인 지역경제 발전을 기대할 수 있음을 시사해 준다.

5. 맺음말

지방분권은 국가경쟁력 강화를 위한 필요조건이지만 충분조건은 아니다. 앞에서 지적한 것처럼 지방분권이 주민자치 및 지역혁신과 결합될 때 지역경쟁력 강화에 기초한 국가경쟁력 강화를 기대할 수 있다.

참여정부가 지향하는 동북아경제 중심 국가의 건설은 중앙집권-서울집중체제에서는 기대하기 어려울 것으로 생각된다. 중국 경제의 고도성장의 주된 요인 중의 하나가 지방분권화에 있었음을 알아야 한다. 최근 정부가 내걸고 있는 '국민소득 2만 달러 시대'를 앞당기기 위해서는 현재와 같은 과도한 중앙집권-서울집중체제는 극복되어야 한다. 앞의 분석 결과들은 이러한 현존 체제가 비효율적임을 시사해 주고 있기 때문이다.

설사 그러한 중앙집권-서울집중체제에서 2만 달러 소득을 달성했다고 하더라도 수도권과 비수도권 간의 갈등이 증폭되어 정치 불안과 사회 혼란이 심화되면 성장 잠재력이 머지않아 고갈될 것이다. 앞의 투자 분석 결과에 더하여 7조 원으로 추정되는 수도권의 교통 혼잡 비용과 8조 원으로 추정되는 환경오염이라는 높은 사회적 비용은 중앙집권-서울집중체제가 국가경쟁력을 약화시키고 있음을 나타내준다. 서울·수도권과 지방·비수도권의 격차가 심각한 지경에 이른 한국에서 지방분권은 지속가능한 발전의 중요한 전제 조건이다. 따라서 '지속가능한 한국을 위한 지방분권(Decentralization for Sustainable Korea)'이 요청된다.

광역경제권 단위로 구축된 지역혁신체제가 국민경제의 다극적 성장구조를 창출하고 각 광역권 자치단체의 지역혁신체제 간의 경쟁과 협력 시스템이 구축될 때 '역동적 균형발전'에 기초한 경제성장과 사회통합을 기대할 수 있을 것이다. 동북아경제 중심 국가의 건설도 수도권 경제 중심이 아니라 효율적인 지역혁신체제가 구축된 지역경제 간의 분업과 협업, 경쟁과 협력체제를 중심으로 국민경제가 운영될 때 비로소 가시권에 들어올 것이다.

중화학공업 중심의 대량생산경제에서 정보기술산업(IT), 생명기술산업(BT) 등 신산업 중심의 지식기반경제로의 이행, 소모적이고 비생산적인 대립적 노사관계에서 상생적이고 생산적인 참여적 노사관계체제로의 이행과 함께 중앙집권-서울집중체제에서 지방분권-다극발전체제로의 이행이 있어야 한국경제의 선진화를 내다볼 수 있을 것이다. 이 '3중의 이행'에서 지금 특히 지방분권-다극발전체제로의 이행을 위한 제도적 틀의 구축이 시급한 국가 의제로 떠오르고 있다.

참고문헌

국가균형발전위원회. 2003. 「자립형 지방화를 위한 지역산업 발전방안」. 제9회 국정회의 과제.
국정홍보처. 2003. 『국가균형발전의 비전과 과제』.
김애경. 1998. 「신생산체제를 위한 숙련형성정책 연구」. 경북대 경제학과 박사논문
김영정. 2003. 「지역 거버넌스, 지역혁신체계, 그리고 지역균형발전」. 한국사회학대회 발표논문.
김의준. 1992. 『지역투자의 변화가 국가경제의 효율성과 지역 간 경제적 격차에 미치는 영향』. 서울: 국토개발연구원.
김형기. 2000. 「지방분권과 지역혁신: 지역발전의 새로운 비전」. 『한국민족문화』. 부산: 부산대 한국민족문화연구소.
_____. 2001a. 『새정치경제학』. 서울: 한울아카데미.
_____. 2001b. 「지방분권의 정치경제학: 대안적 발전을 위하여」. 한국사회경제학회

발표논문.

_____. 2002. 「지방분권과 대안적 지역발전모델」. 이정식·김용웅 엮음. 『세계화와
지역발전』. 서울: 한울아카데미.

_____. 2003. 「지방분권 개혁의 기본방향」. ≪지방행정≫, 제52권 제597호.

_____ 엮음. 2002. 『지방분권 정책대안』. 서울: 한울.

_____ 엮음. 2002. 『21세기 한국의 대안적 발전모델』. 서울: 한울.

박 경. 2000. 「지식기반경제하의 지역발전전략」. 한국사회경제학회·한국공간환경학
회 공동학술대회 논문.

_____. 2000. 「한국자본주의와 지역사회경제-지역불균등발전의 정치경제학」. 한국
사회경제학회·한국공간환경학회 공동학술대회 논문.

박양호. 2003a. 「산업구조의 수도권 집중 극복, 그 당위성과 현실적 과제」. 지역경제
발전전략 수립을 위한 심포지엄 발표자료집. 『지역투자 활성화와 국가균형발
전』.

_____. 2003b. 「수도권과 지방의 상생발전방안」. 국토연구원 창립 25주년 기념 심포
지엄 발표논문.

박경·박진도·강용찬. 2000. 「지역혁신 능력과 지역혁신체제」. ≪공간과 사회≫, 13호.

성경륭. 2003. 「국가균형발전의 비전과 과제」. 지방분권운동대구경북본부 창립 1주년
기념강연.

이민원. 2002. 「지방분권이 지역을 살린다」. 2002 영호남기자교류세미나 발표자료
집. 『지방분권 실천과제』.

이철우. 2000. 「신산업환경과 지역혁신시스템」. 대구사회연구소·영남대 영남지역발
전연구소. 『21세기 새로운 지역발전모델: 국가·지역혁신시스템』.

정부혁신지방분권위원회. 2003. 『지방분권 로드맵』.

지방분권국민운동. 2003. 『지방분권 관련법안 및 지방분권 개혁 10대 의제』.

허재완. 2002. 「권역별 전략산업의 배분」. 서울: 전국경제인연합회.

황한식. 1995. 「주민자치와 지역경제의 내발적 발전의 길」. ≪지역사회연구≫, 3집.

神野直彦. 2000. 體制改革의 政治經濟學. 이재은 옮김. 서울: 한울.

_____. 2000. 「21세기 새로운 분권화 모델」. 제10회 21세기 발전모델 포럼 발표논문.

金子 勝. 2002. 「지방분권화의 과제: 일본의 교훈」. 대구사회연구소 창립 10주년
기념 심포지엄. <지방분권과 지방민의 삶>.

重森 曉. 1992. 分權社會의 政治經濟學. 東京: 靑木書店.

宮本憲一·橫田·茂·中村剛治郎 編. 1990. 地域經濟學. 東京: 有斐閣.

Aoki, Masahiko. 2000. "Information and Governance in the Silicon Valley Model." *Working paper.* Stanford University.

Baily, S. J. 1999. *Local Government Economics: Principles and Practice.* London: Macmillan.

Bardhan, P. 2002. "Decentralization of Governance and Development." *Journal of Economic Perspectives,* Vol. 16 No. 4.

Benko, G. & A. Lipietz. 2002. "From the Regulation of Space to the Space of Regulation." in Boyer Robert & Saillard(eds.). *Regulation Theory: The State of the Art.* London: Routledge.

Gertler, M. S. & D. A. Wolfe & D. Garkut. 2000. "No Place like Home? The Embeddedness of Innovation in a Regional Economy." *Review of International Economy,* Vol. 7, No. 4.

Gilly, J. P. & B. Pecqueur. 2002. "The Local Dimension of Regulation." in Boyer Robert & Saillard(eds.). *Regulation Theory: The State of the art.* London: Routledge.

Goddard, John. 1997. "University and Regional Development." Background Paper to OECD Project.

Hilbert, Ulrich (eds.). 1991. *Regional Innovation and Decentralization.* London and New York: Routledge.

Piore, M.J & C. Sabel. 1984. *The Second Industrial Divide.* New York: BasicBooks.

Progressive Policy Institute. 1999. *Rules of the Road: Governing Principles for the New Economy.* Washington, D.C. Progressive Policy Institute.

UNDP. 1998. "Decentralized Governance Programme to Achieve Sustainable People- Centered Development." www.undp.org

제6장

'분권-혁신-통합'에 기초한 국가균형발전의 비전과 정책 과제*

1. 대전환기 한국의 역사적 과제: 분권-혁신-통합

현재 한국사회는 '3중의 이행'이 겹치고 있는 대전환(Great Transformation) 기를 맞이하고 있다. 즉, 중앙집권·서울일극체제에서 지방분권·다극체제로(제1이행), 대량생산경제에서 지식기반경제로(제2이행), 냉전 폐쇄사회에서 글로벌 개방사회로(제3이행) 전환하고 있는 과도기에 처해 있다.

낡은 패러다임에서 새로운 패러다임으로, 낡은 체제에서 새로운 체제로 이행하는 대전환기에서 필연적으로 발생하는 대립과 갈등, 혼란과 진통을 효과적으로 관리하면서 이행을 추동하는 것이 최대의 국정 과제가 되고 있다. 이 대전환기에 한국 사회는 선진국으로 진입할 수 있는 새로운 기회를 맞고 있지만, 잘 관리되지 못하면 사회가 분열되어 퇴행할 수 있는 위기에 직면하고 있다.

냉전 폐쇄사회, 중앙집권·서울집중체제, 대량생산경제의 낡은 패러다임을 고수하려는 세력과 글로벌 개방사회, 지방분권·다극체제, 지식기반경제의 새로운 패러다임을 지향하는 세력 간의 대립과 갈등이 정치적 갈등으로 표출되고 있다. 낡은 권위주의 정치와 성장연합(growth coalition)의 헤게모니

---

* 대통령자문 정책기획위원회 심포지엄, "민주적 발전모델과 선진 한국의 진로"(2005. 3. 8) 발표논문.

블록이 해체되고 있는 가운데 새로운 참여정치 패러다임과 대안적 발전연합(alternative development coalition)의 헤게모니 블록이 모색되고 있는 과도기에서 정치·사회적 혼돈이 나타나고 있다.

국민경제는 글로벌 신자유주의의 강한 영향 아래 경제성장의 둔화와 양극화라는 구조적 위기가 중첩되어 난국을 맞이하고 있다. 수도권 경제와 지방경제 간, 대기업과 중소기업 간, 수출 부문과 내수 부문 간, 도시경제와 농촌경제 간, 첨단산업과 전통산업 간, 정규직과 비정규직 간, 국민경제의 여러 부문에서 나타나고 있는 양극화로 인하여 서민경제가 큰 어려움을 겪고 있다. 부동산투기와 같은 지대추구행위의 근절과 부패의 추방 그리고 구조조정 등 경제 체질강화를 위한 개혁에 따른 고통이 서민에게 집중되어 그 삶이 더욱 피폐해지고 있다.

경제의 양극화 속에서 사회의 양극화와 원자화가 진전되고 있다. 중산층의 붕괴, 빈곤층의 배제, 부유층의 일탈 현상으로 인하여 사회가 분열되고 해체될 위험에 처해 있다. 그런데, 무엇보다 지금의 위기는 낡은 패러다임은 해체되었으나 새로운 패러다임은 아직 확립되지 못한 대전환기에서 발생하고 있는 것으로서 본질적으로 발전모델의 위기라 할 수 있다.

이러한 대전환기에서 새로운 패러다임으로의 이행을 추동하는 힘은 '혁신(Innovation)'에서 찾을 수 있고, 전환기의 위기를 관리하는 전략은 '통합(Cohesion)'에서 찾을 수 있다.

혁신은 낡은 패러다임을 창조적으로 파괴하는 과정이고 경제주체 혹은 사회 주체들 간의 상호학습을 통해 발현되는 과정이다. 따라서 혁신은 신기술의 도입인 기술혁신뿐만 아니라 새로운 제도를 구축하는 제도혁신과 새로운 문화를 형성하는 문화혁신을 포함한다. 이러한 혁신은 지식기반경제에서 새로운 성장의 원천이 된다. 20세기 대량생산경제에서의 요소투입형 발전과는 달리 21세기 지식기반경제에서는 '혁신주도발전(innovation-led development)'이 요청된다. 참여정부는 이러한 혁신주도발전을 새로운 경제

발전전략으로 채택하고 있다.

여기서, 통합은 국민경제 여러 부문 간의 강한 산업 연관과 교류관계의 형성, 사회적 배제를 막고 양극화를 해소하는 사회통합, 서로 다른 정치집단 간의 대화와 타협을 통한 공존을 의미하는 정치통합, 인간과 자연 간의 공생 등을 의미한다. 혁신은 창조적 파괴의 불연속적 과정이고 승자와 패자 간의 격차를 확대시키는 양극화의 경향이 있기 때문에 통합의 원리에 의해 보완되지 않으면, 사회 불안정과 소득불평등의 확대로 대립갈등이 증폭되어 혁신이 지속되기 어렵다. 글로벌 개방사회의 지식기반경제에서는 양극화 경향이 더욱 강하게 나타난다.

통합은 혁신의 지속을 위한 정치·사회적 안정이라는 조건을 제공한다. 그리고 통합이 가져오는 사회적 비용 감소와 상생의 네트워크 효과에 의한 사회적 효율의 증대는 혁신을 촉진한다. 그리고 사회통합과 인간과 자연의 공생을 통해 지속가능한 인간개발(sustainable human development)이 이루어지면, 인간의 창의성 있는 지식에 기초한 혁신이 지속가능하게 된다. 이런 점에서 통합은 지속가능한 혁신을 위한 조건이 된다. 다른 한편, 혁신에 의해 가능하게 된 고성장과 고복지가 통합의 물적 기초를 제공한다.

이처럼 혁신과 통합은 상호전제하고 상승 작용을 하면서 선순환 관계를 형성한다. 요컨대 '지속가능한 혁신을 위한 통합'과 '지속가능한 통합을 위한 혁신'이 결합되어야 하는 것이다.

그런데, 혁신은 분권을 필요로 한다. 상명하달의 중앙집권적 조직 혹은 위계적 조직에서는 혁신을 기대하기 어렵다. 혁신은 분권적 조직에서 자율적인 행위주체들로부터 발휘되는 자유로운 개성과 창의성으로부터 발현하는 과정이기 때문이다. 이는 기업혁신, 정부혁신, 대학혁신, 지역혁신 등 모든 혁신과정에 해당된다.

특히 지역혁신은 지방분권이 이루어져야 기대할 수 있다. 아주 강한 중앙집권·수도권집중체제를 가진 우리나라에서는 중앙정부로부터 지방정

부로의 권한이양과 수도권으로부터 지방으로의 자원분산을 포함하는 지방
분권이 획기적으로 추진되어야 지역혁신을 기대할 수 있다. 글로벌 개방사
회에서 국가경쟁력을 높이기 위해서는 지방분권을 통해 지역혁신역량을
강화시키는 것이 중요하다.

그런데, 지방분권으로 인해 새로이 발생하는 지역 간 이해 대립과 경제
력 격차를 조정하기 위해서는 통합의 원리가 요청된다. '하나의 한국'(One
Korea) 이라는 통합 이념은 지방분권에 따른 불균형을 교정하는 데 필수적
으로 요청된다. 나아가 그것은 장차 '지방분권에 기초한 통일한국'의 실현
에 반드시 필요한 이념이다.

이처럼 통합은 혁신을 위해서도 분권을 위해서도 필요하다. 요컨대, 중앙
집권·서울일극체제에서 지방분권·다극체제로, 대량생산경제에서 지식기
반경제로, 냉전 폐쇄사회에서 글로벌 개방사회로 이행하고 있는 대전환기
한국 사회에서 지속가능한 발전을 위한 조건은 '분권-혁신-통합'의 국정
원리가 관철되는 것이다. 분권-혁신-통합을 통해 새로운 대안적 발전모델을
구축할 때, 대전환기 한국 사회의 위기가 극복될 수 있고 한국경제는 새로운
도약을 할 수 있을 것으로 전망된다. 뿐만 아니라 이러한 대안적 발전모델은
장래 언젠가는 실현될 통일한국의 발전모델이 될 수 있을 것이다.

2. 참여정부 국가균형발전정책의 성과와 한계

분권-혁신-통합의 원리가 결합되어 추진되고 있는 참여정부의 핵심정책
은 국가균형발전정책이라 할 수 있다. 왜냐하면, 참여정부의 3대 국정 원리
중 하나이자 국가균형발전정책의 목표인 '더불어 사는 균형발전사회'는
이러한 분권-혁신-통합의 원리가 관철되어야만 실현될 수 있기 때문이다.

사실, 참여정부의 3대 국정 목표와 4대 국정 원리를 보면, 분권-혁신-통

합의 원리와 연계될 수 있음을 알 수 있다. 참여정부의 4대 국정 원리 중 분권과 자율, 대화와 타협은 지방분권 실현에 기여한다. 분권과 자율, 공정과 투명은 혁신을 촉진하고, 대화와 타협, 원칙과 신뢰는 통합에 기여할 수 있다. 3대 국정 목표 중 '평화와 번영의 동북아 시대'는 글로벌 네트워크에 기초한 혁신에 기여하고 '국민과 함께하는 민주주의'는 참여에 기초한 통합에 기여하며 '더불어 사는 균형발전사회'는 분권과 혁신과 통합에 의해 실현되는 대안적 사회이다.

혁신은 지식기반경제에서 새로운 생산성체제(productivity regime)를 형성시킨다. 통합은 분배개선을 통해 새로운 수요체제(demand regime)를 형성시킨다. 혁신을 통한 생산성 향상으로 공급능력이 높아지고 통합을 통한 분배개선으로 구매력이 증대될 때, 생산성체제와 수요체제가 연계되는 신성장체제(new-growth regime)가 성립될 수 있다. 이와 같이 혁신과 통합에 기초한 신성장체제가 구축될 때 한국경제는 제2의 장기 상승 국면에 진입할 것으로 전망된다.

신성장체제는 글로벌 네트워크를 가진 지역혁신체계의 구축, 과학기술 중심사회의 건설, 혁신적 인적자원개발 육성, 대기업과 중소기업 간의 대등협력관계의 구축, 혁신적 중소기업 육성 등과 같은 지역혁신정책, 과학기술정책, 인적자원개발정책, 산업정책 등이 하나의 패키지로 결합되어 추진될 때 성공가능성이 높을 것이다. 최근 참여정부가 추구하고 있는 '동반성장'은 이러한 새로운 성장체제에서 나타날 수 있다.

이러한 관점에서 보면, 참여정부의 국정비전을 '분권·혁신·통합에 기초한 지속가능한 발전(Sustainable Development Based on Decentralization, Innovation and Cohesion)'으로 설정하는 것이 바람직할 것이다. 이러한 국정비전을 실현하는 데 있어서 참여정부 2년간 기획되고 추진된 균형발전정책은 어떠한 역할을 하고 있는가? 참여정부가 제시하는 균형발전 비전을 보면 혁신주도 발전, 역동적 발전, 수도권과 지방의 상생발전 등 크게 세 측면으로 구성되어 있다(김형기, 2005).

혁신주도 발전은 기업혁신, 정부혁신, 지역혁신 등 사회 각 부문의 혁신을 통해 새로운 경제발전모델을 실현하겠다는 것이다. 참여정부는 지역별로 성장잠재력을 창출하는 지역혁신체계(regional innovation system: RIS) 구축에 의한 자립적 지방화를 통해 혁신주도의 균형발전을 실현하고자 한다. 지역혁신체계는 지역별로 전략산업들을 선택하고 이 산업들을 클러스터로 형성하며 산업클러스터를 중심으로 지역혁신을 주도할 지역혁신 주체(innovator)를 형성하고 이들 혁신 주체들을 네트워킹하는 것이다.

RIS 구축은 참여정부의 국가균형발전정책에서 키워드 중의 키워드이다. RIS에 기초한 지역경제 발전을 통해 국민경제를 새롭게 도약시키려는 것이 정부의 경제발전전략이라고 할 수 있다. RIS뿐만 아니라 국가혁신체계(National Innovation System: NIS)도 구축하려고 한다. 과학기술 중심사회 실현이란 것이 그것이다. RIS와 NIS의 결합을 통해 국민경제의 혁신을 추동하겠다는 것이다.

RIS의 구축을 핵심으로 하는 혁신주도 발전은 지식기반경제로의 이행을 촉진하는 데 적합한 발전전략이라 할 수 있다. 그런데, 현재 RIS가 거의 대부분 경제권·문화권 단위가 아니라 행정단위로 구축되고 있는 까닭에 혁신 네트워크가 행정단위로 분단되어 권역별 다극체제 형성을 위한 지역혁신을 기대하기 어렵게 되어 있다. 또한 지역혁신을 위한 거버넌스로서 광역행정단위로 설치되어 있는 지역혁신협의회가 아직 법적 위상이 취약하고 기획집행기능이 미약하며 지역혁신을 추동할 민주적 거버넌스로서의 기능을 하기 어려운 상태에 있다. 또한 지역혁신 개념이 기술혁신이란 좁은 틀 내에서만 고려되고 있고 기술혁신을 촉진하는 제도혁신과 문화혁신으로까지 확장되고 있지 못하다. 기술혁신, 제도혁신, 문화혁신이 결합되는 '총체적 혁신'의 관점에서 지역혁신을 추진하는 과제가 남아 있다 할 것이다.

참여정부는 지역혁신뿐만 아니라 정부혁신도 추진하고 있다. 정부혁신을 위해 정부 조직과 기능의 재조정 작업이 추진 중이며 정부 각 부처와 자치단체에 혁신담당관이 설치되어 있다. 그러나 현재의 정부혁신은 전자정부 구현과 같은 부분에서 큰 성과를 거두고 있으나 지방분권 개혁과 지역혁신과의 긴밀한 연계 속에서 추진되고 있지 못하는 한계를 가지고 있다. 그리고 지역혁신을 위해 필수적인 지방정부 혁신이 지방분권과 중앙정부의 혁신에 대응하여 추진되고 있지 못하다. 더욱이 정부혁신이 글로벌 지식기반경제에서 분권-혁신-통합에 기초한 지속가능발전을 실현하기 위한 정부역할의 전면적 재정립의 방향에서 추진되고 있지 못하는 한계를 지적할 수 있다.

한편, '역동적 균형' 발전은 참여정부에서 제시된 새로운 균형발전 개념이다. 역동적 균형발전은 가치의 이전만이 이루어지는 '통합적 균형' 발전과 달리 지역에서 구축되는 지역혁신체제 간의 경쟁과 협력을 통해 가치 창출이 이루어지는 균형발전 과정이다. 통합적 균형발전이 결과의 균등을 추구한다면 역동적 균형발전은 기회의 균등을 추구하면서도 지역혁신역량의 차이에 따른 결과의 차등을 인정한다. 오히려 결과의 차등을 역동성 발휘의 인센티브로 활용하고자 한다(성경륭, 2004). 다만, 역동적 균형발전이 새로운 지역 간 격차를 가져올 수 있으므로 통합적 균형 개념에 의해 보완되어야 한다. 요컨대, 전국이 골고루 잘사는 균형발전사회를 만들기 위해서는 '역동적 균형과 통합적 균형 간의 균형'이 필요하다.

참여정부의 국가균형발전은 수도권을 약화시키고 지방을 강화하는 '제로 섬 게임'이라는 비판이 많이 제기되어 왔다. 그러나 참여정부는 국가균형발전정책이 수도권을 약화시키는 것이 아니라 수도권을 새롭게 강화하고 지방도 살리는 상생의 윈-윈 게임이라고 주장한다. 이 주장은 현재 수도권이 과잉하고 과밀하여 효율이 떨어지고 있기 때문에, 수도권에 집중된 자원을 지방으로 분산하고 지방에 대한 투자를 확대하면 국민경제 전체의 효율성이 높아져 경제성장률을 높인다는 현실 판단(허재완, 2002; Kim Euijune·Jeong Younhee, 2003)에 근거한 것이다. 지나치게 과잉하고 과밀한 자원을 지방으로 분산시키고 경제와 문화 부문에 선택과 집중을 하여 수도권을 계획적으로 관리하면 수도권의 경쟁력이 높아지고 서울이 최고 수준의 '글로벌 시티'로 될 수 있다는 정책적 판단이 깔려 있다.

관련된 실증 연구 결과들과 외국의 사례들을 볼 때, 이러한 수도권과 지방의 상생발전전략은 상당한 분석적 근거가 있고 정책적 타당성을 가진다 할 수 있다. 그러나 이 전략의 중요 부분을 구성하는 공공기관 지방이전을 비롯하여 수도권에 집중된 자원을 지방으로 이전시키는 과정에서 발생할 관련기관 직원과 수도권 주민들의 반발이란 사회적 한계를 어떻게 극복하느냐에 이 전략의 성패가 달려 있다.

그런데, 균형발전정책의 전제가 되어야 할 지방분권 개혁이 지난 2년 동안 거의 대부분 로드맵 작성과 논의에만 머물고 있을 뿐 실질적으로 진전된 것이 없고, 행정수도 건설 좌절의 여파로 공공기관 지방이전이 지체되고 있는 까닭에, 비전에 따른 정책 실행이 안 되고 있는 문제점을 지적할 수 있다. 그리고 경제와 사회의 양극화에 대응한 정책 추진이 없는 상태에서 균형발전정책만 추진되고 있다.

아울러, 현재 참여정부가 제시하고 있는 국가균형발전 비전을 보면 혁신주도 발전에 치중하여, '참여-연대-생태'에 기초한 '대안적 지역발전'이란 비전이 취약하다. 특히 복지공동체 실현이란 연대와 지속가능발전이란 생태의 개념이 거의 보이지 않는다. 이는 앞서 제시한 통합의 원리가 국가균형발전의 비전에 완전히 포함되고 있지 못함을 의미한다.

요컨대, 분권과 통합 정책이 지체되고 있는 상태에서 혁신 정책만 앞서 가고 있는 양상을 보이고 있다. 분권, 혁신, 통합 정책은 강한 제도적 보완성(institutional complementarity)을 가지기 때문에 하나의 패키지로 추진되어야 효과가 나타날 수 있음에도 불구하고 현재 그렇지 못한 한계가 있다.

3. '혁신주도 동반성장'을 통한 국가균형발전 실현의 정책 과제

참여정부의 동반성장전략은 위에서 제시된 통합의 원리에 기초하고 있다. 여기에 혁신의 원리가 결합되어 '혁신주도 동반성장'이 될 때 그것은 지속가능발전 비전에 부합한다고 할 수 있다.

한편, 우리나라에서 국가균형발전은 무엇보다 수도권과 지방 간의 균형발전을 통해 실현되지만, 수도권과 지방 간의 균형발전 그 자체는 첨단산업과 전통산업 간, 대기업과 중소기업 간, 수출 부문과 내수 부문 간, 도시와 농촌 간의 긴밀한 산업 연관과 교류관계를 통한 동반성장이 뒷받침되어야 가능하다. 수도권과 지방이 모두 혁신주도 성장을 지향하면서 동반성장을 할 수 있을 때 수도권과 지방 간의 균형발전을 중심으로 하는 국가균형발전이 가능할 것이다.

오늘날 대부분의 지방경제를 구성하고 있는 것은 내수를 지향하면서 전통산업에서 활동하는 중소기업이나 농업경제이기 때문에, 혁신과 통합의 원리에 기초하여 농업을 살리고 중소기업을 육성하며 전통산업을 발전시키고 내수를 진작하는 것이 곧 지방경제를 활성화시키는 길이고 국가균형발전을 실현하는 길이다. 요컨대, 국가균형발전이 이루어지려면 '혁신주도 동반성장' 체제가 구축되어야 한다.

'혁신주도 동반성장' 체제를 통해 국가균형발전을 실현하기 위한 정책 과제는 다음 다섯 가지로 집약될 수 있다.

1) 획기적 지방분권 개혁을 통한 다극발전체제의 형성

지방분권 없이 지역혁신 없기 때문에, 무엇보다 먼저 획기적인 지방분권 개혁이 선행되어야 한다. 이러한 획기적 지방분권을 통해 지역권역별로 다극발전체제가 형성되어야 한다. 다극체제는 지역 간 동반성장체제라 할

수 있다. 수도권일극발전체제를 넘어서는 다극발전체제가 형성되어야 수
도권 집중을 막을 수 있고 자기중심성과 자생력을 가지는 지역경제의 발전
이 가능하기 때문에, 국가균형발전정책은 다극발전체제 형성에 초점이 모
아져야 한다.

　보충성의 원칙에 기초하여 행정분권과 세출과 세입의 자치가 보장되는
재정분권이 실현되도록 권한이양이 이루어지고, 교육자치·경찰자치뿐만
아니라 문화자치 나아가 산업자치를 실시할 수 있는 제도적 기초가 갖추어
져야 한다. 특히 지역단위에서 산업정책, 인적자원개발정책, 금융정책 등
을 종합적으로 기획하고 추진할 수 있는 산업자치는 지역혁신에 필수적
조건이다. 현재 우리나라의 자치는 취약한 행정자치에만 머물고 있고 산업
자치의 비전이 없다.

　2003년 12월에 제정된 「지방분권특별법」에는 권한이양과 재정분권에
관한 선언적 규정만이 들어 있기 때문에 앞으로 관련 권한들을 한꺼번에
이양하는 '지방일괄이양법'이 반드시 제정되어야 하고 지방소비세와 지방
소득세 도입 등 재정분권에 관한 법률을 제정하는 작업을 추진해야 한다.
여러 관련 권한들이 일괄 이양되어 산업자치를 위한 제도적 기초가 갖추어
지도록 해야 한다.

　이러한 권한이양정책과 함께 공공기관의 지방이전, 지방대학 육성, 인재
지역할당제의 도입과 같은 자원분산정책이 추진되어야 한다. 수도권에 집
중된 자원을 지방에 분산할 경우, 특히 공공기관의 지방이전의 경우, 광역
권역별 다극발전체제 형성을 촉진할 수 있도록 광역 단위의 거점 지역에
집중 이전하는 방식을 채택할 필요가 있다.

　그리하여 현재의 수도권, 행정중심도시가 될 충청권, 영남권, 호남권,
강원권의 5대권을 중심으로, 대도시 기준으로 본다면 서울, 인천, 부산,
대구, 대전, 광주를 중심으로, 상대적으로 독자적인 경제권과 지역혁신체계
를 갖추고 산업자치를 할 수 있는 권역별 다극발전체제가 형성될 수 있도록

종합적 지역발전정책을 시행할 필요가 있다. 산업정책, 노동정책, 교육정책, 혁신정책, 복지정책, 환경정책 등이 결합된 종합적 지역발전정책이 권역별로 추진되어야 한다. 그래야만 현재와 같은 수도권 일극발전체제가 다극발전체제로 전환되어 국가균형발전 실현이 가능하게 될 것이다.

2) 양극화 해소를 위한 동반성장체제 구축

오늘날 우리나라에서 국가균형발전정책의 핵심은 수도권과 지방 간의 양극화를 해소하는 것이라 할 수 있다. 그런데 수도권과 지방 간의 양극화 속에서는 양극화의 다른 차원들이 작용하고 있다. 즉, 대기업과 중소기업 간, 수출 부문과 내수 부문 간, 도시경제와 농촌경제 간, 첨단산업과 전통산업 간의 양극화가 수도권과 지방 간의 양극화를 초래하는 요인이 되고 있다. 이는 낙후되고 있는 대부분의 지방경제가 중소기업, 내수시장 지향, 농촌경제, 전통산업의 비중이 높기 때문이다.

따라서 이러한 국민경제 각 부문 간에 상생의 동반성장이 일어날 수 있게 해야 한다. 현재와 같이 이들 각각의 두 부문 간에 연계가 단절되어 있거나 서로 대립하거나 혹은 지배-종속관계가 성립하고 있으면 동반성장이 일어날 수 없다.

이들 국민경제의 각 부문 사이에 혁신을 키워드로 하는 상호보완적 협력적 네트워크가 형성될 때, 동반침체가 아니라 지속적인 동반성장을 기대할 수 있다. 혁신 없는 통합은 동반침체를 가져올 수 있다. 혁신을 지향하는 통합이 이루어져야 혁신주도의 동반성장이 가능하다. 이러한 동반성장은 국민경제 각 부분의 성장잠재력을 골고루 높임으로써 양극화 해소에 기여할 뿐만 아니라 그 자체가 새로운 성장잠재력을 창출하는 과정이기도 하다. 따라서 이러한 양극화를 해소하는 동반성장체제의 구축은 곧 국가균형발전을 실현하는 길이 된다.

국민경제 각 부문 간, 즉 대기업과 중소기업 간, 수출 부문과 내수 부문 간, 도시부문과 농촌부문 간, 첨단산업과 전통산업 간에 상생의 산업 연관과 상호보완적 협력적 네트워크와 교류관계를 형성하는 경제정책과 수도권 주민과 지방주민 간의 능력 격차와 기회 격차를 줄이는 사회정책을 통해 동반성장체제가 구축될 때, 수도권과 지방 간의 격차가 해소되어 국가균형발전을 실현할 수 있을 것이다.

불평등한 하도급관계의 근절을 통한 대기업과 중소기업 간의 대등한 거래관계의 형성, 대기업과 중소기업 간 공동기술개발 등을 통한 윈-윈 모델 창출, 수출기업의 국내 아웃소싱 증대, 부품소재산업의 육성, 혁신적 중소기업의 육성, 산학협력을 통한 지방대학의 지방 중소기업 육성 등은 동반성장체제 구축에 기여할 것이다.

농업·토착자원·문화·생태가 결합된 농촌의 내생적 발전, 도시와 농촌 간의 상생의 교류관계의 형성(박상일 2004), 농업혁신·농촌혁신·농민혁신을 포함하는 '삼농혁신(三農革新)' 등은 낙후된 농촌을 신활력지역으로 거듭나게 할 수 있을 것이다. 아울러, 정보기술(IT), 생명기술(BT), 나노기술(NT)등 신기술이 적용된 첨단산업과 섬유, 기계, 철강 등 전통산업이 융합하여 상생 발전하는 협력관계를 형성하는 것은 전통산업이 중심이 되어 있는 지방경제를 살리는 길이 될 것이다.

수도권 주민과 지방주민 간의 디지털 격차(digital divide), 지식 격차, 교육기회 격차, 문화향유기회의 격차를 줄이는 과학기술정책과 교육정책, 문화정책 등이 실시되어야 한다. 특히 수도권과 지방 간의 교육문화 기회의 격차를 줄이는 정책은 수도권 주민과 지방주민 간의 능력 격차를 줄이는 주요한 수단이 될 것이다.

이상과 같이 양극화 해소를 위한 동반성장체제는 권역별 다극발전체제와 함께 국가균형발전을 실현하는 두개의 기축이 될 것이다.

3) '혁신주도 동반성장'을 위한 정부혁신

'혁신주도 동반성장'을 위한 정부혁신 방향은 글로벌화와 지방분권 시대에 지식기반경제 실현에 적합한 정부의 역할을 재정립하고 정부의 효율성을 높이기 위한 것이어야 한다. 비유컨대, 정부 역할의 재정립은 생산시스템에서 제품혁신에 해당되고 정부 효율성의 증대는 공정혁신에 해당한다. 그동안 참여정부는 행정업무 수행방식을 개선하는 공정혁신 중심으로 정부혁신을 추진해 왔다. 사실 이보다 더 중요한 것은 어떤 행정서비스를 생산할 것인가, 즉 정부가 어떤 역할을 할 것인가 혹은 어떤 정부를 지향할 것인가 하는 것이다. 따라서 앞으로는 제품혁신 중심의 정부혁신을 추진해야 한다.

글로벌화와 지방분권 시대의 지식기반경제에서, 정부혁신은 '후기국민국가적 슘페터주의 노동연계복지국가(Post-National Schumpeterian Workfare State)'에 적합한 정부의 역할을 효과적으로 수행하는 방향으로 추진되어야 한다(Jessop, 2002). 과거 개발독재체제하 발전국가에서의 정부 역할 그 자체에 대한 혁신이 필요하다.

여기서, 후기국민국가적(Post-National)이란 국민국가의 역할이 양극 분해되는 것을 의미한다. 즉, 국민국가(National)의 경제 거버넌스의 일부가 한편으로는 글로벌(Global)수준이나 초국가적 지역수준으로, 다른 한편으로는 일국 내의 지역(Local)수준으로 이전되는 것을 말한다. 이는 21세기 글로벌화 시대와 지방분권 시대의 도래에 대응한 국민국가의 진화 방향이라 할 수 있다. 이제 국민국가는 글로벌 수준의 거버넌스와 지역수준의 거버넌스를 구축하고 그 기능을 강화하는 새로운 역할을 해야 한다. 이를 위해서는 국민국가의 권한의 상방이동과 하방이동이란 양극분해가 요청된다(神野直彦, 2000).

'슘페터주의 노동연계복지국가'는 국가혁신 혹은 지역혁신과 같은 공급 측면에서의 개입을 통해 국가경쟁력을 높이는 경제정책을 실시하고, 교육훈련시스템의 질적 개선을 통해 노동자들의 학습능력을 높여 지식기반경제에 통합될 수 있는 인적자원을 개발하는 적극적 노동시장정책을 지향한다(若森章孝, 2004). 여기서 정부는 한편에서 혁신을 촉진하고 다른 한편에서는 통합을 실현하는 역할을 해야 한다. 통합을 실현하는 방식은 노동자를 노동시장에 참가시켜 일자리를 통한 복지를 실현하는 것, 즉 노동연계복지를 실현하는 것이다.

이러한 슘페터주의 노동연계복지국가는, 수요측면에서의 개입을 통해 거시경제순환의 규칙성을 유지하고 실업수당 등 사회보장급부금에 의해 실업자를 소비자로 경제시스템에 통합시키는 것을 지향하는 케인스주의적 복지국가와 대비된다. 케인스주의 복지국가는 20세기 포드주의 대량생산경제에서의 대량생산경제에서는 성장과 통합에 유효했으나, 지식기반경제에서는 혁신과 통합의 효과가 약하다.

참여정부가 '혁신주도 동반성장'을 지향한다면, 정부혁신은 이처럼 지식기반경제에서 혁신을 추동하고 양극화를 방지하는 슘페터주의 노동연계복지국가를 실현하는 방향으로 추진해야 할 것이다. 지방분권을 추진하고 노동자 및 국민과 지역의 혁신역량을 높이며, 실업자와 저소득층에 대한 인적자원개발투자를 통해 사회통합을 실현하는 정부 역할을 정립하고, 이를 위한 정부의 정책 기획능력과 조정능력을 향상시키는 것, 이것이 정부혁신의 주된 방향으로 설정되어야 한다. 이때, 정부혁신이 '분권-혁신-통합'에 기초한 국가균형발전의 실현에 기여할 수 있을 것이다.

다른 한편, 중앙정부와 지방정부 수준에서 민관 파트너십에 기초한 민주적 거버넌스(democratic governance)를 실현하는 방향으로 정부의 역할과 기능을 조정하는 정부혁신이 이루어져야 한다. 참여정부 출범이후 설치된 12개 국정과제위원회와 지역혁신협의회는 대표적인 거버넌스 기구이다. 이 외에도 이전부터 존재해 온 노동 관련 거버넌스인 지역노사정협의회,

환경관련 거버넌스인 지방의제21추진협의회 등이 있다. 이러한 거버넌스가 참여-연대-생태의 기본 가치를 공유하면서 분권-혁신-통합을 지향하는 인사들로 구성될 때 민주적 거버넌스로 될 수 있을 것이다. 여기서 균형발전을 위한 지역혁신을 추동할 지역 거버넌스인 지역혁신협의회가 민관 파트너십에 기초하여 혁신적인 인사들로 구성되어 지역혁신, 복지공동체, 지속가능 발전을 위한 민주적 거버넌스가 되도록 하는 것이 무엇보다 중요하다(Kim Hyung-Kee, 2004).

민주적 거버넌스 시스템에서 중앙정부와 지방정부는 다양한 '거버넌스의 거버넌스(governance of governance)'가 될 수 있도록 조정자(coordinator) 역할을 해야 한다. 거버넌스 시스템을 통해 정부는 문제해결에 있어서 정부와 시장 간의 균형뿐만 아니라 정부와 시민사회 간의 균형을 취할 수 있도록 해야 한다. 분권-혁신-통합을 위한 조정자로서 정부가 조정능력과 전략적 지도력을 갖추는 것, 이것이 정부혁신의 기본 방향이 되어야 할 것이다.

4) 지속가능한 혁신을 위한 총체적 지역혁신

역동적 균형발전을 위한 지역혁신이 지역 전반에 확산되고 지속가능하려면 기술혁신, 제도혁신, 문화혁신 이란 세 차원을 포함하는 총체적 지역혁신이 이루어져야 한다. 지역혁신체제는 이 세 가지 혁신을 포함하는 총체적 지역혁신이 일어나야 지역발전을 가져올 수 있다(김형기, 2004).

기술혁신은 지역 사회 내의 제도와 문화에 뿌리내릴 때 출현한다는 점에서 제도적 착근성을 가진다(이철우, 2000). 다시 말해, 기술혁신은 그것에 적합한 제도혁신 및 문화혁신과 결합될 때 제대로 이루어질 수 있다.

제도혁신은 기술혁신을 촉진하는 분권, 자율, 네트워크 조직으로의 조직혁신을 하고, 혁신을 저해하는 게임의 규칙을 철폐하며 혁신을 촉진하는 게임의 규칙을 제정하는 것이다. 기업, 대학, 정부 등 각 조직에서 혁신을 촉진하는 자원배분 방식, 평가방식, 인센티브 방식, 감사방식이 정립되어야 한다. 특히 기존의 시설투자 중심의 정부지출로부터 사람에 대한 직접투자, 즉 인적자원투자 중심의 정부지출로 전환하는 획기적인 재정개혁이 필요하다.

문화혁신은 '혁신하려는 의지'를 가진 혁신 주체를 창출하는 데 기여하는 비판의식, 모험심, 도전정신, 실패에 대한 관용정신 등이 보편화되고, 혁신주체 간의 긴밀한 상호작용을 위한 네트워킹에 기여하는 신뢰와 협력의 인간관계가 형성되는 것을 말한다. 오늘날 네트워크 경제에서 경제주체들 간의 신뢰와 협력은 경제시스템의 생산성을 높인다는 점에서 사회자본으로 간주된다. 지역혁신을 위해서는 물적 자본과 인적자본뿐만 아니라 사회자본이 필요하다.

이러한 총체적 지역혁신이 일어나려면, 지방정부, 대학, 테크노파크, 연구기관, NGO등 지역주체들이 자기혁신하면서 혁신을 촉진하는 새로운 제도와 문화를 함께 만들어가야 한다. 이러한 일은 일차적으로 지역의 몫이지만, 중앙정부도 제도혁신과 문화혁신을 위한 법제도의 확충과 시민사회 지원 정책을 실시할 필요가 있다.

현재, 정부의 지역혁신 정책은 기술혁신 차원에만 머물고 있다. 기술혁신을 촉진하는 제도혁신과 문화혁신을 위한 정책 프로그램이 지역혁신 정책에 결합되어야 한다. 지속가능한 지역혁신을 위한 총체적 지역혁신이란 방향으로 지역혁신 정책의 전환이 필요하다.

5) 강력한 국가균형발전 추진체계의 구축

참여정부 2년차에 처음 실시된 국가균형발전사업에 대한 평가 결과, 중앙 부처 간의 업무 중복과 업무 분단이 자치단체에 그대로 투영되어

종합적 지역혁신 발전계획 수립이 어렵다는 것이 확인되었다(국가균형발전 사업평가위원회, 2004). 또한 지역수준에서의 국가균형발전 추진기구인 지역혁신협의회는 현재 기획능력과 집행력이 매우 취약한 상태에 있다. 지방분권 개혁도 중앙공무원의 소극적 자세와 기득권 방어 노력 때문에 로드맵에 따른 일관된 추진이 잘 안 되고 있는 것으로 평가되고 있다. 이러한 현실은 강력한 부처 조정력과 집행력을 가진 국가균형발전 추진체계의 필요성을 제기해 준다.

세계적으로 유례를 찾기 어려운 중앙집권-서울일극집중 발전체제가 지방분권-다극발전체제로 전환되는 이행기에는 강력한 조정력과 집행력을 갖춘 중앙정부 수준의 부처급 기구와 지방정부 수준의 독자적 기구가 필요하다. 이를 위해 단기적으로는 국가균형발전위원회를 행정기구로 전환시키고 지역혁신협의회 산하에 지역혁신기획단을 설치할 필요가 있다. 장기적으로는 국가균형발전의 강력한 추진을 위한 기구로 중앙정부에 '국가균형원'(가칭)을 설치하고 지방에 '지역발전청(Regional Development Agency: RDA)'을 설치하는 방향으로 법 개정을 추진할 필요가 있다.

국가균형원은 국가균형발전위원회뿐만 아니라 지방분권위원회도 행정적으로 뒷받침하는 기구여야 한다. 사실 지방분권과 국가균형발전은 분리될 수 없다. 권한이양과 자원분산은 함께 추진되어야 하기 때문이다. 지방분권위원회와 국가균형발전위원회의 집행기구로서 부총리급을 장으로 하는 국가균형원을 설치하여 지방분권 정책과 균형발전정책을 총괄 집행해야 한다.

과거 개발독재 시절에 중앙집권적 경제개발계획기구로 경제기획원을 설치했다면, 이제 중앙집권체제에서 지방분권체제로 이행하는 과도기에는 권한이양과 자원분산을 위한 기구로 국가균형원을 두는 것이 효과적일 것이다. 천년의 역사를 가진 강고한 중앙집권체제와 수백 년의 역사를 가진 강력한 서울집중체제를 분권적 분산체제로 이행시키려면 과거의 경제기획원에 견줄 만한 부처 간 조정력과 집행력을 가진 부처가 필요한 것이다.

국가균형원의 지방수준의 파트너로서 지역발전청은 지역혁신협의회의 집행기구로서 역할을 하게 될 것이다. 지역발전청은 대학, 테크노파크, 기업, 자치단체, 연구소 등이 참여하는 공사형태의 기구로서 지역혁신 주체들을 연결하는 네트워킹과 혁신활동을 지원하는 역할이 부여될 것이다. 결국 지역발전청(집행기구)은 지역혁신협의회(심의기구)와 함께 지역혁신추진기구가 되는 셈이다. 지역발전청은 지방수준에서 국가균형원과 파트너십을 맺고 지역혁신정책을 총괄하여 집행하게 될 것이다. 지역발전청의 역량 강화 정도에 연동하여 시간이 지남에 따라 중앙정부의 국가균형원의 권한이 점차 지역개발청으로 이양되어 더 완전한 분권적 균형발전추진 시스템으로 전화되도록 해야 할 것이다. 이제 지방분권 시대에서 바람직한 국가균형발전 추진체계와 지역혁신체제 간의 관계를 보면 <그림 6-1>과 같다.

중앙정부에서는 대통령 소속의 지방분권위원회와 국가균형발전위원회가 권한이양과 자원분산, 지역혁신의 추진과 지원을 위한 계획을 수립하고 국가균형원은 그 계획을 실행한다. 지방정부에서는 광역시·도(혹은 그 연합), 기초시군구(혹은 그 연합)의 지역혁신협의회가 지역혁신계획을 수립하며 지역발전청이 이를 집행한다. 국가균형원과 지역발전청은 파트너십과 투자협약을 통해 함께 지역발전정책을 추진한다.

지역혁신협의회와 지역발전청에 참여하는 대학, 테크노파크, 연구소, 기업, 지방정부, NGO를 중심으로 지역혁신체제가 구축된다. 지역혁신체제는 기술혁신, 제도혁신, 문화혁신이란 3대 혁신이 함께 추진되어야 실효를 거둘 수 있다. 이러한 총체적 지역혁신 과정에서 기업은 대학, 연구소, 테크노파크 등과 협력하여 직접적으로 기술혁신을 추진하고, 자치단체는 중앙정부와 협력하여 지역혁신을 촉진하는 제도혁신에 주력하며, 대학은 한편으로는 산학협력을 통해 기술혁신에 다른 한편으로는 지역 NGO와

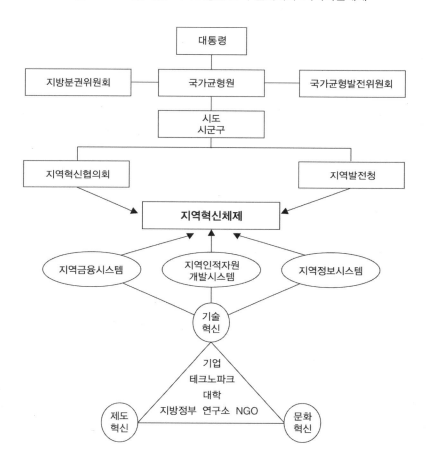

<그림 6-1> 바람직한 국가균형발전 추진체계와 지역혁신체제

협력하여 문화혁신에 주력하는 역할 분담이 필요하다. 그리고 기술혁신을 뒷받침하는 지역인적자원개발시스템(두뇌), 지역금융시스템(혈액), 지역정보시스템(신경) 등 3대 지원시스템을 구축하는 것이 필수적이다.

4. 맺음말

분권-혁신-통합의 원리는 혁신주도 동반성장체제 구축을 통해 국가균형발전 실현에 기여할 것이다. '혁신주도 동반성장체제'는 한국경제를 인간중심경제, 지식기반경제, 지속가능경제, 참여-연대-생태의 시장경제를 내용으로 하는 선진경제로 도약시킬 것이다. 그리하여 1997년 외환위기를 계기로 생명력을 다한 기존의 발전모델인 개발독재 모델과 그것을 대체하려는 신자유주의 발전모델을 넘어서는 대안적 발전모델을 실현하는 토대가 될 것이다.

대안적 발전모델은 인간중심 발전, 혁신주도 발전, 지역균형 발전, 지속가능 발전을 그 구성 요소로 포함해야 할 것이다. 그것이 지향하는 기본가치는 참여-연대-생태가 되어야 할 것이다. 참여정부의 국가균형발전정책이 이러한 대안적 발전모델 실현에 기여하려면, 현재의 국가균형발전정책의 비전을 확장하고 대안적 발전모델 실현을 위한 정책프로그램을 확충할 필요가 있다.

획기적 지방분권을 통한 권역별 다극발전체제의 형성과 양극화 해소를 위한 동반성장체제의 구축은 국가균형발전정책의 양대 축을 이루어야 한다. 이를 위해서는 산업정책, 노동정책, 교육정책, 복지정책, 지역혁신정책, 환경정책이 국가균형발전의 큰 틀 속에서 제도적 보완성을 갖추면서 상호연계되어 동시에 추진되어야 한다. 정부혁신과 지역혁신은 이러한 양대 국가균형발전정책을 효과적으로 추진하는 방향으로 이루어져야 한다.

이러한 국가균형발전정책들이 대전환기에서 이행을 추동하고 위기를 관리하여 대안적 발전모델 실현에 기여하려면, 현재보다 강력한 추진체계를 갖추어야 한다. 그리고 이러한 추진체계는 다수의 국민들이 국가균형발전의 비전을 공유하고 정책 프로그램을 신뢰하며 적극 동참할 때 탄력을 받게 될 것이다.

아울러 국민들이 '혁신하려는 의지'를 가지고 있고, 지역 주민들이 '자치하려는 의지'를 가지고 있으며, 시민사회에 신뢰와 협력이라는 사회자본이 풍부하게 축적되어 있고, '하나의 한국(One Korea)'이 국민들의 지배적인 가치관 중의 하나로 자리 잡고 있으며, 노-사-정-민(勞使政民) 4주체 사이에 대안적 발전모델을 향한 사회적 대타협이 이루어질 때, 분권-혁신-통합에 기초한 국가균형발전의 실현 가능성이 높아질 것이다.

참고문헌

국가균형발전사업평가위원회. 2004. 『2005년도 국가균형발전사업 예산신청 검토 보고서』.

김형기. 2000. 「지방분권과 지역혁신: 지역발전의 새로운 비전」. 『한국민족문화』. 부산: 부산대 한국민족문화연구소

_____. 2002. 「지방분권과 대안적 지역발전모델」. 이정식·김용웅 엮음. 『세계화와 지역발전』. 서울: 한울아카데미.

_____. 2004. 「지방분권시대 지역혁신을 통한 한국사회의 발전」. 박준식 외. 『분권과 혁신』. 서울: 한림과학원총서.

_____. 2005. 「국가균형발전정책의 평가와 과제」. 서울사회경제연구소 심포지엄 발표 논문.

_____ 엮음. 2002. 『지방분권 정책대안』. 서울: 한울.

_____ 엮음. 2002. 『21세기 한국의 대안적 발전모델』. 서울: 한울.

박 경. 2000. 「지식기반경제하의 지역발전전략」. 한국사회경제학회·한국공간환경학회 공동학술대회 논문.

_____. 2000. 「한국자본주의와 지역 사회경제-지역불균등발전의 정치경제학」. 한국사회경제학회·한국공간환경학회 공동학술대회 논문.

박상일. 2004. 『지방분권시대 지역살리기』. 서울: 이소북.

성경륭. 2004. 「국가균형발전의 비전과 과제」. 『국가균형발전으로 가는 길(I)』. 서울: 국가균형발전위원회

이철우. 2000. 「신산업환경과 지역혁신시스템」. 대구사회연구소·영남대 영남지역발전연구소. 『21세기 새로운 지역발전모델: 국가· 지역혁신시스템』.

허재완. 2002. 『권역별 전략산업의 배분』. 서울: 전국경제인연합회.

金子 勝. 2002. 「지방분권화의 과제: 일본의 교훈」. 대구사회연구소 창립10주년 기념 심포지엄. <지방분권과 지방민의 삶>.

若森章孝. 2004. 「知識集約的資本主義への轉換期における國家·ガバナンス·雇用政策」. 경북대 새정치경제학 연구팀 국제심포지엄 발표논문.

神野直彦. 2000. 「21세기 새로운 분권화 모델」. 제10회 21세기 발전모델 포럼 발표논문.

Jessop, Bob. 2002. *The Future of the Capitalist State.* London: Polity Press

Kim, Euijune & Jeong, Younhee. 2003. "Decomposition of Regional Income Inequality in Korea." *Review of Regional Studies,* Vol. 33, No. 2.

Kim, Hyung Kee. 2004. "Alternative Regional Development Based on Decentralization and Innovation." Background Paper to the 6th Global Forum on Reinventing Government.

Hilbert, Ulrich(eds.). 1991. *Regional Innovation and Decentralization.* London and New York: Routledge.

Progressive Policy Institute. 1999. *Rules of the Road: Governing Principles for the New Economy.* Washington, D.C.: Progressive Policy Institute.

제3편 | 대안적 발전모델을 위한 노사관계와 노동운동의 혁신

제7장

새로운 한국형 노사관계 모델 구축을 위한 정책 방향*

1. 새로운 한국형 노사관계 모델을 향하여

1987년 이후 현재까지 한국의 노사관계는 어떤 하나의 새로운 유형으로 정착하지 못한 채 표류해 왔다. 1987년 이전에는 대부분의 기업들에서 자본의 전제지배가 관철되는 종속적 노사관계가 유지되어 왔다. 그러나 1987년 노동자투쟁을 계기로 노동조합이 다수 결성되고 어용노동조합이 민주화되면서 노동자들의 투쟁력과 교섭력이 강해짐에 따라 종속적 노사관계가 붕괴하고 노사가 서로 대립·투쟁하는 대립적 노사관계가 형성된다.

지난 16년 동안 이 대립적 노사관계는 노사관계를 인간화하고 민주화하는 데 일정하게 기여했지만 소모적이고 비생산적인 성격이 강했다. 노동조합의 파업투쟁 일변도에 사측의 강경대응 일변도가 맞서고 지루한 소모적인 단체교섭이 진행되어 왔다. 서로 불신하고 서로 발목을 잡으며 서로를 약화시키는 상극의 경직적인 노사관계가 지속되어 왔다.

그 결과 노사 모두가 잃는 네거티브 섬 게임이 초래되었다. 1997년의 파국적 경제위기를 초래한 경제체제 내부적 요인 중의 하나를 이러한 비생산적인 노사관계에서 찾을 수 있다는 분석은 일리가 있다. 1987년 노동자

---

* 이 글은 김형기·이문호·신인아, 「삶의 질 향상을 위한 노사관계 발전방향」(청와대 삶의질향상기획단 보고서, 2002) 중 정책과제 부분 내용에 기초하여 작성한 글임.

투쟁에서 1997년 외환위기에 이르기까지 10년간 지속된 이러한 소모적인 대립적 노사관계는 한국 노사관계에서 '잃어버린 10년'을 귀결했다.

1997년 경제위기 발발이후 IMF 관리체제 아래 정리해고제가 도입되고 대대적인 구조조정이 진행되면서 한국 노사관계는 대립적 노사관계에서 신자유주의적 노사관계로 전환한다. 노동시장의 유연성을 추구하는 노사관계는 고용불안과 임금불평등을 심화시켜 노동자들의 새로운 저항을 불러일으키고 또 다른 소모적인 갈등을 빚어냈다.

물론 이러한 노사관계를 극복하려는 시도가 없었던 것은 아니다. 김영삼 정부의 노사관계개혁위원회와 김대중 정부의 노사정위원회는 대립적 노사관계를 극복하려는 협력적 노사관계 구축을 시도했다. 이 과정에서 노동자의 경영참여, 노-사-정의 사회적 합의가 의제로 제기되고 부분적으로 실천되기도 했다. 노무현 정부에서는 참여와 복지를 강조하는 사회통합적 노사관계를 제시했다.

과거 정부의 협력적 노사관계 구축 시도는 실패했다. 참여정부에 들어와 제시된 사회통합적 노사관계 구축 시도가 성공할 조건은 무엇인가? 새로운 한국형 노사관계 모델은 어떠해야 하며 그것을 구축하기 위한 정책 방향은 무엇인가? 이 글에서 우리는 새로운 한국형 노사관계 모델 구축을 위한 노사대타협의 조건을 밝히고, 대안적 교섭체계로서의 중층적 교섭체계를 제안하며, 나아가 노동자의 삶의 질 향상을 위한 참가적 노사관계와 사회통합적 노사관계 실현을 위한 정책 방향을 제시하고자 한다.

2. 노사대타협의 조건: '이해관계자 자본주의' 실현

1997년 이후 한국의 사용자들은 노동시장 유연성과 노동자 경영배제를 추구하는 미국형 신자유주의 노사관계 모델을 지향해 왔다. 이에 대응하여 노동조합들은 대체로 산업별 노조체제에서 노동시장 안정성과 노사공동결정을 추구하는 독일형 중범위 코포라티즘(meso-corporatism)적 노사관계 모델을 지향해 왔다고 할 수 있다. 1997년 이전까지는 기업별 노조체제에서 노사합의를 추구하는 일본형 미시 코포라티즘(micro-corporatism)을 지향하는 경향이 사측에게 강했다.

한편, 정부는 1990년대 초부터 노-사-정의 중앙교섭을 지향하는 사회적 합의를 추구해 왔다. 김영삼 정부의 노사관계개혁위원회 설치가 그 서막이고 김대중 정부의 노사정위원회 구성이 본격적 시도이었다. 노무현 정부에 들어와서는 노사정위원회를 강화하려고 하고 있다. 중앙수준에서의 노사정의 사회적 합의를 추구하려는 이러한 시도는 일종의 거시 코포라티즘 (macro-corporatism)이라 할 수 있다.

이와 같은 노-사-정의 서로 다른 지향점들의 전체적 구도 속에서 한국형 새로운 노사관계 모델이 정립될 것이다. 만약 노-사-정이 지금까지의 자신들의 지향점을 바꾸지 않는다면, 현실적인 노사관계의 모습은 서로 다른 지향을 가진 벡터들의 합력의 지점에서 결정될 것이다. 노사가 정반대의 지향을 가지고 팽팽히 맞선다면 어디로도 나아가지 못하는 소모적인 교착 상태가 지속될 것이다. 현재 우리나라 노사관계의 양상은 이러한 교착 상태에 가깝다고 판단된다.

이러한 교착 상태를 타개하고 더 높은 수준의 평형 상태로 나아가기 위해서는 노동자들의 삶의 질 향상과 기업경쟁력 강화라는 두 목표를 동시에 추구하여 노사가 공통이익을 누릴 수 있는 상생의 노사관계를 구축하는 대타협이 필요하다. 이 대타협은 서로가 지향점을 약간씩 수정하거나 유연하게 추구할 때 가능할 것이다.

노동시장의 유연화와 같은 신자유주의 정책을 실시하더라도 사용자가 일방적으로 추진하는 '자유주의적 유연성(liberal flexibility)'이 아니라 노사 협의에 기초한 유연성, 즉 '조정된 유연성(coordinated flexibility)'(Schmid,

1993)을 추구해야 할 것이다. 노동조합들은 노동시장의 안정성을 추구하더라도 노동시장의 유연성을 위한 협의에 참가해야 할 것이다. 만약 외부 노동시장의 유연화에 반대한다면 그 대신 내부 노동시장의 유연화, 즉 노동력의 유연한 사용을 위한 노동과정의 유연화에 동의해야 할 것이다. 그래서 외부 노동시장도 경직적이고 내부 노동시장도 경직적인 상황을 극복해야 할 것이다.

노사대타협을 위해서는 그것에 적합한 정부의 경제정책 기조를 확고히 설정해야 한다. 주가수익의 극대화를 위해 노동시장의 수량적 유연성과 기업의 단기 정태적 효율성만을 추구하며 기업 의사 결정에 노동이 배제되는 금융주도의 주주 자본주의(shareholder capitalism)가 아니라, 일자리 창출의 극대화를 위해 노동시장의 기능적 유연성, 적극적 노동시장정책에 기초한 동태적 고용 안정, 기업의 장기 동태적 효율성을 추구하며 기업 의사 결정에 노동이 참가하는 이해관계자 자본주의(stakeholder capitalism)를 지향해야 한다.

현재 정부의 경제정책은 주주 자본주의 방향으로 설정되어 있다. 금융시장이 노동시장과 생산물 시장을 지배하는 주주 자본주의 아래에서는 노사 간에 승패게임(win-lose game)이 이루어져 노사갈등만 증폭될 가능성이 높으므로 노사대타협을 기대할 수 없다. 경제정책 기조가 이해관계자 자본주의로 설정되어야 노사가 상생하는 승승게임(win-win game)이 가능하므로 노사대타협을 기대할 수 있다. 현재 정부가 주주 자본주의를 지향하는 경제정책 기조를 설정하면서 노사대타협을 시도하는 것은 자가당착이다.

3. 대안적 교섭체계: 중층적 교섭체계

노사대타협을 위해서는 합리적인 노사교섭체계를 새로이 정립해야 한다. 엄청난 교섭비용이 수반되어 매우 소모적이고 불합리한 단체교섭체계와 관행을 개혁해야 한다. 이를 위해서는 서로 양보하고 타협하고 관용하는 노사 양측의 교섭문화를 함양하는 것도 중요하지만, 이보다 더 중요한 것은 이제 그 한계와 모순이 명백하게 드러난 기업별 교섭체계를 극복해야 한다.

생산의 이슈보다는 분배의 이슈 중심으로 이루어지는 우리나라의 기업별 교섭에서는 교육이나 복지 문제와 같이 기업수준에서 해결될 수 없거나 사회수준 혹은 국가수준에서 해결하는 것이 더 효과적인 의제들이 다루어지고 있다. 독점대기업과 경쟁적 중소기업 간의 양극구조와 기업별 노조체제 아래에서 진행되는 기업별 교섭의 결과, 노동자들 내부의 임금 격차와 복지 격차가 크게 확대되고 노동자들의 분할이 심화되어 왔다. 기업별 분산 교섭체계에서는 노-사-정의 사회적 합의 도출을 위한 중앙교섭이 효과적으로 추진될 수 없다.

이처럼 노사양측 모두 그리고 사회적으로도 불합리한 기업별 교섭체계를 어떻게 극복할 것인가? 한편으로는 산업별 교섭체계를 정립해야 한다. 여기서는 산업표준 임금을 위한 임금교섭과 산업특수 숙련 형성을 위한 숙련교섭이 이루어져야 한다. 다른 한편으로는 지역별 교섭이 이루어져야 한다. 노동시장의 지역성과 지방분권 시대에 지방에서의 일자리 창출의 중요성에 비추어 지역수준에서 노사 대표들이 일자리 창출, 지역인적자원 개발, 지역경제 발전 등의 이슈를 중심으로 교섭할 필요가 있다. 이를 위해서는 노동운동이 산업별 노조체제 구축에만 집착할 것이 아니라 지역별 노조체제 구축에도 노력해야 할 것이다.

기업수준에서는 숙련향상을 위한 숙련교섭, 생산성 향상을 위한 생산성 교섭과 추가적 임금 교섭 중심으로 한 기업별 교섭이 이루어져야 할 것이다. 노사정위원회를 중심으로 한 중앙교섭에서는 노사의 이해와 직접 관련된 노동정책, 사회정책, 경제정책 등을 교섭하는 정책교섭이 이루어져야 할 것이다.

<그림 7-1> 대안적 교섭체계: 중층적 교섭체계

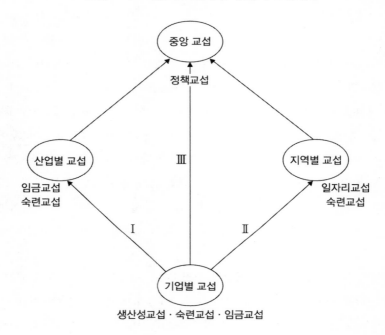

이러한 대안적 교섭체계를 나타낸 것이 <그림 7-1>이다. 지난 10년 동안 우리나라는 기업별 교섭체계에서 중앙교섭을 시도해 왔다. 노사관계 개혁위원회와 노사정위원회의 활동은 바로 그러한 시도이었다. 분권적이고 고립분산적인 기업별 교섭에 무게 중심이 두어진 상태에서 중앙교섭이 제대로 추진될 리 없었다. 기업별 교섭에서 곧 바로 중앙교섭으로 나아가는 경로(III)은 효과성이 적다. 중앙교섭이 효과적으로 이루어지기 위해서는 산업별 교섭이나 지역별 교섭이라는 매개가 필요하다.

1987년 노동자대투쟁이후 노동운동은 산업별 노조 건설을 추진해 왔다. 그래서 지금까지 산업별 노조가 다수 조직되고 몇몇 산업에서는 산업별 교섭이 이루어지고 있다. 그런데 중앙교섭으로 나아가는 길로서 노동운동은 기업별 교섭 → 산업별 교섭 → 중앙 교섭이란 경로(I)만을 추구해 왔다. 이제 중앙교섭으로 나아가는 새로운 경로, 즉 기업별 교섭 → 지역별 교섭 → 중앙 교섭이란 경로(II)를 함께 추구해야 한다.

이와 같이 서로 교섭내용을 달리하는 중층적 교섭체계가 구축된 기초 위에서 노사 간에 정보공유, 의사 결정권 공유, 이윤공유가 이루어지는 '공유경영'이 이루어지고, 교섭에 기초한 참가, 참가에 기초한 협력을 추구하는 참가적 노사관계를 지향하는 노동운동이 정립될 때, 새로운 한국형 노사관계 모델의 정착을 전망할 수 있을 것이다.

4. 노동자의 삶의 질 향상을 위한 노사관계 정책 방향

노동자의 삶의 질은 노동과정에서의 노동생활의 질과 노동력 재생산 과정에서의 생활수준에 의해 결정된다.

노동생활의 질은 노동의 질, 임금, 노동시간, 노동강도, 직무 자율성 등과 같은 요인들에 의해 결정된다. 노동생활의 질을 높이기 위해서는 노동자들이 노동조건을 결정하는 기업경영에 참가하는 참가적 노사관계가 실현되어야 한다. 노동력 재생산 과정에서 생활수준을 높이기 위해서는 노동자들의 복지가 향상되는 사회통합적 노사관계가 실현되어야 한다.

요컨대 노동자의 삶의 질을 높이는 노사관계는 기업수준과 사회수준의 '참가적 노사관계'와 사회수준의 '사회통합적 노사관계'로 설정할 수 있다. 이러한 대안적 노사관계를 구현하기 위해서는 노동자들의 참가와 복지라는 두 축의 정책 방향이 필요하다(김형기·이문호·신인아, 2002).

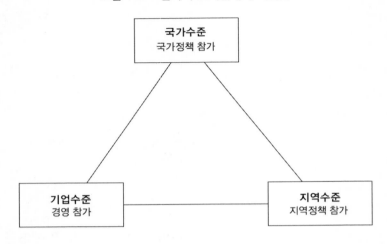

<그림 7-2> 참가적 노사관계의 차원들

국가수준
국가정책 참가

기업수준
경영 참가

지역수준
지역정책 참가

1) 참가적 노사관계를 위한 정책 방향

　노동자들의 참여 실현을 위해서는 기업수준의 경영 참가와 국가수준의 국가정책 참가, 지역수준의 지역정책 참가라는 세 차원의 정책 수립이 필요하다. 여기서 기업수준의 경영 참가, 노사정위원회의 기능 강화를 통한 국가수준의 정책참가, 지역 사회발전의 주체로 나서는 지역수준의 정책 참가의 필요성이 제기된다(<그림 7-2> 참조).

　기업수준의 경영 참가는 작업장 참가와 전략적 의사 결정 참가라는 두 수준에서 이루어질 수 있다. 작업장 참가는 생산성 및 품질 향상을 위한 작업방식의 결정 등에 참가하는 것을 말한다. 작업장 참가가 이루어지기 위해서는 노동자들의 숙련향상과 자율성 증대가 필요하다. 노동자들에 대한 교육훈련투자를 증대시키고 직무자율성을 높이는 방향으로 기업경영 방식의 변화가 필요하다.

　작업장 참가와 노동동기를 높이는 데는 노동내용이 결정적인 요소로 작용하며, 노동자들의 노동에 대한 흥미는 직무확대와 자신의 작업에 대한 책임과 권한을 가질 때 일어난다. 직무의 복잡도가 증대하고 권한이 현장으로 이양되어 직무자율성이 증대됨으로써 노동생활의 질이 개선되는 것이 생산성 향상에 도움이 될 것이다. 시장상황이 급변하고 기술체계가 점점 복잡해짐에 따라 현장에서의 분권적 의사 결정 능력이 요구되고 있기 때문이다. 작업에 책임과 권한을 가지기 위해서는 그에 상응하는 지식과 숙련화가 필요하다. 따라서 노동의 재숙련화, 지식화를 위한 교육훈련에 지속적인 투자가 이루어져야 한다.

한국에서는 제안제도와 QC가 이미 거의 보편적으로 도입되고 있고 목표관리제의 도입추세가 늘어나고 있지만, 그 활성화 정도는 아직 낮은 편이다. 그리고 팀제도 1997년까지 도입이 확대되다가 IMF 경제위기 이후 급격히 축소되고 있다. 이는 결국 아직 작업장 참가가 내실을 기하고 있지 못함을 말해준다. 따라서 작업장 참가가 그 내용면에서 확대되고 활성화될 필요가 있다.

그런데 이러한 작업장 참가가 노동자들로부터 적극적으로 이루어지기 위해서는 작업장 참가와 전략적 의사 결정 참가가 결합되어야 한다. 전략적 의사 결정 참가는 경영전략, 투자전략, 인적자원 전략 등 기업의 전략적 의사 결정에 노동자들의 대표가 참가하는 것이다. 전략적 의사 결정 참가 형태는 기업 이사회에 노동자 대표가 참가하여 발언권을 가지는 낮은 형태에서부터 노동자 이사가 이사회에 참가하는 더 높은 단계를 생각할 수 있다. 더 나아가자면 독일의 사례처럼 이사들을 임명하는 기업의 감사회에 주주대표와 노동자대표가 동수로 참가하는 공동결정제도(Mitbestimmung)를 생각해 볼 수 있다.

우리나라에서는 현재 전략적 의사 결정 참가는 거의 이루어지지 못하고 있다. 인사위원회의 노사동수 참가나 징계위원회의 노사동수 참가가 노사 간에 쟁점이 되어왔을 뿐이다. 1987년 이후 노동조합들이 전략적 의사 결정 참가 수준의 노동자 경영 참가를 요구해 왔으나 사용자들은 거의 대부분 이에 강하게 반대해 왔다. 그러면서도 사용자들은 노동자들의 능동적인 작업장 참가를 요구해 왔다. 반면 노동조합들은 작업장 참가에 대해서는 소극적인 태도를 보여 왔다.

이처럼 현재 노동자들은 작업장 참가에 소극적인 반면, 전략적 의사결정 참가를 요구하고 있다. 이에 반해 사용자들은 노동자들의 전략적 의사 결정 참가에는 부정적인 반면 작업장 참가를 요구하고 있다. 이러한 노동자 참가를 둘러싼 교착 상태는 노동자의 삶의 질과 기업의 경쟁력을 동시에 높인다는 관점에서 보았을 때 시급히 타개되어야 할 것이다.

이러한 교착 상태의 타개 방향은 노사 간에 작업장 참가와 전략적 의사결정 참가를 교환하는 합의를 하는 것이다(김형기, 1997). 즉, 노동자들이 생산성 및 품질 향상에 적극 참가하는 대가로 사용자들이 전략적 의사결정에 노동자 대표가 참가하는 것을 허용하는 것이다. 이러한 노사합의는 노동자들의 삶의 질과 기업경쟁력을 동시에 높이는 참가적 노사관계를 구축하는 데 필수적으로 전제되는 과정이 아닐 수 없다.

그런데 이러한 참가적 노사관계가 실현되기 위해서는 무엇보다 노사 간에 신뢰가 형성되고 노사 양측이 상생(Win-Win)을 위한 전략적 행동을 해야 할 필요가 있다. 그리고 노동자 참가의 제도화를 위해 「노동자경영참가법」을 제정하여 노동자 참가를 촉진할 필요가 있다. 아울러 이러한 참가적 노사관계가 정착하기 위해서는 노사 양측이 생산성교섭(productivity bargaining)과 숙련교섭(skill bargaining)을 하는 새로운 교섭문화를 정착시킬 필요가 있다.

2) 사회통합적 노사관계를 위한 정책 방향

사회통합적 노사관계는 기업 내부와 외부에서 노동자들의 삶의 질이 향상될 때 구축될 수 있다. 노동자의 삶의 질은 노동과정, 노동시장, 노동력 재생산이란 임노동 재생산의 세 영역에 걸쳐 높아져야 한다.

노동과정에서는 노동시간이 단축되고 작업환경이 쾌적하며, 직무의 복잡도와 숙련도가 높고 구상기능을 수행하며, 직무에 자율성이 주어지고 기업 의사 결정과정에의 노동자 참가가 이루어져야 한다. 노동시장에서는 무엇보다 고용이 안정되어야 한다. 낮은 실업률과 높은 정규직 비율 실현으로 준완전고용과 고용 안정을 달성하는 것이 중요하다. 한국에서는 IMF 경제위기 이후 비정규직이 정규직보다 높은 비중을 차지하고 있는데, 이와 같은 비정규직 비중의 증가는 고용불안의 증대를 나타낸다. 따라서 비정규직 비중을 최대한 줄이면서 비정규직에 대한 차별대우를 없애고 사회보장 상의 격차가 없도록 하는 정책이 요구된다. 아울러 장기실업에 빠져 있는 노동자들의 사회적 배제(social exclusion)를 막을 수 있는 정책이 필요하다. 그들에 대한 재취업훈련과 사회교육 프로그램의 운영이 필요하다.

노동력 재생산 과정에서는 기업의 부가급부의 증대를 통한 기업복지의 확충과 수혜대상과 현금 급부의 증대를 통한 국민기초생활보장제도의 확충, 현물 급부를 통해 이루어지는 교육, 의료, 육아, 양로 등 사회복지의 향유수준을 높이는 복지공동체의 실현이 필요하다. 아울러 기업 내부와 외부에서 노동자들의 지식 향상 및 숙련도 증대를 위한 교육훈련투자의 증대가 중요하다. 지식기반경제에서 노동자들의 지식수준과 숙련도의 향상은 가장 중요한 복지 목록의 하나이기 때문이다.

한편 실물자산과 금융자산 분포의 격차와 지식 격차를 줄여서 부와 소득분배의 격차를 줄이고 조세제도를 통한 소득재분배를 강화하여 소득불평등을 줄임으로써 노동자들의 상대적 박탈감을 해소해야 할 것이다. 사회통합적 노사관계 구축을 위해서는 특히 소득분배 불평등의 완화가 중요하다. 사회 속에서의 노동자의 상대적 지위 하락과 상대적 박탈감의 증대는 기업 내부에서의 노동자들의 근로의욕 감퇴와 직무불만의 증대를 초래하여 노사관계를 불안하게 하고 생산성 향상에 중대한 저해 요소로 작용하기 때문이다.

노동자들의 복지 실현을 위해서는 기업복지(corporate welfare)와 사회복지(social welfare)가 결합될 필요가 있다. 노동자들에 대한 복지 제공이 기업과 사회 두 영역에서 이루어질 수 있다. 사회복지는 다시 국가복지(state welfare)와 지역사회복지(community welfare)라는 두 차원에서 구현될 필요가 있다. 사회영역에서의 복지 제공이 중앙집권적인 복지국가를 통해 이루어질 수도 있고 지방분권적인 복지공동체를 통해 이루어질 수도 있다.

이처럼 기업과 사회라는 하나의 축과 국가와 지역사회라는 다른 하나의 축을 교차시키는 복지정책 추진이 필요하다. 이러한 복지가 추진되어야 사회통합적 노사관계가 실현될 수 있다. 만약 복지가 기업복지 중심으로만 이루어지고 기업규모별로 복지수준에 큰 차이가 나면 사회통합이 저해될 것이다. 또한 현금 급부 중심의 국가복지만 이루어지면 교육, 의료, 육아, 양로 등에서 현물 급부 중심의 지역사회복지가 빈약하여 삶의 질을 향상시키는 데 장애가 될 것이다. 따라서 기업복지와 사회복지, 국가복지와 지역사회복지 간의 적절한 배합을 이루는 정책이 필요할 것이다.

3) 지역발전에의 노동자 참가와 삶의 질 향상

노동자들은 일정한 경제권과 생활권 내에서 노동하고 생활한다. 따라서 지역경제와 지역사회는 노동자들의 노동과 생활, 따라서 삶의 질에 큰 영향을 미친다. 지역경제에서 더 많은 괜찮은 일자리가 창출되고 지역사회가 쾌적한 삶을 위한 사회문화적 공간을 제공할 때, 노동자들의 삶의 질은 높아질 것이다.

오늘날 세계화-지방화 시대에 지역단위 지역혁신체제 구축을 통한 지역경제 발전은 노동자들의 삶의 질 향상과 밀접한 관련을 가진다. 지역경제의 위기에 대응하여 지역의 노조, 기업, 지방정부, 주민이 협력관계를 형성하여 지역경제의 경쟁력을 높임으로써 일자리를 늘이고 삶의 질을 향상시킨 외국 지역의 사례 특히 독일 슈투트가르트(Stuttgart) 지역 사례에서 잘 볼 수 있는 것처럼, 지역발전에 대한 노동자들의 주도적인 참가는 삶의 질 향상에 매우 중요한 요소가 된다. 경제발전과 사회문화적 발전을 동시에 추구하고 노동자를 포함한 지역구성원들의 참여를 통한 문제의 공동해결과 연대감의 형성을 통한 사회 안정을 실현함으로써 지역경제의 경쟁력을 강화한 독일 슈투트가르트 지역의 사례는 지역사회에 대한 노동자 참가가 지역경제의 발전과 노동자의 삶의 질 향상에 기여할 수 있음을 시사하고 있다.

세계적으로 그 유례를 찾아볼 수 없는 과도한 중앙집권-서울집중체제 아래 총체적 위기에 빠진 한국의 각 지방을 위기에서 구출하고 장기적으로 지속가능한 발전을 도모하기 위해서는 '지방분권-주민자치-지역혁신'을 통한 지역경제의 내발적 발전과 참여-연대-생태를 지향하는 대안적 발전을 지향할 필요가 있다(김형기, 2002). 이러한 대안적 지역발전 패러다임 형성 과정에 노동자들이 적극적으로 참여하여 자신의 삶의 질도 높이고 지역경제와 지역사회의 발전에 기여할 수 있어야 할 것이다.

이를 위해서는 지방분권적인 산업정책, 노동정책, 복지정책이 하나의 패키지로 실행되어야 한다. 지역수준에서 지역노조단체와 지역사용자단체가 단체교섭과 노사협의를 하고, 지역수준의 노-사-정-민 간의 사회적 합의가 도출되도록 해야 할 것이다. 요컨대 지역수준에서 참가적 노사관계와 사회통합적 노사관계가 형성되어야 노동자들의 삶의 질과 지역경제의 경쟁력이 함께 높아질 수 있다.

이러한 노사관계의 형성을 위해서는 중앙정부에서 자치단체로의 권한 이양과 서울/수도권에서 지방/비수도권으로의 자원분산이 이루어지는 지방분권이 반드시 전제되어야 한다. 지방에 결정권이 주어지고 지방에 세원이 주어지며 지방에 인재가 모이는 지방분권이 실현되어야 지역수준에서 노동자의 삶의 질 향상을 기대할 수 있을 것이다.

이러한 지방분권체제 아래에서 노동자들이 삶의 질 향상을 위한 지역발전에 참가하는 경로는 현재 세 가지가 있을 수 있다. 지역혁신을 위한 민관 거버넌스 기구로서 「국가균형발전특별법」에 기초하여 설립되어 있는 지역혁신협의회, 지역단위에서 노-사-정 간의 사회적 대화 기구로서 설치되어 있는 지역노사정협의회, 지역의 지속가능한 발전을 위한 민관 협의기구인 지방의제21협의회 등 지역 3대 거버넌스에 참가하는 것이 그것이다. 이러한 혁신, 노동, 환경 관련 3대 지역 거버넌스는 아직 진정한 지역파트너십 기구로서 정착되지 못하고 있지만 거기에 노동자들이 적극 참여하여 지역의 혁신주도 발전의 주체로서 지역사회 내에서의 노동자들의 지위를 향상하고 자신의 삶의 질을 높일 수 있어야 할 것이다.

5. 대안적 노사관계 구축을 위한 노-사-정의 역할

앞에서 제시한 '참가적 노사관계', '사회통합적' 노사관계 정립이라는 대안적 노사관계를 구축하기 위해서는 노-사-정 3주체의 새로운 역할이 요구된다. 무엇보다 노사 양측이 노사관계의 게임의 규칙을 공정하게 설정하고 윈-윈적 행동전략을 추구하는 것이 중요하다.

사용자들은 참여경영이라는 새로운 경영패러다임 실천을, 노동자들은 참여와 협력의 노사관계 실현을, 정부는 공정하고 효율적인 노사관계 실현을 위한 제도적 기반 구축에 힘써야 한다. 나아가 일자리 창출을 위한 노-사-정의 사회적 연대, 생산성 향상을 위한 노-사-정의 사회적 연대 구축이 필요하다.

이러한 기본 방향 아래 노-사-정은 참가적 노사관계에 기초한 신생산체제를 구축하고, 복지국가와 복지공동체에 기초한 사회통합적 노사관계를 구축해야 할 것이다. 여기서 특히 신생산체제의 구축을 위한 노-사-정의 역할을 보면 다음과 같다(김형기, 1999).

1) 사용자의 역할: 참여경영 패러다임 구현

현 단계 우리나라 생산체제의 특성은 대체로 '혼성 유연 대량생산 체제(hybrid flexible mass production system)'로 규정할 수 있다(김형기, 1999). 이 생산체제는 포드주의적 요소와 포스트 포드주의적 요소라는 서로 이질적인 요소들이 혼재하고 있고 그 구성 요소들이 비조응 관계에 있는 전환과정의 생산체제라 할 수 있다. 노동자의 삶의 질과 기업경쟁력을 높이려면 이러한 생산체제를 '고기술-고숙련-고참가-고성과'의 신생산체제(new production system)로 전환시켜야 한다. 이를 위해서는 무엇보다 먼저 사용자들이 참여경영이라는 새로운 경영패러다임을 구현해야 한다.

첫째, 팀생산방식과 소사장제도와 같은 분권적 경영방식을 도입하는 것이 중요하다. 팀생산방식과 소사장제도는 기업의 현장 작업팀에게 더 많은 자율성을 부여할 것을 요구한다. 자율성이 높아야 성과가 높을 수 있기 때문이다. 따라서 모든 권한을 최고경영층에 집중하는 집권적 경영방식을 지양하고 현장 노동자들에게 더 많은 자율성을 부여하는 분권적 경영방식을 채택할 필요가 있다. 분권적 경영을 위해서는 기업조직에서 위계를 줄이고 정보의 흐름을 일방적 수직적 방식에서 쌍방적 수평적 방식으로 바꾸어야 할 것이다. 즉, 위계적 조직을 네트워크 조직으로 전환시켜야 할 것이다.

둘째, 단순한 품질관리(QC) 활동이나 품질경영(QM) 활동을 넘어 전사설비보전(TPM) 활동과 같은 일상적 참가활동을 내실 있게 전개하여 노동자들의 현장학습(learning by doing)을 강화할 필요가 있다. TPM 활동은 생산체제에 대한 노동자들의 이해 능력을 높이고 기업의 설비 효율을 높이는 역할을 한다. 높은 노동장 비율과 높은 자동화 수준에서 설비보전이 가지는 중요성은 그만큼 더 클 수밖에 없다. 실질적이고 효과적인 TPM 활동을 위해서는 노동자들에게 지속적 교육훈련을 실시하고 숙련승진 경로를 설정하는 것이 중요하다.

셋째, 테일러주의적 작업조직을 탈테일러주의적 작업조직으로 개편할 필요가 있다. 구상과 실행이 엄격히 분리된 가운데 세분화된 단순 직무를 고정적으로 수행하는 테일러주의적 작업조직으로는 고품질 생산과 고부가가치 생산을 기대할 수 없다. 그리고 같은 수준의 단순한 공정을 여러 개 수행하는 '단순 다기능화'가 이루어지는 수평적 직무통합의 한계도 명백하다. 따라서 더 수준이 높은 복잡한 공정을 수행하는 '복잡 다기능화'가 이루어지는 수직적 직무통합을 실현해야 한다. 수직적 직무통합과 함께 체계적인 직무순환이 가능하도록 작업조직을 편성해야 할 것이다. 아울러 작업장 참가가 중요하다. 제품개발, 공정설계, 작업방식 설계 등에 현장 노동자들이 제안활동 형태나 테스크 포스 형태로 참가하는 작업장 참가는 노동자들이 낮은 수준의 구상기능을 수행할 수 있게 만들 것이다. 이와 함께 생산직과 기술직간의 정기적 의사소통이 이루어지는 항구적 채널을 마련해야 한다. 이는 '기술직=구상기능 수행, 생산직=실행기능 수행'으로 엄격히 분리된 작업조직을 재통합하는 데 결정적으로 중요하다. 그러한 채널을 통해 기술과 숙련이 결합되고 구상과 실행이 통합될 수 있을 것이다. 이와 같이 테일러주의적인 '분단된 작업조직(segmented work organization)'을 탈테일러주의적인 '통합적 작업조직(integrated work organization)'으로 개편하는 것은 신생산체제 확립에 가장 중요한 과정이 될 것이다.

넷째, 새로운 고숙련을 형성하기 위한 메커니즘을 구축해야 한다. 유연자동화 기술, 정보기술이 요구하는 새로운 숙련인 이론적 지식과 창의성 그리고 사회적 숙련을 현장 노동자들에게 함양시키기 위한 새로운 숙련 형성 계획을 마련해야 한다. 이론적 지식의 함양을 위해서는 현장 노동자들의 직무와 관련된 산학협동을 추진할 필요가 있다. 창의성은 직무 자율성과 민주적 노사관계 혹은 참가적 노사관계와 깊은 관련이 있다. 생산체제내부 혹은 작업팀 내부의 노동자들 간의 상호작용, 작업팀과 작업팀 간의 상호작용이 강한 신생산체제에서 필수적인 의사소통능력과 매개능력이 사회적 숙련(social skill)인데, 이 사회적 숙련을 함양하기 위해서는 기능훈련 위주의 직업훈련을 넘는 인간관계 형성 교육을 실시해야 한다(김애경, 1998). 그리고 근속년수에 비례하여 숙련이 상승하도록 기업 내에 노동자들의 직업생애 주기에 적합한 숙련승진 경로를 설정할 필요가 있다.

다섯째, 노동자들의 삶의 질 향상과 기업경쟁력 향상을 동시에 실현할 수 있는 임금체계와 인센티브 제도를 도입해야 한다. 기본생활을 가능하게 하는 최저한의 보장임금과 기업 성과 및 개인 능력과 연계된 인센티브 임금이 결합된 임금체계를 구축해야 한다. 단순한 성과주의적 및 능력주의적 임금체계는 단기적인 기업경쟁력 향상에는 도움이 될지 모르나 노동자의 삶의 질 향상에는 부정적이며 따라서 장기적인 기업경쟁력 향상에 저해 요인이 될 것이다. 아울러 단순한 연봉제는 득보다 실이 많을 것으로 판단되기 때문에 바람직하지 못하다. 성과분배제도와 직능자격제도는 고참가와 고성과를 가져오는 인센티브 제도임이 밝혀졌기 때문에 반드시 도입할 필요가 있다. 그러나 이 경우 노사 공동으로 이 제도들을 입안하고 그 효과적인 실시를 위해 정보공유 수준과 노사협의 수준을 높여야 할 것이다.

2) 노동자들의 전략적 선택: 참가적 노사관계의 지향

사용자들이 노동자의 삶의 질 향상과 기업경쟁력 향상을 동시에 실현하는 방향으로 신생산체제를 구축하려고 할 경우, 노동자들은 그러한 신생산체제를 확립하는 데 이해를 가질 수 있다. 신생산체제를 확립하는 과정에서 노동자들은 대립적 노사관계보다는 참가적 노사관계를 선택하는 것이 이익이 될 수 있다. 참가적 노사관계는 신생산체제의 필수적 구성 요소이면서 동시에 노동자들의 삶의 질 향상과 생산 과정에서의 자기실현에 도움이 되며, 아울러 사용자들이 수용 가능한 것이기 때문이다.

따라서 노동자들의 목표가 노동자들 자신의 삶의 질 향상에 있다고 한다면, 그리고 노동자들이 자신들의 삶의 질 향상과 기업경쟁력의 향상이 상호 배제하면서도 상호 의존하는 모순적 관계에 있다는 사실을 인정한다면, 참가적 노사관계를 지향하는 것이 그들의 전략적 선택이 될 수 있다. 그러한 선택은 신생산체제 확립에 기여할 것이다. 그렇다면 참가적 노사관계를 지향하는 노조 혹은 노동자들이 신생산체제 확립에 기여하려면 구체적으로 어떤 실천이 필요할까?

첫째, 고숙련을 위한 노사 교섭과 노-사-정 교섭을 추진해야 할 것이다. 우선 숙련은 그 자체 노동자들의 자산이기 때문에 고숙련을 위한 활동은 자신의 자산을 증식시키는 활동이다. 숙련은 동시에 기업에게는 인적자원이다. 따라서 자신의 자산을 증식시키려는 노동자들은 인적자원을 증대시키려는 사용자들과 교섭할 수 있다. 다만 노동자들로서는 고숙련이 고임금으로 연결되는 생산성 분배방식의 구축이 중요하고, 사용자들로서는 고숙련이 고생산성과 고이윤으로 연결되는 인센티브 제도와 작업조직의 구축이 중요할 것이다. 이러한 이슈를 둘러싼 '숙련교섭'(skill bargaining)을 단체교섭의 주요 의제로 설정하는 것이 매우 중요하다. 아울러 노-사-정이 노동자들의 고숙련화를 위한 교육훈련투자의 확대를 교섭하는 것이 중요하다. 신생산체제에서는 숙련 형성의 내부화뿐만 아니라 외부화도 필요하기 때문에, 노-사-정은 일반적 숙련인 이론적 지식과 창의성 그리고 사회적 숙련을 함양하고 형성하는 데 공동보조를 취할 수 있을 것이다.

둘째, 기업조직의 위계를 줄이고 작업장 참가를 높이며 구상과 실행을 일정하게 통합할 수 있는 작업조직 개편을 위한 단체교섭과 노사협의에 적극 나서야 한다. 팀생산방식의 도입, 기술직과 생산직의 정기적 의사소통 채널의 마련, 제품개발, 공정설계, 작업방식 설계 등에 테스크 포스팀 형태로의 참가 등을 사용자들이 일방적으로 추진하는 것이 아니라 노사가 교섭과 협의에 기초하여 공동으로 추진하도록 해야 할 것이다. 이는 최근 IMF 경제위기 속에서 진행된 사용자 일방적인 기업 구조조정에 대한 적극적 대안으로서 추진되어야 할 것이다. 탈테일러주의적 혹은 탈포드주의적 노동과정을 구축하는 방향으로 직제 개편과 작업조직 개편을 추진하는 것은 생산체제 내에서의 노동자들의 자기실현에 기여할 것이다.

셋째, 생산체제의 혁신을 촉진하는 임금체계와 인센티브제도 중 노동자의 삶의 질을 떨어트리지 않는 것은 적극 수용해야 한다. 나아가 혁신지향적이면서도 삶의 질 지향적인 보상체계를 제시하고 사용자들과 교섭해야 한다. 이런 관점에서 단순한 성과주의 및 능력주의 임금체계에 반대하면서도, 보장임금의 기초 위에서 기업 성과와 개인 능력을 고려한 복합적 임금체계를 지지해야 할 것이다. 신생산체제를 구성하는 주요한 인센티브제도인 성과분배제도와 직능자격제도에 대해서는 고참가와 고성과 실현의 요소이기 때문에 단순한 반대로 일관해서는 안 될 것이다. 이 인센티브제도가 정보공유 및 노동자 경영 참가와 연계되도록 대응하는 것이 합리적일 것이다.

3) 정부의 정책: 신숙련 형성 정책과 기업지배구조 개혁 및 지방분권 개혁

'고기술-고숙련-고참가-고성과'의 신생산체제가 실현되도록 하는 데 있어서 정부가 해야 할 역할은 고숙련과 고참가를 실현하는 데 도움이 될 산업정책과 노동정책 그리고 교육정책을 실시하는 것이다. 고숙련을 위해서는 신생산체제에 적합한 새로운 숙련을 창출하여 공급하는 노동정책과 교육정책을, 고참가를 위해서는 기업지배구조 개혁을 위한 산업정책을 실시해야 한다.

첫째, 신생산체제에 적합한 새로운 숙련인 이론적 지식, 창의성, 사회적 숙련 등은 무엇보다 학교교육을 통해 형성되어야 할 성질의 것이다. 왜냐하면 그러한 새로운 숙련이 일반 숙련의 성격을 가지기 때문이다. 따라서 이론적 지식, 창의성, 사회적 숙련 등을 창출하는 방향으로 학교교육이 개혁되어야 함은 두말할 필요가 없다. 이런 점에서 학교교육은 학생들에게 단순히 지식만 함양시켜서는 안 되며, 창의성 발휘와 사회적 숙련이 형성되도록 해야 한다. 학생들의 자유로운 개성, 인간성, 사회성, 비판 정신 등을 함양하는 진정한 인간교육이 되도록 해야 할 것이다. 특히 더불어 학습하고 생활하는 팀워크의 형성, 창조적 파괴를 할 수 있는 진취성과 적극성의 함양 등이 강조될 필요가 있다.

둘째, 정부의 직업훈련 정책의 전면적 개혁이 필요하다. 테일러주의적 노동과정에 적합한 단능숙련을 가진 '기능공'을 대량 창출하던 기존의 숙련 형성 정책으로부터 탈테일러주의적 노동과정에서 적합한 새로운 숙련을 가진 '다기능기술자'를 다양하게 창출하는 새로운 숙련 형성 정책으로 직업훈련 정책이 일대 전환되어야 한다. 말하자면 단능숙련의 소품종 대량양성체제로부터 다기능 숙련의 다품종 소량양성체제로 직업훈련 정책이 전환해 하는 것이다. 이른바 '주문식 직업훈련'이 더 체계화되고 강화될 필요가 있다. 아울러 노동시장에 참가하고 있는 노동자들에게 직업 생애주기 동안 평생교육훈련을 받을 수 있는 제도적 장치를 마련하는 것이 중요하다.

셋째, 신생산체제의 확립을 촉진하는 기업지배구조를 구축할 필요가 있다. 신생산체제는 주주 지배구조보다는 이해관계자 지배구조와 친화력이 있다. 현재 정부의 기업지배구조 정책은 주주 지배구조의 방향으로 나아가고 있다. 이와 같은 주주 자본주의(shareholder capitalism) 발전모델은 신생산체제 확립을 저해할 것이다. 신생산체제는 노사의 공동이익 실현을 목표로 하지만, 주주 자본주의에서의 주주 지배구조는 주주의 이익이 일방적으로 최우선적으로 고려되기 때문이다. 신생산체제는 주주, 노동자, 경영자, 은행 등 기업의 이해관계자들의 공동이익을 실현하려는 이해관계자 자본주의 (stakeholder capitalism)에서 성립할 가능성이 높다. 따라서 신생산체제의 구축을 촉진하기 위해서는 최소한 이해관계자 지배구조로 기업지배구조를 개편할 필요가 있다. 이를 위해서는 미국식 주주 자본주의 발전모델을 지향하는 신자유주의적 정책이 아니라 최소한 이해 관계자 자본주의 발전모델을 지향하는 새로운 민주 개혁적 정책을 실시하는 방향으로 정부정책 패러다임의 대전환이 있어야 할 것이다.

넷째, 지방분권 개혁을 추진할 필요가 있다. 현재 한국은 세계적으로 그 유례를 찾을 수 없는 과도한 중앙집권-서울집중체제로 인하여 전국의 각 지방이 총체적 위기에 빠져 있다. 따라서 중앙정부로부터 자치단체로 권한을 이양하고 서울·수도권으로부터 지방·비수도권으로 자원을 분산하는 획기적인 지방분권 개혁이 있어야 지역경제와 지역 사회가 위기를 벗어나고 장기적으로 발전할 수 있다. 앞에서 제시한 참가적 노사관계와 사회통합적 노사관계가 노동자들의 일터와 삶터가 있는 지역수준에서 실현되려면 지방분권이 이루어져야 한다. '지방에 결정권을, 지방에 세원을, 지방에 인재를'이란 지방분권 정책의 기본 방향(김형기, 2002)에 따라 지방분권 개혁이 이루어져야 노동자들의 삶의 질이 향상될 수 있다.

'지방분권-주민자치-지역혁신'의 결합을 통해 지역경제의 내발적 발전이 이루어지고 '참여-연대-생태'의 기본 가치를 지향하는 대안적 발전이 실현될 때 지역에 사는 노동자들의 삶의 질 향상을 장기적으로 기대할 수 있을 것이다. 특히 교육, 의료, 육아, 양로 등과 같은 현물 급부가 지방분권적 복지정책을 통해 제공되어야 실질적 복지 향상을 기대할 수 있다. 따라서 정부당국은 노동자들의 삶의 질 향상을 위해 획기적인 지방분권 개혁을 추진해야 할 것이다.

참고문헌

김애경. 1998. 「신생산체제를 위한 숙련형성정책」. 경북대학교 경제학 박사논문.

김태기·전병유. 2002. 「구조조정과 노사관계」. 한국경제학회 국제학술대회 발표논문.

김형기. 1997. 『한국노사관계의 정치경제학』. 서울: 한울.

_____. 1999. 한국제조업 생산체제의 특성과 혁신방향. 한국노동연구원.

_____. 2002. 「지방분권의 정치경제학」. 한국사회경제학회 학술대회 발표논문집.

김형기·이문호·신인아. 2002. 「삶의 질 향상을 위한 노사관계의 발전방향: 근로생활
    을 중심으로」. 삶의질향상기획단 연구보고서.

최영기·이장원. 1998. 『구조조정기의 국가와 노동』. 서울: 나무와숲.

Berggren, C. 1992. *Alternatives to Lean Production: Work Organization in the Swedish
    Auto Industry.* Ithaca, N.Y.: ILR Press.

Boyer, R. 1995. "The Capital Labour Relation in OECD Countries: From the Fordist
    Global Age to Contrasted National Trajectories." Schor, J. & J. You(eds.).
    Capital, the State and Labour: A Global Perspective. Aldershot: Edward Elgar.

Kern, H. & M. Schuman . 1992. "New Concepts of Production and the Emergence
    of Systems Controller." in Adler, P. S(ed.). 1992. *Technology and the Future
    of Work.* New York: Oxford University Press.

Lipietz, Alain. 1992. *Towards a New Economic Order: Postfordism, Ecology and Democracy.*
    London: Polity Press

Schmid, G. 1993. "Coordinated Flexibility: The Future of Labour Market
    Regulation." *Employment Security and Labour Market Behavior.* Ithaca, N.Y.:
    ILR Press.

제8장

'일자리 만들기 연대'를 위한 노-사-정-민의 역할*

1. 2만 달러 소득 시대를 위한 '3중의 이행'

한국경제가 마의 1만 달러 소득 덫에 걸려 8년 동안 헤어나지 못하고
있다. 이 덫에서 벗어나 장차 2만 달러 소득 시대를 앞당기기 위해서는
'3중의 이행'이 필요하다. 첫째 중앙집권-서울일극집중 발전체제로부터
지방분권-다극중심발전체제로 이행해야 한다(제1이행). 둘째 중·저가품의
대량생산경제로부터 고부가가치의 지식기반경제로 이행해야 한다(제2이
행). 셋째, 소모적인 제로 섬 게임의 대립적 노사관계로부터 상생의 윈윈
게임의 참가적 노사관계로 이행해야 한다(제3이행).

이 3중의 이행이 이루어질 때 한국경제는 대안적 발전모델에 기초하여
새롭게 도약할 수 있다. 그렇다면 현재 이 3중의 이행이 어느 정도 진전되
고 있는가?

지난해 12월 29일 「지방분권특별법」, 「국가균형발전특별법」, 「신행정
수도건설특별조치법」 등 지방 살리기 3대 특별법(국가균형발전 3대 특별법)
이 제정됨에 따라 제1이행을 위한 제도적 기반이 놓이게 되었다. 제1이행
이 성공하기 위해서는 지방으로의 획기적 권한이양과 자원분산에 기초하
여 지역혁신체제가 잘 구축되어 지역경제가 회생해야 한다.

---

* 노사정위원회 "일자리 만들기 사회적 연대" 토론회(2004. 1. 26.) 발표논문.

제2이행은 IT, BT 등 신기술의 등장에 따라 1990년대부터 시장의 힘에 의해 급속하게 진행되고 있다. 기술혁명에 의해 추동되는 제2이행이 완료되기 위해서는 기술혁명에 조응하여 창의성 있는 지식이 창출될 수 있는 교육혁명이 일어나야 한다. 특히 지식 창출의 주요 원천인 대학교육의 혁신이 필요하다.

대립적 노사관계로부터 참가적 노사관계로 전환하는 제3이행이 이루어지기 위해서는 노사대타협이 필요하다. 1987년 이후 유지되어 온 대립적 노사관계와 1997년 IMF 경제위기 이후 6년간 사용자 측이 시도한 신자유주의적 노사관계 둘 다를 넘은 '제3의 길'로서의 참가적 노사관계는 소모적인 대립적 노사관계와 노동배제적인 신자유주의적 노사관계와 달리 노동의 '참가에 기초한 협력'을 통해 상생의 노사관계를 구현할 수 있다.

3중의 이행에서 제1이행과 제2이행과 달리 제3이행은 아직 시작되지도 못하고 있다. 지난 6년 동안 대립적 노사관계와 신자유주의적 노사관계가 혼재하고 갈등하는 가운데 한국의 노사관계는 아직 어느 한 방향으로 정착하지 못하고 혼돈상태에 있다.

제1이행과 제2이행이 2만 달러 소득을 가능하게 하는 새로운 경제발전 모델 창출로 연결되려면 반드시 제3이행이 결합되어야 된다. 그 이유는 첫째 지방분권과 지역혁신이 지역경제를 활성화하려면 지역 노사관계가 참가적 노사관계로 전환되어야 하기 때문이다. 둘째, 고부가가치를 창출하는 지식기반경제는 고숙련 노동자들의 적극적 생산참가가 이루어지는 참가적 노사관계가 정립되지 않으면 실현될 수 없기 때문이다.

이처럼 참가적 노사관계 정립을 위한 노사대타협은 한국경제의 선진화를 위한 3중의 이행에서 핵심적 고리가 된다. 그렇다면 2004년 현 단계 한국경제의 구조적 특성과 정세적 상황에 비추어 제3이행을 위한 노사대타협의 주된 의제는 무엇이 되어야 할까?

노사타협은 노사의 공통이익을 위해 노사가 서로 교환할 때 성립할 수 있다. 현 단계 우리나라 노사관계에서 노사타협 혹은 노-사-정 타협은 크게 세 영역에서 이루어질 수 있다고 본다. 첫째, 노동자들의 작업장 참가와 전략적 의사 결정 참가를 교환하는 것, 둘째, 임금안정과 고용안정을 교환하는 것, 셋째, 노동시장 유연화와 동태적 고용안정을 교환하는 것이다. 여기서 동태적 고용안정은 적극적 노동시장정책을 통해 실현될 수 있다. 둘째와 셋째의 타협은 곧 일자리 창출을 위한 노사 혹은 노-사-정 간의 타협이다. '일자리 없는 성장'이 한국경제의 주요 모순으로 등장하고 있는 현 시점에서 노사의 공통이익은 무엇보다 일자리 창출이 될 것이다.

2. 새로운 노사대타협 의제로서의 '일자리 만들기'

우리나라에서도 그동안 일종의 암묵적 노사타협이 이루어져왔다. 그것은 1987년 노동자투쟁 이후 1997년 IMF 경제위기 발생 이전까지 10년간 유지되어 온 포드주의적 노사타협이었다.

포드주의적 노사타협은 노동자가 구상과 실행을 분리하는 테일러주의적 노동과정을 받아들이는 대신 사용자가 노동자에게 고임금과 고용안정을 제공함으로써 이루어진다. 이러한 노사타협은 고임금에 상응한 고생산성이 발휘되고 완전고용을 실현할 수 있는 고도성장이 지속될 때 가능하다.

한국 자본주의의 황금기라 할 수 있는 1987~1997년까지 10년 동안 테일러주의적 노동과정에서 획득된 생산성 향상에 대체로 연동해서 임금상승이 이루어져 왔으며 고도성장 아래 준완전고용이 달성되어 왔다. 또한 1987년 이후 급격히 증대된 노동조합의 교섭력에 기초하여 노동조합이 강한 대기업을 중심으로 노동시장의 경직성, 즉 임금의 경직성(하방경직성)과 고용의 경직성(정리해고의 곤란)이 상당 정도 나타났다. 대기업과 중소기업 간의 노동시장 분단 상황에서, 구조화된 내부 노동시장에서 종신고용제

(이른바 '평생직장')와 연공서열제가 존재한 대기업 노동시장이 경직화된 것, 이것이 1987년 이후 1997년까지 10년간의 한국노동시장의 특성이었다고 할 수 있다.

그러나 IMF 경제위기가 발생함에 따라 노동시장과 노사관계는 급변하여 포드주의적 노사타협은 깨어진다. 종신고용제와 연공서열제가 해체되기 시작한다. 평생직장 개념이 사라지고 내부 노동시장이 붕괴한다. 기업의 채용관행은 신규채용 중심에서 중도채용 중심으로 바뀐다(김태기·전병유, 2002). 이에 따라 신규학교졸업자 중심의 청년실업이 크게 증가한다. 이와 함께 정규직을 비정규직으로 전환시키는 고용조정이 이루어지고, 노조가 강하여 정규직 노동시장이 경직적인 대기업의 경우 비정규직 중심의 증원이 이루어진다. 그래서 1999년 이후 경기가 회복됨에 따라 실업률은 감소하지만 비정규직 비중이 증대하는 현상이 출현한다. 노사정위원회에서의 노사합의로 정리해고제가 도입됨에 따라 전체적으로 노동시장의 유연성은 크게 증대한다.

IMF 경제위기로 실업률이 급격히 증가하고 비정규직 비중이 증대함에 따라 일자리 창출, 특히 안정된 '괜찮은 일자리(decent jobs)' 창출의 문제가 중심적인 노동문제로 등장한다. 경기 회복으로 실업률이 감소하자 비정규직 문제가 가장 중요한 고용문제로 대두된다. 1997년 이후 경제위기가 지속되는 동안 임금동결과 임금삭감이 광범하게 진행되는 가운데 고용이 유지되는 현상, 즉 노사 간에 양보교섭(concession bargaining)이 확산된다.

이러한 상황에서 일자리의 유지와 창출이 가장 중요한 의제로 등장한다. 양보교섭은 일자리 유지를 위한 노사타협의 한 형태였다. 일자리 창출을 위해 정부가 공공근로를 실시하고 창업을 지원했으며 민간이 주도하는 실업극복국민운동이 사회적 일자리를 창출하기도 했다. 유한킴벌리 모델 사례처럼 노동자에 대한 교육훈련투자와 작업장 혁신을 통해 일자리를 유지하고 창출하려는 시도도 있었다(김동배, 2004). 노-사-정의 가장 중요한 공통 관심사는 일자리 창출이었다.

그러나 이러한 시도들은 경제위기가 극복되어감에 따라 시들해지고 마침내 노동문제의 주된 의제에서 제외된다. 실업자에 대한 전직훈련도 흐지부지된다. 경제위기 시기 동안의 실업정책은 위기에 대한 긴급대응으로서 일과성 정책으로 끝나버리고 일관되게 지속되지 못했다. IMF 경제위기 이후 '일자리 없는 성장(jobless growth)', 기술적 실업, 구조적 실업, 청년실업, 비정규직이 새로운 실업문제·고용문제로 대두되고 있었음에도 불구하고 성장이 일자리를 수반할 것이라는 단순논리에 집착하여 항구적인 실업정책을 수립하지 못했다.

IMF 경제위기가 지속되던 1990년대 후반에 들어오면 한국경제는 대량생산경제로부터 지식기반경제, 디지털-네트워크 경제로 이행하는 징후들이 나타난다. IT, BT, NT 등 신기술 산업은 '숙련편향적 기술변화(Skill-Biased Technical Change)'를 초래하여 숙련 형성이 노사 간의 공통 관심사로 등장한다. 이는 문제해결 능력과 창의성을 갖춘 지적 숙련(intellectual skill)과 의사소통능력과 매개능력을 갖춘 사회적 숙련(social skill)의 형성이 기업의 부가가치 창출과 노동자의 노동생활의 질과 삶의 질 향상을 위해 요청되기 때문이다.

지식기반경제에서 숙련 형성은 노사 간에 공통이익이 되는 윈-윈 게임이 된다. 기업수준의 기업특수숙련과 산업수준의 산업특수숙련 형성은 각각 기업별 교섭과 산업별 교섭에서 숙련교섭의 주된 내용을 구성한다. 이런 까닭에 숙련 형성은 노사타협의 의제가 될 수 있다. 일자리 창출 역시 노사타협의 의제가 될 수 있다. 일자리 창출이 노동자에게 이익이 됨은 두말할 필요가 없지만 소비수요의 증가를 통해 총수요의 증대를 가져올 일자리 창출은 사용자에게도 이익이 된다.

숙련 형성과 일자리 창출을 결합하여 생각하면, 고숙련 일자리 창출이 가장 우선적인 노사타협의 대상이 될 것이다. 고숙련 일자리는 직무 만족을

느끼게 하는 괜찮은 일자리가 될 것이다. 고숙련 일자리가 더 많이 창출되고 더 많은 노동자들이 좋은 일자리를 가지기 위해서는 더 많은 노동자들이 지적 숙련과 사회적 숙련을 가진 숙련노동자가 되지 않으면 안 된다.

그러기 위해서는 노사, 노-사-정, 나아가 노-사-정-민이 '일자리 만들기 연대(Alliances for Job Creation)'를 맺을 필요가 있다. 일자리 창출은 직접적으로 노동자에게 이익이 되고 사용자가 사회에 기여하는 가장 중요한 봉사가 되며, 정부가 국민에게 제공하는 가장 중요한 공무서비스이며, 지역경제의 활성화와 지역 주민의 삶의 질 향상에 기여하는 것이기 때문이다.

뿐만 아니라 임금보다는 일자리가 점차 더욱 선차적 과제로 대두되고 있는 현 상황에서 일자리 창출을 위한 연대는 노사관계를 안정화시키고 발전시킬 수 있는 계기가 될 수 있다. 더욱이 21세기에 들어와 '인적자원에 기초한 발전'(Lipietz, 1992)이 지식기반경제의 새로운 발전모델로 등장하고 있는 상황에서 일자리 창출은 경제성장의 결과임과 동시에 원인이 되므로 지속가능한 성장의 주요 요인이 된다.

일자리를 위한 연대를 형성하는 데 있어서 노동조합은 노동자들의 숙련수준의 격차를 줄이는 '연대숙련정책'(solidaristic skill policy)을 시도해 볼만하다. 연대숙련정책은 저숙련노동자들에 대한 교육훈련투자를 증대하여 숙련을 높이고 사회적 배제를 막아 노동시장에 통합되게 만드는 데 기여할 것이다(김애경, 2006).

노동시장에서 임금 격차를 줄이는 연대임금정책(solidaristic wage policy)을 넘어 노동력 재생산 과정에서 숙련 격차(지식 격차)를 줄이는 연대숙련정책은 지식기반경제에서 일자리 창출을 위한 가장 중요한 방책이 된다. 아울러 지식 숙련 격차에 따라 지식노동시장과 단순노동시장으로 양극화되고 있는 한국 노동시장의 최근 상황에 비추어 연대숙련정책은 사회의 양극화를 막고 노동자 연대를 촉진하는 가장 확실한 전략이 될 것이다.

이러한 까닭에 IMF 관리체제하에서의 경제위기 극복을 위한 노사타협으로부터 일자리 창출을 위한 노사타협으로 새로운 노사타협을 시도하는 것이 논리적으로도 현실적으로도 요청된다. 일자리 창출을 위한 노사타협은 대량생산경제에서 지식기반경제로의 이행을 촉진함과 동시에 소모적 노사갈등을 줄이는 길이 될 수 있다. 따라서 노사가 상생할 수 있고 새로운 발전모델 구축에 기여하는 '일자리 만들기 연대' 형성이 노사대타협의 새로운 의제로 설정될 필요가 있다.

3. 유럽연합 국가들의 경험과 시사점

'일자리 만들기 연대'는 원래 1990년대에 실업문제가 심각했던 독일을 중심으로 유럽 국가들에서 시도되었다. 1998년 독일에서는 노-사-정 3자가 '일자리를 위한 연대(Alliance for Jobs, Training and Competitiveness)'란 사회협약을 체결했다. 이 연대의 기본 아이디어는 1995년에 노동자들이 임금인상을 자제하는 대신에 정부와 고용주가 임금삭감을 하지 않고 일자리를 유지하고 창출할 것을 요구한 독일 금속노조(IG Metall) 위원장 클라우스 쥐켈(Klaus Zwickel)의 정치적 교환 제의에서 비롯되었다.

독일의 '일자리를 위한 연대'는 고용주의 노동유연성과 노동자의 근로시간 자율권에 상응하여 노사가 고용지향적 단체협상정책을 추진할 것, 고용주들은 청년층의 직업교육을 보장하기 위해 투자 및 훈련기회를 창출할 책임을 질 것, 정부는 조세제도 개선, 사회보험분담금 완화, 공공부문 혁신을 통해 지속적 성장과 고용을 창출할 수 있는 기본 틀을 구축할 것 등과 같은 원칙에 기초하고 있었다(Heseler & Hickel, 2000).

이러한 원칙에 기초하여 노-사-정 3자는 ① 임금과 무관한 노동비용 삭감, ② 고용창출적 업무 분장 및 탄력근로시간제, ③ 법인세 개선, ④ 혁신 능력의 개선, ⑤ 조기퇴직제, ⑥ 고용창출 지향적 단체협상정책, ⑦

노-사-정 3자 협상체제 구축, ⑧ 미숙련공 일자리 창출, ⑨ 청년실업자 및 장기실업자 대책 마련 등에 합의했다.

임금정책과 사회정책을 개혁하여 일자리를 창출하는 데 정부와 노사 사회적 파트너들이 협약을 맺는 이러한 '일자리를 위한 연대'는 네덜란드 (Agenda 2002, 1997), 이탈리아(Social Pact for Growth and Employment, 1998), 아일랜드(Partnership 2000 for Inclusion, Employment and Competitiveness, 1997) 등에서도 형성되었다. 비록 협약 체결에 성공하지 못했지만 벨기에, 스웨덴 등 유럽연합의 몇몇 국가들에서 이러한 연대형성의 시도가 있었다.

독일 등 유럽국가에서 일자리를 위한 연대 형성에 노-사-정이 협력하는 까닭은 무엇인가? 유럽의 사회적 파트너들은 국가고용정책 형성에 오랜 기간 참가해 온 전통이 있고 임금정책과 사회정책에 영향을 미칠 수 있는 많은 길이 존재하기 때문에 사회적 파트너들의 승인을 받는 고용정책 개혁이 정부가 일방적으로 추진하는 경우보다 훨씬 용이하기 때문이다. 물론 사회적 파트너의 지지는 일정한 대가를 치러야 확보될 수 있다(Hassel & Hoffmann, 2000).

예컨대 임금삭감이나 임금억제를 할 경우나 탄력적 근로 관행이 도입될 때는 노동조합에게 그에 상응하는 양보를 해야 한다. 노동비용의 절감이 임금삭감을 수반하지 않으면서 경쟁력을 높여 고용을 증가시킬 수 있는 방향으로 이루어져야 하며, 탄력적 근로 관행이 도입될 경우에도 노동자들이 수용할 수 없을 정도의 지나친 요구를 해서는 안 된다는 것이다.

'일자리를 위한 연대' 형성과 같은 사회협약 접근은 노동시장 제도개혁의 앵글로 색슨 모형과는 다르다. 사회협약 접근은 노동시장 규제 완화와 노동비용 삭감을 노동조합의 용인하에 추진하기 위해 정부가 그에 상응하는 평형조치들을 취한다. 즉, 노-사-정의 합의를 통해 사회정책과 임금정책을 개혁하며 그 대가로 감세를 하거나 일자리를 늘이는 조치를 취한다. 이 때문에 사회적 파트너들이 연대 형성에 협력하게 되는 것이다. 노동조합이 일자리를 위한 연대에 참가하는 이유는 노동시장 개혁에 조정된 협력을 하지 않으면 점차 정치적으로 주변화되는 상황에 직면하기 때문이다.

아무튼 '일자리를 위한 연대'는 1994년 유럽연합의 엣센정상회의(Essen Summit)에서 합의된 실업을 해결하기 위한 주요 고용정책 구상에 기초해 있다. 그것은 실업해소를 위해서는 경제성장만으로는 불충분하다는 인식 아래 다음과 같은 5가지 고용정책 우선순위를 제시하고 있다. ① 직업훈련에 대한 투자를 증가시킬 것, ② 경제성장의 일자리 집약도를 증가시킬 것, ③ 비임금노동비용을 감소시킬 것, ④ 소극적 노동시장정책으로부터 적극적 노동시장정책으로 이행할 것, ⑤ 노동시장에서의 불리한 집단을 지원하기 위한 노력을 증가시킬 것 등이다.

1999년 유럽고용협약(European Employment Pact)은 '일자리를 위한 연대'가 소기의 성과를 거두려면 국가수준에서 세 가지 상호 독립적인 경제정책을 추진할 것을 주문하고 있다. 첫째, '거시경제적 대화(macro-economic dialogue)'를 통해 경제정책을 조정하고 임금정책과 통화정책, 그리고 예산정책과 금융정책 간의 상호작용을 개선해야 한다. 이 거시경제적 대화를 통해 장기 비인플레적 성장을 촉진하는 데 기여해야 한다. 둘째, 조정된 고용전략의 실행을 개선해야 한다. 셋째, 혁신을 추진하고 시장의 효율성을 높이기 위한 광범위한 구조조정과 현대화를 추구해야 한다(Hassel & Hoffmann, 2000).

유럽연합 국가들의 경험에 기초해 볼 때 '일자리를 위한 연대'는 경제위기와 고실업 상태에서 경제위기 극복과 일자리 창출을 도모하기 위해 노-사-정의 합의하에 노동시장을 유연하게 하고 임금정책과 사회정책을 개혁하는 노사대타협의 산물이라 할 수 있다. 그렇기 때문에 '일자리를 위한 연대'는 앵글로 색슨형의 자유시장경제(liberal market economy)보다는 라인형의 조정된 시장경제(coordinated market economy)에서 형성되기 쉽다(Hall & Soskice, 2001). '일자리를 위한 연대'는 노동시장 유연성이 자유주의적 유연성이 아니라 조정된 유연성을 통해 추구될 경우 형성될 가능성이 높다.

따라서 '일자리를 위한 연대'가 일자리 창출에 성공하려면 먼저 정부의 경제정책 기조가 올바르게 설정되어야 한다. 금융자본이 산업자본을 지배하고 금융시장이 노동시장을 지배하는 '주주 자본주의' 아래에서는 노동시장이 불안정하게 되고 고용이 축소되고 일자리가 파괴될 확률이 높다. '일자리를 위한 연대'는 기업체제의 이해관계자들이 의사 결정과정에 서로 협의하는 '이해관계자 자본주의'에서 일자리 창출에 성공할 가능성이 높다. 따라서 '이해관계자 자본주의'와 '조정된 시장경제'를 지향하는 것이 정부 경제정책 기조가 되어야 한다. 나아가 거시경제정책이 일자리를 보다 많이 창출하는 성장인 '고용집약적 성장(employment-intensive growth)'을 촉진하는 방향으로 설정되어야 한다(ILO, 1996). 거시경제적 성과 지표로서 경제성장률보다는 고용성장률이 더 중시되어야 한다. 그래서 '일자리 없는 성장'이 되지 않도록 해야 한다. 노사 간의 단체교섭도 고용창출적 단체교섭인 '일자리 교섭' 중심으로 전개할 필요가 있다.

요컨대 '일자리 만들기 연대'를 위해서는 '이해관계자 자본주의'와 '조정된 시장경제'를 지향하는 경제시스템을 구축하고 지식주도 축적체제와 고용집약적 성장을 추구하는 정부 경제정책 기조가 설정되어야 한다.

4. '일자리 만들기 연대'의 틀과 의제

'일자리 만들기 연대'는 노사타협이 이루어지는 서로 다른 장인 기업수준(micro-level), 산업·지역수준(meso-level), 전국수준(macro-level) 세 수준에서 결성될 수 있다.

기업수준에서는 일자리 나누기와 고용 안정을 위한 노사타협을 추진해야 한다. 이 경우 노사는 생산성 이득을 오로지 임금인상으로 분배하는 방식이 아니라 임금 안정의 기초 위에서 일자리 유지 및 창출과 숙련 향상을 위한 교육훈련투자에 분배하는 고용지향적 단체교섭을 추진하는 관행을 정착시켜야 한다.

전국수준에서는 노-사-정이 함께 '고용집약적 성장' 패턴 정착을 위한 거시경제정책에 대한 협의를 하는 거시경제적 대화(macroeconomic dialogue)를 통해서 일자리 창출을 위한 연대를 형성할 수 있을 것이다. 이런 거시경제적 대화를 통해 고용의 양과 질을 포함하는 '고용성장률' 지표를 개발하여 그것을 최대화하기 위한 다양한 정책대안을 협의하고 노-사-정이 그 실행의 역할을 분담해야 한다.

아울러 새롭게 창출되어야 할 일자리를 산업별 직종별로 어떻게 배분하여 만들어갈 것인가에 관한 '일자리 창출 계획(Job Creation Plan)'을 설계하고 노-사-정이 역할 분담하여 추진할 필요가 있다. 이 계획에는 신규 일자리 창출, 일자리 나누기, 비정규직 차별 문제, 청년실업문제, 여성취업문제, 노인실업문제 등의 세부 주제가 포함되어야 한다.

일자리 창출을 위한 전국수준의 연대 틀은 어떻게 만들 것인가? 우리나라의 경우 이미 노-사-정 3자 협의기구인 노사정위원회가 거시경제적 대화의 장으로 역할을 하고 있기 때문에 일자리 창출을 위한 연대를 위해 별도의 조직을 만들 필요가 없다. 다만 현재 노사정위원회 조직 내부에 직접적으로 일자리 창출과 관련된 기구가 없으므로 위원회 내부에 별도의 기구(가칭 '일자리 창출 위원회')를 설치하여 노사 간에 이해가 일치할 수 있는 일자리 창출을 의제로 설정하여 노-사-정이 협의하는 사회적 대화의 장을 만드는 방안을 생각해 볼 수 있다.

일자리는 기업에서 창출되므로 그 기업이 소속된 산업과 그 기업이 위치한 지역이 일자리 창출과 관련된 정책의 대상이 된다. 노사 간 산업별 교섭과 지역별 교섭을 통해 일자리 창출을 위한 노사합의가 이루어져야 할 것이다. 지역별 교섭에서 일자리 교섭과 해당지역의 산업특수숙련 교섭이 이루어질 필요가 있다.

그런데 대다수 노동자들의 일터와 삶터의 근접성 때문에 노동시장이 지역별로도 성립하고 있으므로(전병유, 2002) '일자리 만들기 연대'는 전국 수준뿐만 아니라 경제권과 생활권별로 성립하는 지역노동시장 단위로 지역권역별로도 형성할 필요가 있다. 지역은 노동자들의 일터임과 동시에 삶터이므로 지역에서의 일자리 창출은 노동자의 노동과 생활의 문제를 동시에 해결하는 길이기도 하다.

지역에서의 일자리 창출은 지역경제의 발전과 직결되어 있다. 그리고 지역경제 발전은 지방분권과 지역혁신의 효과적 추진에 달려 있다(김형기, 2000). 지방분권과 지역혁신을 통한 지역경제의 내생적 발전이 실현될 때 지역에서의 안정적인 일자리 창출을 기대할 수 있다. 지역경제 발전을 통한 일자리 창출이란 관점에서 지역의 노-사-정은 지방분권과 지역혁신에 같은 이해를 가질 수 있다. 여기서 지역수준에서 노-사-정 사이에 '일자리 만들기 연대'가 성립할 근거가 생긴다. '지방에 결정권을, 지방에 세원을, 지방에 인재를, 지방에 일자리를' 이란 지방분권운동의 요구가 지역 노-사-정 사이에 '일자리 만들기 연대'로 구체화될 수 있을 것이다.

사실 그동안 우리나라의 고용정책은 고도로 중앙집권적이었다. 고용정책은 중앙정부가 기획하고 지방정부는 단순한 실행자에 불과하다. 고용정책 관련 예산과 인력이 중앙정부에 집중되어 있다. 지방정부가 독자적인 고용정책을 추진할 권한과 재원과 인원이 없다. 중앙정부의 고용정책은 지역경제, 지역산업의 특수성을 고려하지 않고 획일적으로 결정되며 지방자치단체의 능동성을 제약하고 있다. 중앙집권적 고용정책은 관련 중앙부서들 간의 정책조율이 제대로 안 된 상태에서 지역에서 독자적으로 시행되고 있기 때문에 지역고용정책이 체계성을 가지기가 더욱 어려워지고 있다.

일자리 창출을 위한 고용정책의 유효성을 높이기 위해서는 지방정부가 지역 고용정책을 기획하고 실행하는 지방분권적 고용정책으로 전환해야 한다. 지역인적자원개발(Regional Human Resources Development) 계획의 수립과 직업훈련정책의 지방분권화가 반드시 요청된다.

지역 산업특성에 따라 달리 나타나는 구조적 실업에 대한 대책을 위해서, 전직훈련과 직업알선을 비롯한 적극적 노동시장정책을 위해서, '제3섹터 (the third sector)'방식을 통한 사회적 일자리 창출을 통해 실업문제를 해결하려는 '뉴 뉴딜(New New Deal)' 형 실업정책을 위해서, '성장국가'를 넘어 '복지국가(welfare state)'와 '복지공동체(welfare community)'를 중층적으로 실현하기 위해서, 지역산업과 지역노동시장과 지역주민의 생활실태 등을 종합적으로 고려한 지방분권적 고용정책이 필수적이다.

지방분권적 고용정책에서는 중앙정부와 지방정부간의 적절한 역할 분담이 중요하다. 중앙정부는 고용정책의 기본 틀을 짜고 정부 각 부처 및 각 지역의 고용정책을 총괄조정하며 지역 고용정책을 지원하는 역할을 해야 한다. 그리고 보편적 기초 수당(Universal Basic Allowance)으로서의 고용보험금의 책정, 전국 공통적 기준 설정 등을 중앙정부가 담당해야 할 것이다. 지방정부는 지역 독자적인 고용정책의 구체적 프로그램을 기획하고 실행하는 주체가 되고 '제3섹터'를 지원해야 할 것이다.

고용정책은 산업정책 및 복지정책과 연계되어 실시되어야 효과를 발휘할 수 있으므로 <그림 8-1>에서처럼 지역일자리 창출 정책은 지역금융시스템의 지원을 받아 구축되는 지역혁신체제의 내실을 이루는 지역산업클러스터를 형성하는 산업정책, 이에 조응하여 지역인적자원개발시스템과 지역노동시장정보시스템을 통해 숙련 형성과 동태적 고용 안정을 추진하는 고용정책, 제3섹터와 사회적 기업의 활동을 통해 보강되는 지역주민의 삶의 질 향상을 추진하는 복지정책이 함께 어우러질 때 효과를 거둘 수 있다. 따라서 고용정책의 분권화와 함께 산업정책, 교육정책, 복지정책의 분권화가 동반되고 이를 뒷받침할 재정분권이 실현되어야 한다.

지역 일자리 창출은 이처럼 관련된 일련의 정책들의 총체적 분권화를 통해서만 효과를 기대할 수 있다. 따라서 지역수준에서 형성되는 '일자리

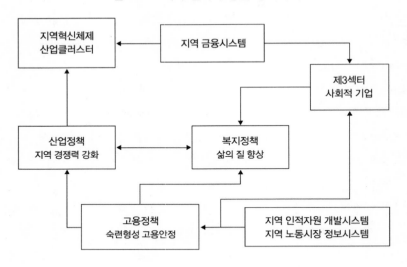

<그림 8-1> 지역 일자리 창출 정책의 구도

지역혁신체제 산업클러스터

지역 금융시스템

제3섹터 사회적 기업

산업정책 지역 경쟁력 강화

복지정책 삶의 질 향상

고용정책 숙련형성 고용안정

지역 인적자원 개발시스템 지역 노동시장 정보시스템

만들기 연대'는 지방분권과 지역혁신을 통해 지역경제의 내생적 발전을 실현하는 것을 주요 의제로 하지 않을 수 없다. 이런 까닭에 현재 한국에서 지방분권의 의제는 곧 '일자리 만들기 연대'의 핵심적 의제가 된다.

5. 지방분권시대 지역파트너십을 통한 일자리 창출

지역발전과 일자리 창출이란 관점에서 보았을 때, '일자리 만들기 연대'는 지방분권 및 지역혁신 추진과 함께 지역파트너십 형성을 필요로 한다. 지방분권시대가 개막됨에 따라 지역이 일자리 창출 정책의 결정권과 책임을 가지게 되면, 지역 내부의 노-사-정-민 4주체들이 파트너십을 형성하여 지역경제 발전을 통한 일자리 창출에 적극 나서지 않을 수 없다. 여기서 지역파트너십의 주체는 자치단체, 기업, 사용자협의회, 노동조합, 대학,

직업훈련기관, 시민단체 등이 포함된다.

OECD의 지역경제 및 고용발전 프로그램(Local Economic & Employment Development)이 제시하는 것처럼 지역파트너십은 지역 일자리 창출을 위한 거버넌스를 개선하는 데 도움이 된다. 파트너십은 지역거버넌스에 시민사회의 주체들 특히 민간부문 및 비영리부문의 개인이나 집단들을 포함시키는 것을 가능하게 하여 정책의 수용성을 증가시켜 그 성공확률을 높인다 (OECD, 2000). 지방분권과 지역파트너십이 결합되면 민주적 협치(democratic governance)가 가능하게 된다.

OECD의 연구에 의하면, 노-사-정의 지역파트너십에 의한 지역노동시장의 운영이 국가적 차원의 전략지역 집중개발 방식이나 중앙정부의 권한을 지방정부에 부분적으로 이양하는 방식에 의해 운영될 경우에 비해 우월한 성과를 낳는다. 지역파트너십에 의한 방식은 지역노동시장의 횡적 조정을 가장 잘 수행하여 노동시장정책이 유연성과 자기조정능력을 발휘하게 되기 때문에 높은 성과를 낳는다. 또한 지역파트너십은 협력적 노사관계, 노동자 경영 참가, 일자리에 대한 공식적이고 민주적 접근, 높은 보상체계와 생산성 향상 등 다양한 노력이 종합적으로 진행될 때 성과를 나타낸다 (임상훈, 2002).

외국의 경우 노사의 조직력이 강하고 분권화된 국가, 시민사회가 잘 발달되어 있는 국가에서는 지역파트너십이 잘 형성되어 있다. 노사의 조직력이 약한 미국과 영국에서도 지역파트너십은 비교적 잘 발달하고 있다. 우리나라에서 지역파트너십은 지역노사정협의회를 중심으로 극히 부분적으로 미약하게 형성되어 있다. 그동안 지방분권이 제대로 추진되지 않았고 지역 노사의 조직력이 미약하고 시민사회의 참여가 취약했기 때문에 지역파트너십 형성이 잘될 수 없었다.

그러나 이제 지방분권 시대가 개막되고 지역혁신체제가 구축되는 과정에서 지역파트너십 형성에 유리한 여건이 조성될 것이다. 특히 지역혁신체제와 지역인적자원개발시스템 구축에 노-사-정-민 4주체가 참여하는 파트너십 형성이 본격화될 것이다. 이것이 지역수준에서의 '일자리 만들기 연대'의 주요 내용을 이루게 될 것이다.

지역에서 '일자리 만들기 연대'의 형성에 기여할 또 다른 주요한 주체로서는 제3섹터와 그 일부인 사회적 기업을 들 수 있다. 제3섹터는 경제적 효율을 높이는 시장의 힘과 사회적 정의를 높이는 국가개입 사이의 접점에 위치하는 경제의 일부로서 NGO(재단, 자선단체, 협동조합, 상호기금, 사회적 기업 등)로 구성되며 시장이나 복지국가에 의해 충족되지 않는 욕구에 부응하는 것을 목적으로 한다(OECD, 2000).

사회적 기업은 제3섹터의 일부이지만 여타 조직보다 수익성 원리를 더 많이 도입한다. 사회적 기업은 비영리부문에 존재하지만 경제적으로 생존 가능하도록 수익성 원리에 따라 운영된다. 사회적 기업은 공공부문과 거리를 두고 운영되고 있기 때문에 실업과 사회적 배제 문제에 대한 혁신적이고 동태적인 해법을 찾는 능력을 보여줄 수 있다. 한편 시장부문 기업과 달리 이윤획득 필요성에 제약을 받지 않기 때문에 수익성은 낮으나 공익성이 높은 사업, 예컨대 직업훈련이나 사회적으로 배제된 사람들을 노동시장에 재통합시키는 자활사업, 낙후지역 재생 등에 적극성을 보인다(OECD, 2000).

사회적 기업을 포함하는 제3섹터는 일자리 창출의 새로운 원천이 된다. 시장부문도 아니고 공공부문도 아닌 시민사회부문(제3섹터)에서 창출되는 일자리 비중이 점차 증가하고 있는 것이 현대 자본주의의 새로운 경향 중의 하나이다. 이윤원리가 적용되는 자본주의 시장 부문에서 방출된 노동력이 만약 공공부문에서 충분히 흡수될 수 없다면 제3섹터는 최후의 일자리 제공자가 될 수 있다.

제3섹터의 활동은 주로 환경, 복지 분야(육아, 양로, 의료, 교육)에서 새로운 일자리를 창출할 수 있다. 특히 사회복지가 중앙정부에서 일률적으로 현금을 급부하는 복지국가를 통해 해결되는 것보다 지방자치단체가 육아,

양로, 의료, 교육 등 현물 급부를 통해 해결되는 것의 비중이 높을수록, 즉 복지행정에서 분권화가 진전될수록 지방에서 그 분야의 일자리 창출이 증대할 것이다. 아무튼 '사회적 경제'(Defourny & Campos eds., 1992)라고도 불리는 제3섹터의 경제활동의 활성화는 지역 일자리 창출에 기여하게 될 것이다. 그래서 지역수준에서 '일자리 만들기 연대'를 위해 노-사-정-민이 제3섹터를 활성화시키는 정책을 적극 추진할 필요가 있다.

육아, 양로, 의료, 교육 등 복지 분야에서 사회적으로 유용한 제3섹터의 일자리가 늘어나면 복지공동체(welfare community) 형성이 촉진되어 지역 주민의 삶의 질이 높아진다. 제3섹터의 일자리가 늘어나면 그 자체로서 실업을 줄이는 길이 될 뿐만 아니라 시장경제도 공공경제도 아닌 사회적 경제가 확대되어 대안적 발전모델 실현에 기여하게 된다(Lipietz, 1992).

이러한 까닭에 지방분권 시대에 지역파트너십과 제3섹터 방식에 기초한 '일자리 만들기 연대'를 형성하는 데 노-사-정-민 4주체가 협력하는 것은 지역경제 발전과 노동자를 비롯한 지역 주민의 삶의 질 향상에 기여하게 될 것이다. 특히 독일 바덴-부에르템부르크(Baden-Wuertemberg) 주의 슈투트가르트(Stuttgart) 지역의 사례가 보여주는 것처럼, 노동조합이 주도하는 지역파트너십에 기초한 지역주민의 참여와 혁신을 통한 지역경제의 위기 극복과 일자리 창출 사례(김형기·이문호·신인아, 2002)는 지역사회에서 노동조합(슈투트가르트 지역 금속노조)이 지역경제 발전에 지도력을 발휘하여 노동운동의 위상을 높였다는 점에서 큰 의미를 가진다 할 것이다.

6. 일자리 창출 사회적 대화를 위한 노-사-정-민의 역할

전국수준과 지역수준에서 노-사-정-민이 참여하는 '일자리 만들기 연대'가 성공하면 실업을 해소하고 고용의 질을 높여 노동자의 삶의 질을 향상시킬 뿐만 아니라, 지식기반경제에서 기업경쟁력, 지역경쟁력, 국가경쟁력도 높이고 노동자와 시민이 국가발전과 지역발전에 참여하여 자신들의 주체성을 높일 수 있다. 제3섹터와 사회적 기업이 확대될 경우에는 새로운 대안적 경제발전모델 구축에 기여할 수 있다. 지금 이 시점에서 '일자리 만들기 연대' 형성은 소모적 노사갈등, 노정갈등이 지속되고 있는 한국의 노사관계를 전환시키는 새로운 전기를 마련해 줄 수 있는 것으로 보인다.

그렇기 때문에 노-사-정-민은 지금 일자리 창출을 위한 사회적 대화에 나서야 한다. ILO에 의하면, 사회적 대화(social dialogue)는 정부, 사용자, 노동자 대표들이 경제정책과 사회정책에 관한 공통관심사에 대해서 다양한 형태로 협상하고 협의하거나 정보를 교환하는 것을 말한다.

이러한 사회적 대화를 가능하게 하는 조건은 다음과 같다. 첫째, 사회적 대화에 참가하는 데 필요한 기술적 능력과 적절한 정보를 가진 강력하고 독립적인 노동자 조직과 사용자 조직이 존재할 것, 둘째, 모든 당사자들이 사회적 대화에 참가하려는 정치적 의지와 헌신이 존재할 것, 셋째, 결사의 자유와 단체교섭과 같은 기본권이 존중될 것, 넷째, 적절한 제도적 지원이 존재할 것 등이다(ILO 홈페이지).

지금 한국에서 이러한 조건이 제대로 형성되고 있지 못한 것이 사실이다. 그렇지만 이러한 사회적 대화를 위한 장인 노사정위원회가 존재한다. 문제는 노사 양측의 배타적 이익 대표성이 약하고, 대화를 하려는 정치적 의지가 약하며, 결사의 자유와 단체교섭권의 보장을 가로막는 제도적 장애물이 여전히 존재하며, 전국수준과 지역수준에서 사회적 대화를 지원하는 효과적인 제도적 시스템이 완비되어 있지 못하다는 것이다.

이런 상황에서 '일자리 만들기 연대'를 형성하기 위한 사회적 대화의 장 마련을 위해 노-사-정-민 4주체의 공동노력이 요청된다.

정부는 먼저 '고용집약적 성장' 패턴을 형성하기 위한 거시경제정책을 일관되게 실시하여 노사 양측에 확실성을 주는 분명한 정책의지를 보여야 한다. 그래서 일자리 창출을 위한 사회적 대화 진행의 신뢰할 수 있는 조정자로 될 수 있어야 한다. 그리고 정부는 사회적 대화를 가로막는 제도적 장애물을 하루 빨리 제거해야 한다. 공무원 노조의 합법화, 비정규직 축소 및 차별 금지, 노동조합에 대한 손해배상제도 개선 등이 먼저 확실하게 해결되어야 한다. 아울러 일자리 창출을 가로막는 각종 불합리한 시장규제를 과감히 풀고 일자리 창출을 위한 재정지출을 확대해야 한다. 재정지출의 경우 교육훈련투자와 연구개발투자와 같은 사회적 투자, 보건의료, 육아, 양로와 같은 사회복지 지출에 집중함으로써 사회적 생산과 재생산 능력을 증대할 수 있는 일자리 창출 정책이 되게 해야 한다. 아울러 투기자본이 일자리를 창출하는 투자 자본으로 전환되도록 투기를 근절하는 정책을 실시함과 동시에 민자를 유치하는 국가프로젝트를 추진하는 방안을 강구해야 할 것이다.

또한 정부는 사회적 대화를 위한 제도적 지원을 위해 법에 기초하여 '지역노사정위원회'를 설치하는 방안을 검토할 필요가 있다. 지역노사정위원회는 「국가균형발전특별법」에 의거하여 설치될 지역혁신협의회와 연계하여 지역발전의 양대 거버넌스가 되어야 한다. 그래서 노동자가 참여하는 지역혁신이 이루어져야 하며, 일자리 창출에 기여하는 지역혁신이 되도록 해야 한다.

사용자들은 무엇보다 생산적 투자 특히 인적자원개발투자를 통해 더 많은 일자리, 더 많은 괜찮은 일자리를 만들어야 한다. 아울러 사용자들은 최대한 고용을 유지하고 고용조정을 할 경우에도 일방적으로 강행할 것이 아니라 노사협의에 기초한 고용조정을 행해야 한다. 나아가 노사합의를 통해 '일자리 나누기(job sharing)'를 적극 실천해야 한다. 노동배제적 경영이 아니라 노사 간에 정보공유, 의사 결정권 공유, 이윤공유가 이루어지는 노동참여적 '공유경영'을 지향해야 한다. 비정규직에 대한 차별을 없애는 실천을 통해서 노동자와 시민들에 대한 신뢰를 회복해야 한다.

대기업 사용자들은 '일자리 없는 성장'을 하는 경우 이윤의 일부를 사회적 일자리 창출을 위한 기금에 기부하는 나눔의 기업문화를 만드는 데 앞장서야 한다. 아울러 벤처기업 및 중소기업과 진정한 파트너십을 형성하여 상생 발전하는 관계를 형성함으로써 벤처기업과 중소기업의 일자리 창출에 기여해야 한다. 중소기업 사용자들도 이른바 3D 일자리 제공에 머물지 말고 산학협력을 통한 경영혁신에 기초하여 괜찮은 일자리를 만들어냄으로써 노동력 부족 문제를 해결함과 동시에 일자리 창출에 기여해야 할 것이다.

노동조합은 무엇보다 합리적인 노동운동 노선을 정립해야 한다. 노동조합들은 노동시장의 안정성을 추구하더라도 노동시장의 유연성을 위한 협의에 참가하여 경직적 노동시장에 안주하지 말고 조정된 유연성을 실현해야 할 것이다. 만약 외부 노동시장의 유연화에 반대한다면 그 대신 내부 노동시장의 유연화, 즉 노동력의 유연한 사용을 위한 노동과정의 유연화에 동의해야 할 것이다. 그래서 외부 노동시장도 경직적이고 내부 노동시장도 경직적인 상황을 극복해야 할 것이다.

이제 더 이상 '전투적 조합주의'는 희망이 없어 보인다. 일자리 창출을 위한 사회적 대화에 참가해 자신의 정치적 위상을 높이고 일자리 창출을 선도하는 '사회적 조합주의' 노선을 확고히 정립하지 않으면 안 된다. 독일의 노총(DGB), 금속노조(IG Metall)처럼 일자리 창출을 위한 연대 형성에 주도권을 쥐고 자신의 정치적 위상을 강화함과 동시에 노동자들의 삶의 질을 높이는 방향으로 노동조합운동을 일대 혁신할 필요가 있다. 이런 점에서 민주노총은 '일자리 만들기 연대'란 의제를 가지고 노사정위원회의 테이블로 하루 빨리 복귀해야 한다.

아울러 노동조합은 노동자들 내부의 연대를 위해, 일자리 창출을 위해, 사회정의를 위해, 일자리 나누기를 적극 실천해야 할 것이다. 노동조합이 주도적으로 나서서 내부자와 외부자 간, 남성과 여성 간, 청년층과 노년층 간, 정규직과 비정규직 간 일자리 나누기를 위한 고용모델을 제시하고 사용자 및 정부와 협의하여 전체 노동자들에게 일자리 혜택이 골고루 돌아가도록 실천해야 할 것이다.

시민사회는 이제 노-사-정 3자에 대해 제3자로만 남을 수 없다. 노사관계는 지역경제 발전과 사회발전에 큰 영향을 마치기 때문이다. 지역경제가 활성화되고 지방에 일자리가 늘어나 지역사회가 활기를 되찾기 위해서는 지역에 합리적 노사관계가 정착해야 한다. 따라서 지역의 대학, NGO와 언론 등 지역 시민사회가 적극 나서서 '일자리 만들기 연대' 형성을 위한 공론의 장을 만들어야 한다.

노-사-정-민이 함께 참여하는 '일자리 만들기 연대'는 지역사회에서 민주적 협치(democratic governance) 실현에 기여할 것이다. IMF 경제위기 때 조직된 실업극복국민운동을 '일자리 만들기 국민운동'으로 전환시켜 시민사회가 일자리 창출에 적극 나서는 방안도 생각해 볼 수 있다.

시민사회 영역에서 특히 대학은 지역혁신체제 구축의 중핵으로서 산학연 협동을 통해 일자리 창출에 적극 나서야 한다. 무엇보다 대학졸업자들의 취업가능성을 높이는 교육프로그램을 개발하고 지역경제 살리기를 통해 지방에 일자리를 창출하는 데 앞장서야 한다. 지역기업과 대학이 긴밀히 연계하여 산학의 상생 발전을 추구해야 한다.

이러한 정부, 사용자, 노동자, 시민 4주체가 함께 나서서 일자리 만들기를 중심으로 노사대타협을 이루어 '일자리 창출 사회협약'을 전국수준과 지역수준에서 체결해야 할 것이다. 2004년이 한국에서 '일자리 만들기 연대' 형성의 원년이 될 수 있도록 지금부터 노사대타협을 위한 준비 작업에 착수해야 할 것이다.

'일자리 만들기 연대'를 결성하고 운영하는 과정에서는 정부주도보다는 노사 양측의 주도 아래 정부와 시민사회가 지원하는 방식이 바람직할 것이다. 정부는 제도혁신을 통해, 시민사회는 문화혁신을 통해, '일자리 만들기 연대'라는 노사대타협 도출에 기여해야 할 것이다.

참고문헌

김동배. 2004. 「유한킴벌리 노사협력사례-작업장혁신을 통한 일자리 지키기」. 노사정
위원회. '일자리 만들기' 관련 논문자료 모음.
김애경. 2006. 「노동시장 양극화 극복을 위한 연대숙련정책」. 한국사회경제학회 하계
학술대회 발표논문.
김태기·전병유. 2002. 「구조조정과 노사관계」. 한국경제학회 국제학술대회 발표논문.
김형기. 2000. 「지방분권과 지역혁신: 지역발전의 새로운 비전」. ≪한국민족문화≫,
제16집.
_____. 2003a. 「한국경제의 대안적 발전모델을 위한 노동개혁」. 이원덕 외. 『노동의
미래와 신질서』. 서울: 한국노동연구원
_____. 2003b. 「일자리 만들기 연대: 노사대타협의 새로운 의제」. 한국노사관계학회
정책토론회 발표논문.
김형기·이문호·신인아. 2002. 「삶의 질 향상을 위한 노사관계의 발전방향: 근로생활
을 중심으로」. 삶의질향상기획단 연구보고서.
노사정위원회. 2004. '일자리 만들기' 사회협약 체결 관련 외국사례 등 자료 모음.
이원덕 외. 2000. 『21세기 노동정책』. 서울: 한국노동연구원.
임상훈. 2002. 『지역파트너십과 정책과제』. 서울: 한국노동연구원.
전병유. 2002. 『지역 일자리 창출과 정책과제』. 서울: 한국노동연구원.
최영기·배규식. 2003. 「노사관계의 한국형 모델」. 한국노동연구원 15주년기념 심포
지엄 발표논문.
최영기·이장원. 1998. 『구조조정기의 국가와 노동』. 서울: 나무와숲.

Anke, Hassel. 2001. "The Problem of Political Exchange in Complex Governance
Systems: The Case of Germany's Alliance for Jobs." *European Journal of
Industrial Relations*, Vol. 7, No. 3.
Defoury, Jacques and Jose L. Monzon Campos. 1992. *Economie sociale*. Paris: De

Boeck-Wesmeal.

Hall, Peter A. and David Soskice. 2001. *Varieties of Capitalism.* New York: Oxford University Press.

Hassel, Anke and Reiner Hoffmann. 2000. "National Alliances for Jobs and Prospects for a European Employment Pact." the European Commission.

Heseler, Heiner and Rudolf Hickel. 2000. "Basic Information on the Alliance of Jobs in Germany." Korea Labour Institute and the Tripartite Commission.

ILO. 1996a. "Combating Unemployment and Exclusion Issues and Policy Options." Contribution of the ILO to the G7 Employment Conference

_____. 1996b. "Globalization and Employment: Is Anxiety Justified?" *International Labour Review,* Vol. 135, No. 5.

_____. 2001. "The New Global Agenda for Employment: Synopsis of a Comprehensive Employment Framework." Report of the World Employment Forum 2001.

Lipietz, Alain. 1992. *Towards a New Economic Order: Postfordism, Ecology and Democracy.* London: Polity Press.

OECD. 2000. "Local Development and Job Creation." *Policy Brief.*

제9장
한국 노동운동의 혁신을 위한 10대 명제*

　　최근 노동운동의 일대 혁신을 주장한 박승옥 선생의 근본적 문제 제기(박승옥, 2004)로 노동운동 논쟁이 다시 불붙고 있다. 1980년대 이후 한국 노동운동의 노선을 둘러싸고 오랜 논쟁이 전개되어 왔다. 1980년대 말~1990년대 초 전개된 노동운동 위기 논쟁[1] 이후 10여 년 만에 새롭게 논쟁이 일어나고 있다.

　　우리나라 노동운동은 세계화와 지식기반경제 시대에 능동적으로 대응하지 못하고 낡은 이념과 운동방식으로 인하여 사회적으로 고립되고 있다는 점에서 위기에 처해 있음이 분명하다. 이 위기는 노동운동의 패러다임을 바꾸지 않으면 극복될 수 없다는 점에서 대위기라 할 수 있다. 이 대위기를 탈출하여 노동운동이 새롭게 도약할 수 있는 혁신 방향은 무엇인가? 이 글에서는 한국 노동운동의 혁신방향 모색에 기여한다고 생각되는 10대 명제를 제시하고자 한다.

---

* 이 글은 전태일 열사 34주기 기념 대토론회 "한국노동운동의 현주소와 나아갈 길"(2004. 11. 5.) 발표논문을 수정 보완한 것임.

1) 이 시기의 논쟁에서 필자는 한국노동운동의 위기를 극복하기 위해서는 노동운동 노선이 바뀌어야 한다는 주장을 편 바 있다. 김형기(1992) 참조.

1. 노동계급의 힘을 강하게 하는 운동 노선이 노동계급적이다.

그동안의 노동운동 논쟁 과정에서 노동운동의 반성을 촉구하는 주장에 대해 노동자 계급성이 없다든가, 노동계급적 관점이 없다든가 하는 비판이 빈번히 제기된 바 있다. 그런데 과연 무엇이 노동계급적 관점이고, 어떻게 하면 노동자 계급성을 높일 수 있는가?

노동계급의 힘을 강하게 하는 운동 노선이 노동계급적이다. 어떤 특정의 고정된 이데올로기를 지지해야 노동계급적인 것이 결코 아니다. 마르크스주의나 사회주의를 지향하는 것이 곧 노동계급적 관점이거나 노동계급적인 것이 아니다. 이러한 이념들이 노동운동을 약화시킨다면 그것은 더 이상 노동계급적이 아니다. 앙상한 계급성, 고립된 계급성은 진정한 계급성이 아니다. 대중운동으로서의 노동운동의 사회적 고립을 초래하는 운동 노선은 반노동계급적이라 아니할 수 없다.

노동계급의 힘을 '실제로' 강하게 하는 이념과 정책만이 노동계급적이다. 이런 이념과 정책은 고정된 것이 아니고 시간적으로 가변적이고 공간적으로 다양하다. 노동계급의 힘을 강하게 하는 고정된 이념과 정책, 운동 노선은 없다. 따라서 자본주의의 구조 변화, 세계사와 한국사의 변화에 대응하여 노동계급의 힘을 강하게 할 운동 노선을 부단히 모색해야 한다.

노동운동의 도(道)는 결코 불변의 고정된 형태를 가지지 않는다. 누가 노동자인지, 무엇이 노동계급적인지에 대한 고정불변의 정의는 없다. 불변의 '추상적 프롤레타리아(abstract proletariat)'[2] 개념에 기초한 노동운동 노

---

2) 여기서 '추상적 프롤레타리아'란 노동자들의 실생활에서 구체적으로 관찰되는 그들의 행동양식과 사고방식에 기초한 현실의 노동계급이 아니라, 인간해방을 위한 자본주의 전복이라는 역사적 사명에 따라 사고하고 행동하는 이론상의 노동계급을 말한다. 이러한 마르크스의 『자본론』에서 주어진 이러한 추상적 프롤레타리아 개념의 문제점에 관해서는 Lebowitz(1992: 103~104) 참조.

선은 잘못된 것이다.

道可道 非常道 名可名 非常名　(老子, 『道德經』)

2. 계급의 힘은 사회에 대한 정치적·경제적·문화적 영향력의 총화이다.

노동계급의 힘은 파업투쟁과 같은 물리적 힘으로만 구성되는 것이 아니다. 물리적 힘은 단기적으로는 강하게 표출될지 몰라도 중·장기적으로는 사라지거나 경우에 따라서 노동계급의 힘을 약화시킬 수도 있다. 소모적인 파업투쟁은 노동계급의 힘을 강화하기는커녕 노동계급의 힘을 약화시킨다.

노동계급의 정치적 영향력은 노동자들의 집합적 힘이 그 기초가 되지만 노동자 개인의 정치의식과 노동운동 리더들의 정치력, 전략적 행동능력, 교섭력, 사회적 대화능력 등에 크게 좌우된다. 따라서 이러한 의식과 능력을 높이는 것이 노동계급의 힘을 강화하는 길이다.

노동계급의 경제적 영향력은 노동자 개개인이 선진적 생산력을 주도할 수 있는 능력에 달렸다. 21세기 지식기반경제에서 IT, BT, NT, CT 등 신기술에 대응하는 경영능력과 노동능력이 높을수록 노동계급의 경제적 영향력이 강화된다. 지속적으로 향상되는 생산력의 주된 담당자가 되지 못하면 새로운 사회의 주인이 될 수 없다.

노동계급의 문화적 영향력은 노동자들의 지적·도덕적 능력에 달려 있다. 철학, 사회과학적 지식, 문학적 상상력, 예술적 감수성, 자기수양이 노동자들의 지적·도덕적 능력을 높인다. 이러한 정치적·경제적·문화적 영향력은 노동계급의 학습능력에 크게 의존한다. 노동계급의 힘은 투쟁능력뿐만 아니라 학습능력에서도 나온다. 노동자들의 학습능력을 높이는 활동이 파업투쟁 못지않게 중요하다. 다양화되고 있는 21세기 문화의 세기에서는 갈수록 그 중요성이 더욱 증대하고 있다.

진정한 힘은 힘의 사용을 절제하는 데서 나온다. 파업할 힘이 있어도 파업하지 않을 때 진정한 힘을 발휘할 수 있다. 힘을 남용하면 힘이 아니라 폭력이 되고 마침내 힘의 효과가 없어진다. 파업투쟁 일변도 때문에 노동운동이 사회적으로 고립되면 노동계급의 힘은 약화된다.

싸우지 않고 이기는 것이 최상의 방법이다 (『孫子兵法』).

3. 노동계급의 집합적 힘은 연대와 네트워크에서 나온다.

노동계급의 집합적 힘은 어디서 나오는가? 수의 힘이다. 나아가 그 수의 결집력이다. 더 많은 수가 강하게 결집하려면 다차원의 강한 연대가 필요하다.

우선 노동계급 내부의 연대가 필요하다. 성, 인종, 연령, 학력, 기업 규모별, 고용 형태별로 노동자들이 이질화되고 분할되면 노동계급의 힘은 약화된다. 노동시장과 노동과정, 노동력 재생산의 분단을 극복하는 것이 집합적 힘을 강화하는 길임은 자명하다. 현재 대-중소기업 간, 정규직-비정규직 간 노동자의 심각한 분할을 극복하는 것이 노동계급 내부 연대의 당면 과제이다. 연대임금정책(solidaristic wage policy)과 연대숙련정책(solidaristic skill policy)은 노동계급 내부의 격차를 축소하여 집합적 힘을 증대시키는 데 기여할 것이다.

노동계급과 다른 계급계층 및 그 사회운동과의 연대가 필요하다. 이 연대는 네트워크를 통해 이루어져야 한다. 이를 위해서는 노동계급의 중심성론이 기각되어야 하며, 다른 계급·계층과의 대등성 및 다양성을 인정하는 관용이 필요하다. 과거와 같은 노동계급 중심적인 통일전선론으로는 더 이상 힘을 결집할 수 없다는 것이 점차 분명해지고 있다.

위계적 조직을 통해서가 아닌 네트워크 조직을 통한 집합적 힘의 형성을 위해서는 노동자들과 다른 사회 주체 사이에 신뢰와 협력이라는 사회자본이 형성되어 있어야 한다. 노동운동이 다른 사회 주체와 사회운동을 대등하게 인정하고 존중함과 동시에 노동운동이 신뢰받는 파트너로서 협력 대상으로 인정받을 때, 노동운동과 다른 사회 주체와 사회운동 사이에 네트워크가 형성될 수 있고 따라서 노동계급의 집합적 힘이 강해질 수 있다.

사회 각계각층으로 연결되는 다양하고 풍부한 내용을 가지는 개방적 네트워크를 통한 노동운동의 인적 및 물적 자원의 동원은 노동운동의 힘을 증대시킬 것이다.

4. '단일 거대노조(One Big Union)' 정신에 따른 노동조합운동의 통일이 필요하다

하나의 큰 노조 정신에 따라 노동조합운동의 통일이 필요하다. 지금 노동조합운동 통일의 가장 큰 계기는 민주노총과 한국노총의 통합이 될 것이다. 현재 민주노총과 한국노총은 사실상 이념이나 정책 면에서 큰 차이가 없다. 과거 역사의 차이는 있지만 미래 지향적으로 볼 때 그 차이는 사소할 것이다. 따라서 양 노총이 대통합을 못할 이유가 없다.

민주노총과 한국노총의 통합은 노동운동에 '빅 푸시(Big Push)' 요인으로 작용하여 노동운동 내부의 연대를 높이고 현재의 교착과 침체 상황을 크게 반전시키고 노동운동의 정치적 영향력을 높이는 획기적 계기가 될 것이다. 민주노총과 한국노총의 통합은 노동정치가 국가정치보다 성숙되어 있다는 것을 보여줌으로써 노동운동에 대한 국민의 신뢰를 높이는 결정적 계기가 될 것이다. 통합의 전제 조건은 '단일 거대노조(One Big Union)' 정신을 저해하는 분파주의, 편협한 정파 지향성을 지양하는 것이다.

빠른 시일 내에 노동운동 내부에 이를 공론화시키고 대중토론을 진행함과 동시에 통합 추진기구를 설치하는 것이 바람직하다.

5. 노동운동과 시민운동은 둘이 아니다(勞市不二).

임노동 재생산은 노동과정(일터), 노동시장(장터), 노동력 재생산(삶터)이란 3역의 순환계열상에서 이루어진다.[3] 그 3영역은 밀접히 연관되어 있다.

노동자의 삶의 질 향상과 주체 형성은 이 3영역에 걸쳐 이루어진다. 노동과정에서 삶의 질, 즉 노동생활의 질이 향상되었으나 노동력 재생산(소비생활, 주거생활, 육아/양로, 교육, 문화) 과정에서 악화된다면 전자는 무효화될 수 있다. 주체형성은 노동과정에서만이 아니라 노동력 재생산 과정에서도 이루어져야 한다.

노동과정에서의 노동운동(임금투쟁, 단협투쟁, 파업)과 노동력 재생산 과정에서의 노동운동(노동자 삶의 질 향상운동)은 전체 노동운동 중 주요한 두 부분이다. 교육운동, 환경운동, 소비자운동, 인권운동, 여성운동, 문화운동 등 시민운동은 또 다른 형태의 노동운동, 즉 노동력 재생산 과정에서의 노동운동이다. 노동자의 시민으로서의 주체형성은 노동력 재생산 영역인 시민사회에서 이루어진다. 따라서 시민운동은 '새로운 노동운동'(New Labor Movement)[4] 영역이라 할 수 있다.

---

3) 임노동 재생산에 관한 자세한 논의는 김형기(1997)를 참조.
4) 새로운 사회운동인 이러한 시민운동은 곧 새로운 노동운동이라는 관점에 대해서는 Lebowitz(1992) 및 김형기(1997) 참조.

이런 관점에서 보면, 노동운동과 시민운동은 둘이 아니고 하나다. 본질적으로 동일한 것을 그 표현 형태의 차이만을 보고 다르다고 하고 심지어 서로 대립, 갈등하는 것은 잘못이다. 시민운동에 대한 노동운동의 잘못된 관점을 하루 빨리 극복해야 한다. 노동운동과 시민운동이 분리되면 두 운동은 함께 약화된다.

노동계급의 정치적 및 문화적 영향력을 증대시키기 위해서는 특히 시민운동으로서의 노동운동을 전개하는 것이 필수적이다. 이것이 '시민과 함께 하는 노동운동'의 진정한 의미일 것이다.

6. 사회코포라티즘 전략과 시민사회 전략의 결합이 필요하다.

지금까지 한국노동운동의 전환을 주장해 온 논의들은 크게 두 경향으로 나누어진다. 하나는 노동권 실현을 중심으로 노-사-정의 사회적 합의를 지향하는 경향이고, 다른 하나는 시민권 실현을 중심으로 노동운동과 시민운동을 결합하려는 경향이다. 전자를 사회코포라티즘(social corporatism) 전략, 후자를 시민사회 전략이라고 부를 수 있다. 사회코포라티즘 전략은 정치적 영향력을 증대시키는 전략이라고 할 수 있고, 시민사회 전략은 문화적 영향력을 증대시키는 전략이라 할 수 있다.

산업별 노조 건설과 산업별 교섭체계의 확립, 노-사-정의 중앙교섭 혹은 노사정위원회를 통한 사회적 합의 도출 등을 지향하는 경향은 사회코포라티즘 전략에서 나온 것이라 할 수 있다. '시민과 함께하는 노동운동', '국민과 함께하는 노동운동' 등을 지향하는 경향은 시민사회 전략에서 나온 것이라 할 수 있다.

서구의 경우를 보면 집권, 위계, 타율의 조직 원리를 가지는 대량생산경제의 노동운동에서는 비교적 동질적인 산업노동자를 기반으로 한 사회코포라티즘 전략이 비교적 유효했으나, 분권, 네트워크, 자율의 조직 원리를 가진 지식기반경제의 노동운동에서는 직종별로 이질적인 지식노동자 비중이 증가함에 따라 사회코포라티즘(거시코포라티즘) 전략의 효과성이 떨어지고 있다. 이에 대응하여 서구의 노동운동은 점차 시민사회 전략을 강화하는 방향으로 나아가고 있다.

한국경제에서는 1997년 경제위기를 계기로 포디즘이 결정적으로 붕괴했는데도 불구하고 노동운동은 여전히 포디즘 시대의 노동운동을 전개하고 있다. 산업별 노조와 산업별 교섭체계는 동질적인 반숙련노동자의 단순노동을 기초로 한 포디즘의 대량생산경제에 적합한 노조조직 형태이며 노사교섭형태이다. 한국경제는 이미 1997년 경제위기를 계기로 대량생산경제에서 지식기반경제로 이행하고 있기 때문에 코포라티즘 전략의 유효성이 점차 떨어질 것으로 전망된다.

그러나 한국에서는 아직 기업별 노조체제에 있고 노동계급의 정치세력화의 초기 단계에 있기 때문에 기업별 노조의 산업별 노조로의 전환을 통해 사회코포라티즘 전략을 강화할 필요가 있다. 따라서 이러한 특수성을 고려할 때 사회코포라티즘 전략과 시민사회 전략을 결합하는 것이 바람직할 것이다.

7. '전국-산업-지역-기업'을 연결하는 노사관계 틀 형성이 필요하다.

현재 노동운동은 기업별 노조체제에서 산업별 노조체제로의 이행을 시도하고 있다. 그리하여 기업별 교섭 체제에서 산업별 교섭체제로 나아가려고 하고 있다. 이는 기업→산업→전국으로 이어지는 단일 경로의 집권적 교섭체계로 나아가려는 것이다. 한국에서는 노동운동의 발전을 위해서나 교섭비용의 감소를 위해서나 교섭체계의 집권화가 필요하다.

그러나 이러한 단일 경로의 교섭체계만으로는 노동자의 삶의 질 향상과 주체형성의 과제를 포괄하기 어렵다. 기업에서 산업으로 연결되는 교섭체계만으로는 노동자의 삶의 질을 높이는 데 한계가 있다. 따라서 이를 보완하는 다른 경로의 교섭체계가 필요하다. 즉, 기업 ↔ 지역 ↔ 전국으로 연계되는 분권적 교섭체계의 경로를 설치할 필요가 있다. 요컨대 지역별 교섭체계를 새로이 구축해야 한다는 것이다. 노동자가 일하는 기업은 어떤 산업에 속하지만 동시에 어떤 지역에 속한다. 대기업의 경우는 몰라도 특히 중소기업의 경우 기업이 입지한 지역경제의 상황에 따라 고용과 임금 등 노동자의 노동생활의 질이 크게 영향을 받는다.

따라서 지역노사정협의회와 지역혁신협의회, 지방의제21지역협의회 등 현재 존재하는 지역 3대 거버넌스(governance)에 적극 참가하여 노동, 혁신, 환경 관련 지역정책이 노동자의 삶의 질을 높이는 방향으로 이루어지도록 만들어야 한다.

점차 열리고 있는 지방분권시대에, '지방이 살아야 나라가 산다'는 명제와 함께 '지역경제가 살아야 노동자가 산다'는 명제가 더욱 절실히 다가올 것이다. 지역경제 위기 속에서 노동운동과 다양한 시민사회단체 간의 네트워크를 통해서 지역경제 재도약을 주도하여 지역 내 노동운동의 정치적 영향력도 확대한 독일 슈투트가르트(Stuttgart) 지역 금속노조의 실천 사례(김형기·이문호·신인아, 2002)는 벤치마킹할 만하다.

8. 노동계급의 이익과 사회의 보편이익을 일치시키는 노동운동을 해야 한다.

현재 우리나라 노동조합은 국민들에게 자신들의 좁은 직업적 이익을 추구하는 이기적 집단으로 비추어지고 있다. 특히 대기업 노동조합들은 고임금을 받으면서도 과도한 임금인상을 요구하며 지나친 파업투쟁을 일삼고 있다는 비난을 받고 있다. 국민경제가 위기에 처한 것도 아랑곳하지 않고 시민이 불편한 것도 고려하지 않고 자신들의 이익만 챙기기 위해 소모적인 파업을 한다고 배척당하고 있다. 이는 노동운동의 사회적 고립을 자초하고 있는 주된 요인이다.

이는 노동운동이 노동자들의 직업적 이익에 집착한 결과 자신의 계급적 이익과 사회의 보편적 이익을 대립시키고 있는 데 기인한다. 노동운동이 이렇게 편협한 직업이기주의에 빠져 퇴영적이게 되면, 노동운동은 결코 사회발전을 주도할 수 없다. 마르크스는 '혁명적 계급은 자신의 계급적 이익과 사회의 보편적 이익을 일치시키는 계급이다'고 했다.

노동자들이 노동력의 상인에 머물지 않고 주체적 인간으로서 사회발전에 주도적으로 참여하려면, 사회 전체의 이익, 국가 전체의 이익, 국민경제의 이익을 함께 고려하면서 자신의 직업적 이익을 실현하는 운동 윤리를 가져야 한다.

물론 노동운동은 지구적 범위에서 인권 실현이나 반전, 생태계 보전과 같은 인류의 보편적 이익을 위해 실천해야 한다. 이런 인류적 관점과 함께 국민경제적 관점도 고려해야 한다. 국제 경쟁력을 높이고 경제성장을 지속시키는 데 관심을 기울여야 한다. 그래야만 모든 노동자들의 가장 기본적인 욕구인 일자리가 유지되고 창출될 수 있기 때문이다. 세계화 시대에는 노동자의 삶의 질 향상과 국제 경쟁력 향상을 동시에 추구하는 노동운동을 해야 한다. 지금 부각되고 있는 제조업 공동화 문제에 대한 노동운동의 적극적 대응은 이런 관점에서 이루어져야 한다. 지역사회에서는 노동자의 삶의 질 향상과 지역경제의 경쟁력 향상을 동시에 추구하는 운동 노선, 지역 주민의 삶의 질 향상과 노동자의 삶의 질 향상을 동시에 추구하는 운동 노선을 정립해야 한다. 이런 노선에 설 때, 지방을 살리려는 지방분권 운동과 노동운동이 만날 수 있다.

지방분권과 지역혁신을 통해 지역경제를 활성화시키고 지역에서 일자리를 창출하려는 지방분권운동은 곧 지역의 보편적 이익 실현을 위한 운동이다. 또한 노동계급의 정치적 영향력의 측면에서 보더라도 생활정치가 전개되는 지역에서의 밑으로부터의 정치, 즉 지역정치가 결정적으로 중요하다. 이런 까닭에 지방분권운동과 노동운동은 둘이 아니다. 노동운동은 풀뿌리 주민자치운동과 결합하고 지역혁신운동과 결합함으로써 발전할 수 있다. 따라서 노동운동은 지방분권운동에 적극 동참해야 한다.

9. 대안적 발전을 지향하는 노동운동을 해야 한다.

과거 변혁적 노동운동은 사회주의를 이념으로 지향해 왔다. 그러나 1980년대 말 1990년대 초 세계사회주의가 붕괴함에 따라 거의 모든 국가의 노동운동에서 그것은 더 이상 유효한 이념으로 추구되고 있지 않다. 대신 사회민주주의가 현실적 노선으로 채택되는 경우가 많았다. 그러나 1970년대 이후 사회민주주의가 위기에 빠지고 '신자유주의적 글로벌 자본주의'가 등장함에 따라 과거와 같은 사회민주주의 지향의 노동운동도 활력을 잃고 있다.

그렇다면 노동운동은 무엇을 지향해야 하는가? 안토니오 네그리(Antonio Negri)가 주장하는 것처럼 제국(Empire)에 대항하는 '반제국'(Anti-Empire) 운동을 해야 할 것인가? 아니면 반글로벌화(Anti-Globalism) 운동을 해야 할 것인가? 아니면 종래와 같은 반제국주의나 반자본주의 운동을 해야 할 것인가?

안티운동으로서는 이러한 운동도 생각해 볼 수 있지만 그것도 별 가망성이 없어 보인다. 그렇다면 노동운동은 무엇을 지향해야 하나? 우리가 이상주의자(utopianist)가 아니고 진정한 현실주의자(realist)라면 무조건 북극성만 바라보고 항해해서는 안 될 것이다. 멀리 북극성을 지향하면서도 우리의 배는 제주항에서 부산항에 이르는 항로를 헤쳐 나가야 하는 것이다.

이러한 관점에 서면, 진보적 노동운동은 가까운 장래에 실현 가능한 대안적 발전모델을 지향해야 한다. 여기서 대안적 발전모델(alternative development model)로서 기존의 사회민주주의도 아니고 신자유주의적 자본주의도 아닌 '제3의 길'로서, 대외적으로 '인간의 얼굴을 한 글로벌화' (Stiglitz, 송철복 역, 2002: 425)와 대내적으로 참여(participation), 연대(solidarity), 생태(ecology)의 가치를 지향하는 '탈포드주의적 조정시장경제'(Post-Fordist Coordinated Market Economy)를 상정해 볼 수 있을 것이다.

여기서 탈포드주의는 '분권-네트워크-자율'의 원리를 가진 작업조직과 생산시스템, 기업조직을 말하며, 조정시장경제는 노-사-정이 주요 경제사회문제에 대해 사회적 대화를 하고 협의하여 해결해 나가는 시장경제를 말한다.[5] 참여는 참여민주주의를 말하고, 연대는 복지국가 혹은 복지공동체를 말하며, 생태는 지속가능한 발전과 생태주의적 삶을 말한다.

우리나라에서는 1987년 이전의 개발독재와 1997년 이후의 신자유주의를 넘어 '한국형 제3의 길'을 통해 이러한 발전모델을 실현해야 할 것이다. 유럽강소국 모델, 네덜란드 모델, 덴마크 모델 등도 어디까지나 참고사항일뿐 우리의 역사와 문화에 적합하다고 볼 수 없다. 한국 독자적인 대안적 발전모델을 실천 속에서 모색하는 것이 노동운동의 절실한 과제라 할 것이다. 다만 여기서 고비용-저효율의 대안적 발전 모델, 고비용-저효율의 진보는 지속가능하지 않다는 점에 유의하여 고효율-저비용의 '지속가능한 진보'를 지향해야 할 것이다.

---

5) 시장경제의 유형인 자유시장경제(liberal market economy)와 조정시장경제의 차이에 대한 자세한 논의는 Hall, P.A. & Soskice, D. eds(2001) 참조.

10. 한국 노동운동은 지금 사회적 대타협을 능동적으로 도출해야 한다.

노동운동이 대안적 발전을 지향한다면, 노동운동은 사회적 대타협을 통해 그것을 실현해야 한다. 사회적 대타협이 노동운동을 약화시키고 노동자의 삶의 질을 장기적으로 하락시킨다면 물론 이런 타협을 지향해서는 결코 안 될 것이다.

우리가 앞에서 제시한 '탈포드주의적 조정시장경제'라는 대안적 발전모델이 중·장기적으로 한국 사회에서 실현되려면 몇몇 징검다리를 건너야 한다. 따라서 대안적 발전모델에 이르는 과정은 주요한 계기들을 포함하는 점진적인 과정일 수밖에 없다.

그렇다고 한다면 노동운동이 대안적 발전모델에 이르는 낮은 단계에서 높은 단계까지 로드맵을 가지고 사용자 및 정부 및 시민과 사회적 대화를 통해 대타협에 도달하는 실천을 할 필요가 있다. 지금 한국은 경제위기와 정권을 잡은 개혁세력의 정치위기가 결합되어 사회가 혼란스럽고 불확실성이 증대하고 있다. 노동운동은 노동운동대로 사회적 고립의 위기에 빠져 있다. 경제위기, 정치위기, 삶의 위기가 복합적으로 나타나고 있다.

이러한 위기가 지속되면 파시즘과 같은 심각한 반개혁적 반전이 올지도 모른다. 이러한 사태 발생을 막고 우리사회의 민주개혁의 흐름을 지속가능하도록 하여 마침내 대안적 발전모델을 구현하기 위해서는 노동운동이 능동적으로 역사적인 대타협을 추진해야 한다.

이러한 대타협은 대안적 발전을 지지하는 각계각층의 연합, 즉 '대안적 발전 연합(alternative development coalition)'을 구축함으로써 도출할 수 있을 것이다. 참여정부에 들어와서 시도된 '일자리 만들기 연대'는 비록 졸속하게 끝나고 말았지만, 대안적 발전에 이르는 하나의 징검다리로서 새롭게 추구할 가치가 있는 연대라 할 수 있다.

노동운동은 지금 노-사-정 간의 정치경제적 교환을 통해 이루어질 사회
적 대타협을 도출하기 위한 의제설정과 전략수립에 착수해야 할 것이다.

참고문헌

김형기. 1992. 「'진보적 노사관계'와 '진보적 노동조합주의'를 위하여」. ≪경제와
    사회≫, 15호, 한국산업사회연구회.
김형기, 1997. 「임노동론의 방법에 의한 사회구성분석 시론」. ≪사회경제평론≫,
    제10호.
김형기·이문호·신인아. 2002. 「삶의 질 향상을 위한 노사관계 발전 방향」. 청와대
    삶의질향상기획단 연구보고서.
박승옥. 2004. 「한국노동운동, 종말인가 재생인가」, ≪당대비평≫, 2004년 가을호.
Hall, P.A. & D. Soskice(eds.). 2001. *Varieties of Capitalism*. New York: Oxford
    University Press.
Lebowitz, M. A. 1992. *Beyond Capital: Marx's Political Economy of the Working Class*.
    Palgrave Macmillan.
Stigliz, J. E. 2002. *Globalization and Its Discontents*. 송철복 역.『세계화와 그 불만』.
    세종연구원.

한국 사회의 현안문제에 대한 '지속가능한 진보'의 시각*

1. 한미 FTA를 어떻게 보는가?

한미 자유무역협정은 동북아의 복잡한 국제정치경제 관계적 변수가 연계되어 있어서 결코 단순하게 볼 수 없다. 그렇지만 한미 FTA에 대한 입장은 크게 세 가지로 나누어 볼 수 있다: 신자유주의적 글로벌화 (Neo-liberalist Globalization), 반글로벌화(Anti-Globalization), 관리된 글로벌화 (Managed Globalization).

신자유주의적 글로벌화는 국가 간, 계층 간 양극화를 심화시키므로 지속가능하지 않다. 반글로벌화는 개방이라는 세계사의 불가피한 흐름을 거역하고 세계시장 속에서만 존재할 수 있는 한국경제의 현실을 무시한 시대착오적이고 비현실적인 입장이다. 세계화의 기회를 극대화하고 위험을 극소화하는 전략적 개방과 대내적 안전장치를 갖춘 '관리된 세계화'가 올바른 입장이다. 글로벌화를 무조건 반대하는 반글로벌화와 무조건 찬성하는 신

---

* 한겨레신문 창간기념 토론회 서면 인터뷰 자료(2006. 5. 6).

자유주의적 글로벌화로 양분되어 소모적 논쟁을 하는 것은 바람직하지 않다. 한미 FTA를 둘러싼 논란이 또한 개화냐 쇄국이냐는 19세기적 논쟁으로 흐르거나 친미냐 반미냐로 분열되는 것은 백해무익한 소모전일 뿐이다.

관리된 세계화 관점에서 말하는 '전략적 개방'이란 국민경제의 자기중심성을 유지하기 위해 산업 경쟁력을 강화하고 국민경제의 거시적 안정성을 실현하며 국민의 삶의 질을 높이기 위해 소비자의 후생을 높이고 정치·사회적 안정성을 실현하는 방향으로 개방의 순서와 속도를 조절하는 것을 의미한다. 전략적 개방에 필수적인 것이 대내적 안전장치이다. 대내적 안전장치는 경제안전망(economic safety-net)과 사회안전망(social safety-net)을 포함해야 한다.

경제안전망은 개방이 초래할 대내적 충격과 불안정성, 시스템 위험(systemic risk)을 줄여서 국민경제의 중심성 혹은 항상성을 유지해 주는 다중적 피드백 시스템(multiple feedback system)인 제도적 장치를 말한다. 금융위기와 국부유출을 막을 수 있는 금융감독장치, 기업과 은행 간의 장기 안정적 거래를 가능하게 하는 관계금융시스템, 장기적인 관점에서 기업경영이 이루어지게 하는 이해관계자 중심 기업지배구조, 지역경제의 내생적 발전을 가능하게 하는 지역혁신시스템, 노-사-정이 재정, 금융, 노동, 복지 등에 관해 거시경제적 대화를 하는 사회적 대화체제, 이것들이 핵심적 경제안전망이라 할 수 있다. 사회안전망에는 개방으로 피해를 보는 부문과 지역에 대한 대책, 개방에 따라 불가피한 상시적 구조조정으로 발생하는 실업자를 노동시장에 재통합시키는 적극적 노동시장정책, 사회적 배제층과 빈민에 대한 복지 지출을 증대시키는 관대한 사회복지정책 등이 포함된다.

한미 FTA는 이러한 안전망이 설치된 이후 체결되어야 한다. 그러나 내년은 아니더라도 가까운 장래에 언젠가는 체결되지 않을 수 없을 것이므로 지금부터 튼튼한 경제안전망과 사회안전망을 설치하는 작업에 나서야 한다. 그리고 한·중·일을 중심으로 한 동아시아 지역경제 통합 속에서 한국이 아시아 혁신기지를 지향하는 것을 대외경제정책의 핵심으로 설정해야 한다는 관점에서 보면 한미 FTA에 앞서 한중일 FTA를 먼저 추진해야 한다.

2. 정부의 부동산 정책을 어떻게 보는가?

부동산 문제는 우리나라에서 시장(투기 세력)의 힘과 제도(법률)의 힘이 겨루는 최전선의 결투장이라 할 수 있다. 그런데 부동산 문제는 피상적으로 표층에서 보면 부유층이 주도하는 부동산투기와 고급주택에 대한 초과수요로 인한 집값 상승의 문제이다. 그러나 부동산 문제를 더 깊숙이 그 심층을 들여다보면 교육기회의 지역 간 및 계층 간 불평등, 수도권 집중체제, 저금리, 소유 중심의 주거문화라는 사회, 경제, 문화적인 요인들이 연계되어 있음을 알 수 있다. 따라서 이러한 심층적인 원인에 대한 더 근본적이고 종합적인 정책이 실시되지 않은 상태에서 표층적인 원인에 대한 대증요법적이고 단편적인 정책만으로는 아무리 강도 높은 정책을 써도 고질병의 뿌리를 다스리지 못할 것이다. 조세라는 제도만을 통해서 이른바 '세금폭탄'을 통해서 부동산 문제를 해결하려는 그동안의 정부정책은 심층의 문제를 해결해 놓지 못한 사태에서 표층의 문제에 집착하여 단기적인 승부를 보려는 것이라 할 수 있다. 말하자면 병의 뿌리를 다스리지 못하고 계속 진통제를 놓아서 병세를 진정시켜 보려는 격이라 할 수 있다. 이는 갈수록 고단위 항생제를 투입하지만 그 효과는 잠깐뿐 병이 곧 재발하고 환자의 면역력을 낮추고 바이러스의 내성만 높이는 부작용만 초래하는 잘못된 진료와 다름없을 것이다. 그동안 거듭된 강도 높은 부동산 대책에도 불구하고 집값이 재상승한 것은 표층의 요인과 대결한 정책실패 때문이라 할 수 있다.

이러한 정책실패를 극복하고 부동산 문제를 근본적으로 해결하는 두 가지 길이 있을 수 있다. 하나는 토지공개념을 적극적으로 도입하는 것이다. 다른 하나는 중산층과 서민의 주거안정을 위해 국민연금이 대규모 주택임대사업자로 나서서 주택임대시장을 안정화시키는 한편 수도권 집중 완화와 계층 간 및 지역 간 교육기회 불평등을 해결하는 것이다. 자유시장 주의자들이 주장하는 것처럼 주택 공급만 늘이면 부동산 문제가 해결될 것이라는 생각은 너무나 단순하다. 투기 요인을 고려하지 않은 채 공급을 늘이면 가격이 안정될 것이라는 생각은 중과세를 하면 투기가 줄어들어 가격이 안정될 것이라는 생각만큼이나 단견이라 할 수 있다.

3. 양극화에 대한 해법은 무엇이라고 보는가?

현재 한국에서 심화되고 있는 양극화의 원인은 구조적이고 복합적인 것이기 때문에 단기적으로 한두 가지 정책으로 해결될 수 없다. 신자유주의, 글로벌화, 지식기반경제, 금융자본주의 등이 양극화를 초래하고 있는 세계 보편적 요인이고 부동산투기가 한국 특수적 요인이다. 이러한 요인들의 상호작용으로 진전되고 있는 양극화는 중산층의 붕괴, 수출산업과 내수산업, 대기업과 중소기업 간 산업 연관의 약화, 실업자·빈민·영세자영업자·사회적 배제층의 증가라는 세 가지 양상을 보이고 있다.

이러한 양극화를 극복하려면 무엇보다 먼저 산업정책을 통해 수출산업과 내수산업 간, 대기업과 중소기업 간 동반성장체제를 구축해야 한다. 이러한 동반성장체제 구축에서 핵심 고리가 되는 것은 부품소재산업의 육성이다. 자동차, 전자 등의 산업에서 부품소재산업이 육성되면 수출-내수 간, 대기업-중소기업 간 산업 연관이 강화되어 수출증대가 내수증대로 연결되고 대기업의 성장이 중소기업의 성장을 불러일으켜 동반성장이 가능해지기 때문이다. 중소기업 중심의 부품 산업이 육성되려면 산학 협동을 통한 연구개발투자와 인적자원개발투자를 획기적으로 강화해야 한다. 아울러 대기업에 의한 중소기업의 지적재산권 침해를 방지하고 부당한 단가 인하와 같은 불공정거래를 방지하는 공정한 시장질서의 수립이 필요하다.

둘째, 실업자 등에 대한 직업훈련, 직업알선, 일자리 창출과 같은 '적극적 노동시장정책'을 통해 실업자, 영세자영업자, 빈민, 사회적 배제층을 최대한 노동시장에 재통합시켜야 한다. 이 때 지식기반경제가 요구하는 지식과 숙련을 형성시키는 직업훈련 혹은 인적자원개발이 중요하다. '일자리 없는 성장'이 양극화를 초래하는 주요한 요인 중의 하나이기 때문에 '일을 통한 복지(work-fare)'는 양극화를 완화시킬 수 있다. 또한 지식과 숙련을 가지지 못한 노동자의 일자리는 갈수록 축소되고 있기 때문에 '학습을 통한 복지(learn-fare)'가 양극화를 완화시킬 수 있다. 시장부문과 공공부문에서 흡수될 수 없는 실업자를 고용하는 사회적 기업을 육성하여 사회적 일자리를 창출할 필요가 있다. OECD 국가들을 보면 적극적 노동시장정책을 강화하고 있는 나라일수록 빈곤율이 낮다는 사실에 주목할 필요가 있다.

셋째, 장기적으로는 사회통합이 이루어지는 혁신을 통해 성장하는 '혁신 주도 동반성장' 체제를 구축해야 한다. 혁신을 통한 생산성 향상으로 더 많은 소득이 창출되어야 사회통합을 위한 재정을 확충할 수 있다. 지속가능한 사회통합을 위해서는 혁신이 필요하다. 다른 한편, 혁신이 지속가능하기 위해서는 양극화가 극복되는 사회통합이 필요하다. 지속가능한 혁신을 위해서는 동반성장이 필요하다.

정부가 우선적으로 해야 할 일은 부품소재산업 육성정책과 적극적 노동시장정책의 획기적 강화이다. 현재 양극화 대책은 초점이 없이 산만하게 나열되고 있다. 이들 두 정책에 대한 선택과 집중을 통해 강력하게 정책을 추진할 필요가 있다.

4. 2007년 대선을 어떻게 전망하는가?

2007년 대선은 현 정부를 좌파정부라고 규정하고 집권을 노리는 범보수진영과 진보개혁세력의 계속적 집권을 바라는 범진보진영의 일대 격전장이 될 것이다. 차기 대선 결과는 멀리는 민주개혁세력의 10년간의 집권, 가까이는 노무현 정부의 5년간의 집권에 대한 국민들의 평가에 크게 달려있을 것이다. 뿐만 아니라 차기 대선은 1987년 이후 20년 동안 진전된 정치적 민주주의가 더 높은 수준의 사회경제적 민주주의로 발전하느냐 아니면 보수주의적 자유주의로 후퇴하느냐는 역사적 분기점이 될 것이다. 발전모델의 측면에서 보면 1997년 이후 강화되어 온 신자유주의가 더욱 강화되느냐 아니면 새로운 대안적 발전모델의 기틀이 형성되느냐는 갈림길이 될 것이다. 국제적으로 보면 동아시아에서 민주적 국제주의가 확산되느냐 아니면 보수적 민족주의가 강화되느냐의 갈림길이 될 것이다. 민주세력이 계속 집권하느냐 아니면 보수세력이 집권하느냐에 따라 남북한 관계, 나아가 남북통일 모델과 통일 이후의 한국의 발전전망이 크게 달라질 것이다.

현재 노무현 대통령과 여야 정당에 대한 국민의 지지도, 여야 유력 대선주자들에 대한 여론조사 결과를 보면, 다른 조건에 변화가 없다면, 차기 대선에서 진보개혁세력의 계속 집권은 어려울 것으로 전망된다. 정부가 앞으로 남은 기간 동안 국정수행능력을 높여 국민의 지지를 회복하고 범진보개혁진영(진보개혁세력+민주개혁세력)이 국민의 마음을 사로잡을 수 있는 비전과 정책으로 결집한다면 진보개혁세력의 계속 집권 전망은 밝을 것이다.

차기 정부와 차기 대통령의 과제는 세계화와 지식기반경제에서 지속가능한 성장체제와 복지모델을 구축하여 당면한 한국 사회의 양대 문제인 저성장과 양극화를 극복하며 민족통일의 기반을 놓는 것이라 할 수 있다. 이러한 과제를 성취하려면 시장만능주의와 성장지상주의를 지향하는 보수세력이 집권해서는 안 되고 개발독재와 신자유주의를 넘어서는 새로운 발전모델을 지향하는 진보개혁세력이 집권해야 한다.

그런데 현재 진보개혁세력은 사분오열되어 있고 국민의 높은 신뢰를 받지 못하고 있다. 무엇보다 현 정부에 대한 민주개혁 세력의 이반이 심각한데 이것이 차기대선에서 진보개혁세력의 계속 집권 전망을 어둡게 하는 최대의 요인이라 할 수 있다. 현 정부는 정치·외교적으로는 좌파적 경향(과거 청산, 정치개혁, 대미·대북관계)을, 경제적으로는 우파적 경향(한미 FTA, 규제 완화 등 신자유주의적 경향)을 보이고 있는데, 이는 보수, 진보 양 경향의 국민들로부터 지지받지 못하게 만드는 요인이 되고 있다. 보수세력은 현 정부의 정치·외교적 좌파 경향을 보고, 민주개혁세력은 현 정부의 신자유주의적 경향을 보고 지지하지 않는다. 그리고 그동안 보여준 미숙한 국정 운영은 보수진보를 막론하고 참여정부에 대한 실망효과를 낳고 있다. 이 실망효과가 '차떼기 정당, 웰빙정당, 불임정당'으로 조롱당하던 한나라당에 대한 반사적 지지를 낳고 있는 것으로 보인다.

현재 진보개혁진영의 최대 정치세력인 열린우리당은 광범한 민주개혁세력을 결집시킬 수 있는 비전과 정책을 제시하고 있지 못하다. 뿐만 아니라 현재 세계화-지식기반경제 시대에 지속가능한 성장을 실현할 강력한 리더십을 갖추고 국민의 높은 지지를 받고 있는 정치리더가 없다. 이런 까닭에 나라의 밝은 미래를 이끌 유능한 주도 세력으로 신뢰를 받고 있지 못하다. 진보정치세력인 민주노동당은 노동자와 서민의 이해를 대변하는 정당으로 노동과 서민의 일부로터 지지를 받고 있지만 아직 우리 사회를 주도할 믿을 만한 세력으로 인정받고 있지 못하다. 더욱이 시대에 뒤떨어지고 이상주의적 경향이 강한 민주노동당의 이념과 정강은 진보정치세력에 대한 국민의 지지를 협애한 일부에 제한하는 요인이 되고 있다.

현재 국민들은 동아시아에서, 세계 속에서 국가 위상을 높이고, 높은 경제성장을 통해 '더 많은 더 나은 일자리'를 창출하고, 서민과 중산층에게 육아, 양로, 교육, 의료 등에서 질 높은 사회복지 서비스를 제공하는 강력하고 유능한 정부를 원하고 있는 것으로 보인다. 현재 평균적 국민들은 친미냐 반미냐가 아니라 용미(用美)의 자세를, 일본에 대해서는 당당하면서도 실용적인 태도를, 중국에 대해서는 실용적 전략적 접근을, 북한에 대해서는 '할 말은 하면서 도와주는' 자세를 견지하기를 바라고 있다. 진보개혁세력과 그 리더인 대통령 후보가 이러한 국민의 욕구를 충족시킬 수 있는 역량을 어느 정도 보여주느냐에 차기 대선에서의 승리가 달려 있을 것이다.

5. 진보개혁진영이 지향해야 할 비전은 무엇인가?

진보개혁진영이 지향해야 할 비전은 개발독재와 신자유주의를 넘어서는 '대안적 발전모델'이다. 이 대안적 발전모델은 '참여-연대-생태'의 가치를 지향하면서 '분권-혁신-통합' 정책을 통해 '혁신주도 동반성장' 체제를 구축하고 학습복지와 복지공동체라는 새로운 복지모델을 실현하는 것이다. '생태복지사회'라는 모델은 생태와 복지 모델만이 포함되어 있고 성장모델이 빠져 있다. '지속가능한 성장' 모델인 '혁신주도 동반성장' 체제가 새로운 성장모델로서 제시되어야 한다. 아직 국민소득 2만 달러에 도달하지 못한 우리나라에서 대다수 국민들은 지속적인 성장을 원하고 있다는 현실과 복지국가는 성장을 통한 재원조달 없이는 실현 불가능하다는 사실을 결코 간과해서는 안 된다. 그리고 시장경제는 갈수록 복잡하고 다양해지는 인류의 생활에 불가피한 필수적 제도이며 글로벌화는 불가역적인 과정임을 냉철하게 인식할 필요가 있다. 이러한 인식에 기초하여 진보개혁진영은 지속불가능하고 실현 불가능한 기존의 진보 이념에서 벗어나 지속가능하고 현실주의적인 새로운 발전모델을 제시해야 한다.

'참여-연대-생태'의 가치를 지향하면서 '분권-혁신-통합'의 정책을 통해 혁신주도 동반성장체제와 학습복지와 복지공동체를 포함하는 새로운 복지모델을 구축하는 시장경제, 요컨대 '공생적 시장경제(Symbiotic Market Economy)'가 진보개혁진영이 지향해야 할 대안적 발전모델의 상이라 할 수 있다. '공생적 시장경제'는 노-사-정 등 경제주체들의 사회적 합의에 기초하여 경제를 운영하는 조정시장경제(coordinated market economy), 연구개발투자와 인적자원개발투자와 같은 지식투자에 기초하여 혁신주도 성장을 추구하는 지식기반경제(knowledge-based economy), 경제 각 부문과 각 지역이 상호연관 속에서 함께 성장하는 균형성장경제(balanced growth economy), 생태위기를 극복하고 성장과 환경보전을 조화시키는 지속가능한 경제(sustainable economy)가 어우러진 시장경제이다. 공생적 시장경제에서 국민경제는 경쟁의 원리가 관철되는 사적 경제(private economy), 공공성의 원리가 관철되는 공공 경제(public economy), 연대의 원리가 관철되는 사회적 경제(social economy)로 구성된다.

사회적 대화체제, 어떻게 발전시킬 것인가*

1. 표류하고 있는 노사정위원회

글로벌화, 지식기반경제, 금융자본주의, 신자유주의라는 현대 자본주의의 4대 경향이 동시에 나타나고 있는 상황에서, 우리나라는 한편에서는 명실 공히 선진국으로 도약할 수 있는 기회를 맞이하고 있지만, 다른 한편으로는 국민경제의 자기중심성의 해체와 사회분열과 불안정성의 증대라는 위험에 처해 있다. 이러한 가운데 현재 한국의 사회경제는 저성장과 양극화라는 양대 문제에 직면하고 있다.

참여정부에 들어와 혁신주도 성장이 추구되지만 아직 그 성과는 가시화되고 있지 못하고 있는 상황에서, 지식기반경제에서 나타나는 '일자리 없는 성장'이 현실화되고 중국의 산업화 등으로 제조업공동화가 진전됨에 따라 고용문제가 중대한 문제로 부상하고 있다. 노동시장 유연화로 인한 고용불안과 높은 비정규직 비중은 다수 노동자들의 삶을 불안하게 만들고

---

* 노사정위원회, "노사정위원회 발전방향 모색을 위한 대토론회"(2006. 4. 14)에 발표한 글에 기초하여 작성한 것으로 ≪이론과 실천≫(2006년 5월호)에 게재된 것임.

있고 국민경제의 장기적 효율성 획득에도 부정적 효과를 미치고 있다.

경제사회의 양극화가 심화되고 있어 사회통합이 실종될 지경에 이르고 있다. 수도권 경제와 지방경제 간, 대기업과 중소기업 간, 수출 부문과 내수 부문 간, 도시경제와 농촌경제 간, 첨단산업과 전통산업 간, 정규직과 비정규직 간 등 국민경제의 여러 부문에서 나타나고 있는 양극화로 인하여 정체부문과 취약부문의 노사와 자영업자와 빈민들이 고통을 겪고 있다. 이러한 양극화는 중산층의 붕괴와 사회적 배제 집단의 증가로 이어져 정치·사회적 불안의 증대로 지속가능한 성장을 위협하게 될 것이다. 저성장과 양극화가 악순환을 하게 되면 한국은 선진국의 문턱에서 주저앉게 될 우려가 있다.

저성장과 양극화 문제를 함께 해결하기 위해서는, 글로벌 지식기반경제가 요구하는 혁신과 사회통합에 기초하여 지속가능한 성장이 이루어지는 '혁신주도 동반성장체제'라는 새로운 성장체제를 구축해야 하는데, 이를 위해서는 노-사-정 간의 사회적 대타협이 필요하다. 1998년 노사정위원회 설립을 계기로, 노-사-정 간에 「경제위기 극복을 위한 사회협약」을 체결하는 등 우리나라에서 처음으로 사회적 대타협이 시도되었다.

그러나 그동안 사회적 대화는 파행을 거듭하는 우여곡절을 겪었다. 1998년 사회협약을 통해 도입된 정리해고제가 민주노총의 내분을 일으키는 계기가 되었고 마침내 민주노총의 노사정위원회 탈퇴를 초래했다. 참여정부 등장 이후 초기에는 정부가 사회적 대타협을 시도하고 민주노총도 사회적 대화의 가치를 인정하는 지도부가 등장함에 따라 사회적 대화체제가 복원되는 분위기가 형성되었다. 하지만 지난 1년여 동안 정부가 법과 원칙을 강조하고 대기업 노동조합의 전투적 노동운동을 비난하는 태도를 보이자 노-사-정 간의 사회적 대화 분위기는 악화된다. 한때 한국노총마저 노사정위원회를 탈퇴하여 노-사-정 간의 사회적 대화가 실종된다.

지금 한국노총은 노사정위원회에 복귀한 상태이지만 민주노총은 여전히 복귀하지 않고 있다. 이러한 가운데 대통령을 비롯하여 정부는 노-사-정 간의 사회적 대타협에 대해 소극적인 태도 내지 회의적인 입장을 보이기 시작하고 이에 대한 대안으로서 '저출산 고령화대책 연석회의'를 만들어 새로운 형태의 사회적 대화를 시도하고 있다. 노사정위원회에 탈퇴하고 있는 민주노총은 이 연석회의에는 참가하고 있고 새로운 사회적 대화체제를 지향하는 듯한 태도를 보이고 있다. 한국노총에서는 노사정위원회와는 별도로 노사가 노동재단 같은 것을 만들자는 제안을 하고 있다. 원래 노사정위원회에 소극적이었던 사용자 측도 노사정위원회 파행에 무관심하고 여전히 소극적인 태도를 보이고 있다.

이처럼 지금 노-사-정 어느 측도 노사정위원회에 대해 적극성을 보이고 있지 않다. 이러한 가운데 노사정위원회 무용론이 다시 등장하고 있다. 그동안 시장만능을 믿고 자유시장경제를 주장하는 자유주의자들과 극우세력은 노사정위원회 폐지를 주장해 왔다. 사회적 합의에 참가하는 것 자체를 노동운동을 약화시키는 행위로 보는 극좌세력도 마찬가지로 노사정위원회 해체를 주장해 왔다. 정부의 관심 저하와 극좌·극우의 협공 속에 사회적 대화체제인 노사정위원회는 표류하고 있다.

국민경제의 발전과 노동자들의 삶의 질 향상을 위해 노사정위원회가 있는 것이 좋은가 없는 것이 좋은가? 최근 만들어진 연석회의와 같은 기구가 현재의 노사정위원회 기능을 대체할 수 있을까? 노-사-정 간 사회적 대화체제로서 현재의 노사정위원회와 다른 기구를 만들어야 하는가? 사회적 대화체제의 복원과 강화를 위해 현재의 노사정위원회를 어떻게 개편해야 할 것인가?

필자는 노사정위원회는 국민경제 발전과 노동자들의 삶의 질 향상, 노동운동의 발전을 위해 필요하며 사회적 대화체제 복원과 강화를 위해서 현재의 노사정위원회를 강화할 필요가 있다는 입장이다. 이러한 입장에서 사회적 대화체제 발전 방향과 노사정위원회 개편방안을 제시해 보고자 한다.

2. 사회적 대화체제는 왜 경색되었나?

최근 노-사-정 간 사회적 대화체제가 경색되고 노사정위원회의 기능이 부진하게 된 이유는 노-사-정 3주체의 행위에서 찾을 수 있다.

노동계는 그동안 대체로 사회적 대화의 일반적 필요성은 인정해 왔지만, 노사정위원회의 실적에 대해서는 비판적이거나 회의적인 인식이 강했다. 노동계는 노사정위원회 파행의 원인을 주로 1·2기에서의 합의사항 미이행과 정부 측의 편향된 태도에 돌려왔다. 또한 사회적 대화를 노사 간의 교환의 장이 아니라 요구사항의 관철수단으로 파악하고 탈퇴와 참여를 반복하면서 사회적 대화와 장외투쟁을 병행해 왔다.

한편 노동계는 민주노총과 한국노총 간, 민주노총 내 각 정파 간 대표성이 분립되어 있어 책임 있는 사회적 대화 주체가 불명확하고 소속 집단에 대한 리더십 부재현상을 드러냈다. 총연맹은 대기업노조, 산별연맹 및 정파에 대한 통제력이 약하고 내부 민주화가 덜 진전되어 있다.

민주노총의 경우 지도부는 사회적 타협에 필요한 일정한 양보를 하기에는 내부의 정파와 대기업 노조에 의해 제약되어 입지가 좁은 편이다. 특히, 의사 결정에 큰 영향력을 가지고 있는 대기업 노조들이 분배적 교섭에 익숙하고 사회적 타협에 필요한 노동조합의 양보에 인색하여 민주노총 지도부가 독자적으로 사회적 대화와 타협에 나서기가 어려운 실정이다. 민주노총 내부에는 아직도 사회적 대화 자체를 거부하는 전투주의적 경향이 존재하고 있다.

사용자 측은 노사정위원회가 설립된 초기에 노동시장 유연화에 관한 사회적 협의를 얻어낸 후, 노동기본권 보장, 사회정책 및 제도개선과제 등에 관한 의제 논의에 대해서는 소극적 자세로 돌아섰다. 지도적 위치에 있는 사용자들인 재벌그룹은 글로벌 소싱과 아웃소싱과 같은 글로벌 경영에 주력하면서 단기적주의적 시각에서 신자유주의적 구조조정에 집착하고 있고 사회적 대화의 필요성에 대한 인식이 매우 낮다. 경총은 재벌그룹 사이의 이해관계 갈등을 조율하고 장기적인 관점에서 사회적 대화를 주도할 리더십을 발휘하고 있지 못하다.

정부는 초기에는 사회적 대화체제에 적극적이었지만 점차 소극적인 자세로 돌아섰다. 정부가 주장해 온 '법과 원칙' 및 '대화와 타협' 방침의 균형이 상실되고 '법과 원칙'만 강조되는 가운데 노·정 대립 국면이 형성된다. 정부 내에서 관료사회의 국가주의적 잔재가 상존하여 사회적 대화에 장애가 되고 있다. 저성장과 양극화를 극복할 '혁신주도 동반성장체제' 구축에 필요한 사회적 대타협을 이끌어내기 위해서는 무엇보다 정부가 확고한 비전과 합리적 정책프로그램을 제시하고 그것을 실현할 정치적 리더십을 발휘해야 한다. 그럼에도 불구하고 그동안 정부는 노-사-정-민 등 사회 각 주체들이 참여하는 사회적 대타협을 도출하지 못했다.

3. 사회적 대화의 필요성과 가능성

사회적 대화는 노-사-정 등 이해관계자들의 참여에 기초한 민주적 의사 결정을 통해 이해갈등을 조정하고 사회적 통합을 높임으로써 1987년 이후 발전해 온 다원적 민주주의의 핵심을 유지·발전시킬 수 있게 한다. 사회적 대화는 노·사가 국가의 주요 의사 결정에 참여할 뿐만 아니라 주요 사회적 주체로서 사회적 책임을 수행하도록 하는 선진화된 민주적인 국정 및 사회 운영 수단이다.

특히 우리나라와 같이 기업별 노사관계 중심체제 아래에서 개별 노·사가 초기업적인 사회경제문제를 효과적으로 해결하기 위해서는 기업수준을 넘어서는 노-사-정-민 간의 사회적 대화가 절실히 필요하다. 더욱이 글로벌 경쟁이 이루어지는 급변하는 불안정한 세계시장에서 비롯되는 충격과 비용을 공평하게 분담하여 사회통합을 이루어내기 위해서는 정부 일방의 통치(government)가 아니라 노-사-정-민 등 이해관계자들이 상시적으로 대화하고 협의하는 사회적 대화체제인 민주적 거버넌스(democratic governance)가 필수적이다. 사회적 대화가 부재하는 과거의 개발독재 모델과 현재의 신자유주의 경향을 넘어서, 혁신주도 동반성장체제에 기초하면서 참여-연대-생태의 가치를 지향하는 새로운 대안적 발전모델을 실현하려면 사회적 대화체제가 새로운 국정 운영 및 사회 운영 시스템으로 자리를 잡아야 한다.

그런데 이러한 사회적 대화의 필요성은 인정하지만 그 가능성에 대해서는 부정적인 시각이 적지 않다. 글로벌화 시대에 이미 글로벌화된 자본이 국내의 노동과 대화와 타협을 바라지 않는다는 점, 노동운동 노선이 전투적이라는 점, 사회적 대화 활성화에 필요한 대화와 타협의 문화가 부재하다는 점 등이 한국에서 사회적 대화의 가능성을 부정하는 논의에서 지적되는 요인들이다. 이러한 논의는 어느 정도는 타당하지만, 그렇다고 해서 이들 요인이 절대적인 것이 아니며 또한 고정적인 것도 아니다.

지속가능한 성장에 필요한 정치·사회적 안정과 노사관계의 안정을 위해서, 점증하는 기업의 사회적 책임에 대한 요구에 응답하기 위해서, 글로벌화되고 있는 자본에게도 노-사-정 간의 대화가 필요하기 때문에 사용자들도 조만간 노-사-정 간의 사회적 대화에 적극 나서지 않을 수 없게 될 것이다. 또한 노동운동의 경우에도, 민주노총이 사회적 대화의 가치를 인정하는 지도부가 등장하고 최근 한국노총이 노사정위원회에 복귀함에 따라 사회적 대화체제의 완전 복원 가능성이 높아지고 있다. 사용자단체 지도부도 종래에 비해서는 사회적 대화에 대한 긍정적인 입장을 표명하고 있다. 사회적 대화의 경험이 일천하고 대화와 타협의 문화가 취약한 우리나라에서 사회적 대타협은 상시적 사회적 대화를 통한 작은 타협들이 축적되어 마침내 이루어지는 과정으로 볼 수 있다.

4. 사회적 대화체제의 복원과 발전 방향

이처럼 사회적 대화가 필요하고 가능하지만, 사회적 대화체제를 복원하고 강화하기 위해서는 노-사-정 각 주체들의 입장과 태도에 변화가 있어야 한다.

우선, 노동계는 사회적 대화에 힘 있는 주체로 나설 수 있는 대표성과 리더십을 확보하고, 사회적 타협을 통해 전체 노동자 이익을 대변할 수 있는 전략을 마련해야 한다. 노동 운동의 내부 조율능력과 지도력 및 정책 능력을 높이고 사회의 주요 세력으로서 사회적 책임성과 함께 운동의 유연성을 높여야 할 것이다.

경영계는 현 상황에 대한 단기주의적인 수동적 소극적 자세를 버리고 장기적인 견지에서 노·사 간, 노·사·정 간 대화의 복원을 위해 더 적극적이며 구체적인 노력을 경주해야 할 것이다. 주요 노동현안 처리방안과 노사정위원회 개편 방안 마련에 적극적으로 나서 가시적 결과를 도출하는 역할을 수행하여 노·사, 노·정 간 갈등 심화를 막고 사회적 대화체제 복원과 지속가능한 경제발전 환경조성에 더 적극적으로 기여해야 할 것이다.

대통령과 정부는 노-사-정-민의 사회적 대화를 통한 국정 운영 및 사회 운영에 대해 강한 정책의지를 표명하고 사회적 대화체제 복원과 발전을 위한 전략 프로그램을 마련하여 실천하는 것이 중요하다. 특히 사회적 대화의 중심기구로서의 노사정위원회의 위상을 확립할 필요가 있다.

정부당국은 사회적 대화체제의 복원이 단순히 그동안 현안이었던 노정 간의 화해를 통한 노정관계 안정을 위해서뿐만 아니라 노동운동 내부의 사회적 대화 지향세력을 강화하여 혁신주도 동반성장체제 구축에 필요한 사회적 대타협의 필수적 전제 조건을 형성하는 과정으로 인식해야 한다. 이와 관련하여 정부는 노동운동의 지도부가 이전과 달리 친노동적인 정책의 채택만을 주장하는 것이 아니라 정부가 노동계를 사회적 대화의 '진정한 파트너'로 인정하라고 주장하고 있음을 인식해야 한다.

5. 노사정위원회 개편 방향

노사정위원회가 사회적 대화의 중심기구로 확실히 자리매김토록 해야
한다. 이와 관련해서 국무총리가 주재하는 '저출산고령화 대책 연석회의'
를 사회적 대화의 중심기구로 설정하려는 정부 일각의 시도는 큰 문제가
있다. 이는 노사 간에 사회적 대화를 통해 정치경제적 교환을 하는 노사정
위원회를 약화시키고 그 속성상 사회통합적 이슈에 대한 일시적인 범국민
적인 협의기구인 '연석회의'를 노사정위원회의 대체기구로 만드는 것이
되기 때문이다. 일시적인 연석회의는 어디까지나 상시적인 사회적 대화기
구인 노사정위원회와 보완관계를 형성해야 한다.

법적으로 보장된 대통령자문기구인 노사정위원회가 그 위상을 정립하
기 위해서는 대통령이 지속적인 관심을 보이고 참여 대표들을 독려하며,
국무회의 등에서 노사정위원회의 기능 강화를 강조하는 의지표명이 필요
하다. 노동자의 삶의 질 향상, 사회통합, 국가경쟁력 강화를 주요한 의제로
삼으면서, 업종별 노사정협의회를 설치하고, 지역노사정협의회를 강화하
여 중층적 사회적 대화체계를 구축하도록 해야 한다. 노-사-정 어느 일방의
탈퇴·불참으로 위원회 기능이 마비·감퇴하지 않는 제도적 장치를 강구하
고, 논의 결과에 대해 노-사-정 3주체가 사회적 책임성을 갖도록 해야 한다.

사회적 대화체제를 발전시키기 위한 노사정위원회 개편의 구체적 방안
으로 다음 세 가지를 제시할 수 있다.

첫째, 노사정위원회 참여주체를 확대해야 한다. 노와 사가 각각 그 대표
성을 충분히 확보하고 사회통합적 이슈에 대해 시민사회가 참여할 수 있는
방향으로 확대 개편해야 한다. 노사정위원회 참여 주체를 다양화하고 확대

하는 방안으로는 '노(정규직), 노(비정규직), 사(대기업), 사(중소기업), 정(중앙
정부), 정(지방정부), 민(NGO나 대학)의 7주체가 참여하는 방안을 적극 검토
해야 한다. 비정규직, 중소기업, 지방정부, 시민사회 등 기존의 노사정위원
회에 주요 주체로서 참가하지 않았던 부문의 대표성이 확보되어야 한다.

둘째, 중층적 대화체계를 구축해야 한다. 중앙-업종-지역 등에 걸친 다층
적 사회적 대화기구를 설치하여 노사의 실질적 참여가 이루어질 수 있는
중층적 대화체계를 확립해야 한다. 지금 우리나라에서는 대기업과 중소기
업 간의 양극화 극복과 중소기업의 인적자원개발 이슈를 중심으로 한 업종
별협의회(sector council)의 설립과 지역경제 활성화와 지역 일자리 창출과
복지공동체(welfare community) 실현 의제를 중심으로 한 지역노사정협의회
(regional council)의 활성화가 노-사-정의 공통이익 사항으로서 사회적 대화
체제 발전의 핵심적 요소로 요청되고 있다. 이에 부응하여 '중앙노사정위
원회-업종별 노사정협의회-지역노사정협의회'로 이어지는 중층적 대화체
계를 구축할 필요가 있다.

셋째, 노사정위원회와 정당대표 간의 연석회의를 설치해야 한다. 노사정
위원회에서 합의된 사항이 입법화될 경우 국회에서 번복되면 노사정위원
회에 대한 신뢰가 떨어질 수 있기 때문에, 합의사항 이행을 위한 정치협상
기구로서 노사정위원회와 정당대표 간의 연석회의를 설치할 필요가 있다.
노사정위원회의 합의사항 이행을 법으로 강제하는 것이 국회의 입법권과
충돌하기 때문에 곤란하다면 이러한 정치협상을 통해 합의사항이 이행되
도록 하는 방안을 고려해 볼 수 있을 것이다. 아울러 노사정위원회 내에
'합의사항이행위원회'를 두어 합의사항 이행을 담보할 필요가 있다.

지속가능한 진보를 위한 '한국형 제3의 길'*

    지난 8월 8일 좋은정책포럼이 주최한 '민주정부의 위기와 진보개혁세력의 진로'라는 주제의 토론회에서 주된 쟁점이 되었던 것은 '한국형 제3의 길은 있는가' 하는 것이었다. 이 토론회의 기획취지는 5.31 지방선거 이후 대위기에 봉착한 진보개혁세력의 활로를 모색하려는 것이었다. 토론회에서 제기된 이러한 질문에 대해 좋은정책포럼의 공동대표로서 필자의 응답을 제시하고자 한다. 필자는 이 대위기를 극복하고 진보개혁세력이 한국사회를 지속적으로 주도할 수 있는 '한국형 제3의 길'이 비록 결코 쉬운 일은 아니지만 실현 가능하다는 입장에서 그 실현 조건을 제시하고자 한다.

    이날 토론회는 좋은정책포럼 소속 인사들(임혁백 고려대 교수, 김호기 연세대 교수, 정해구 성공회대 교수, 박승옥 시민발전 대표)이 준비한 글들에 대해 정계(김부겸 열린우리당 의원, 노회찬 민주노동당 의원), 학계(최원식 인하대 교수 겸 세교연구소장, 송호근 서울대 교수), 사회운동계(이수호 전 민주노총위원장, 손혁재 참여연대 운영위원장) 인사들이 토론에 참여하였다.

---

* 이 글은 《프레시안》 2006년 8월 14일자에 기고한 글을 수정보완한 것이다.

좋은정책포럼 측 인사들의 발표문에 대체로 공통적으로 깔려 있는 생각은 진보개혁세력이 '한국형 제3의 길'을 가야 한다는 것이었다. 좋은정책포럼은 '지속가능한 진보(Sustainable Progress)'의 노선을 지향하고 있다. 여기서 '지속가능한 진보' 노선은 20세기에 실험된 진보인 사회주의와 사회민주주의는 고비용-저효율의 진보로서 고효율과 저비용이 요구되는 21세기 세계화와 지식기반경제 시대에는 지속불가능하다는 인식에서 출발한다. 또한 신자유주의는 경제 불안정성과 사회 양극화를 심화시키기 때문에 지속불가능하다고 본다.

제3의 길로서의 '지속가능한 진보'

글로벌화와 지식기반경제 시대에 지속가능한 진보는 공평성을 지향하면서도 '고효율-저비용'을 실현하고자 하는 진보이다. 고효율-저비용은 혁신을 통해 추구될 수 있다. 따라서 지속가능한 진보는 민주주의와 공평성을 지향하면서도 기업, 교육, 정부 등에서의 획기적 혁신을 추구한다. 여기서 혁신의 방향은 지식기반경제가 요구하는 유연성과 효율성을 높이는 것이다. 민주주의와 공평성만 강조하는 관점과 혁신과 효율성만 강조하는 관점을 넘어 민주주의와 혁신을, 공평성과 효율성을 결합하려는 관점이 제3의 길이다. 이 두 관점이 결합되어야만 '지속가능한 진보'를 기대할 수 있기 때문이다.

세계사적 수준에서 보면 '지속가능한 진보'는 1970년대까지의 기존 사회민주주의와 1980년대 이후 등장한 신자유주의를 넘어서는 '제3의 길'을 지향한다. 한국사적 수준에서 보면 지속가능한 진보는 1987년 이전까지의 개발독재(혹은 발전국가) 모델도 아니고 1997년 이후 강화된 신자유주의적 지향도 아닌 '한국형 제3의 길'을 지향한다. 왜냐하면 개발독재는 민주화와 세계화의 진전에 따라 더 이상 지속될 수 없었고 1997년 외환위기를 계기로 최종적으로 붕괴되었으며, 신자유주의는 양극화를 심화시켜 장기적으로 지속가능할 수 없기 때문이다.

토론회에서 열린우리당 김부겸 의원은 그동안 참여정부와 열린우리당이 '어떤 상황에서는 신자유주의적 정책을 추진하다가 또 다른 상황에서는 반신자유주의적 모습을 보인 것이 사실'이라면서 '한국적 제3의 길이라는 것이 정말 있는가, 있으면 제시해 달라'고 하였다. 송호근 교수는 '현재로서 신자유주의와 다른 길을 갈 수 있는 여지는 아주 적고 극히 제한적인 진보주의만 가능하다'고 주장하였다. 이수호 전 위원장은 '신자유주의를 헤쳐 나갈 동력은 있다'고 확신하였다. 한국형 제3의 길을 주장하는 좋은정책포럼의 입장에서는 이러한 질문과 주장들에 어떻게 응답할 수 있을까?

이와 관련해서 주목할 것은 최근 진보가 주도하는 한미FTA저지운동에 대하여 '진보도 변해야 한다'고 지적한 노무현 대통령의 발언이다. 그 요지는 진보도 우리 사회의 발전에 기여할 수 있는 합리성을 가져야 한다는 것이다. 이러한 문제의식에 대해 원론적으로 동의할 수 있다. 하지만 어떤 변화를 모색해야 하는가의 방향과 전략에 대해서는 생각이 다를 수 있다. 신자유주의적 경제와 사회민주주의적 복지의 물리적 결합, 다시 말해서 이른바 '좌파 신자유주의'는 우리 사회의 대안이 될 수 없다는 것이 좋은정책포럼의 생각이다. 진보도 변해야 하지만 참여정부도 자기모순적인 '좌파 신자유주의'를 바꾸어야 한다.

지속가능한 진보는 신자유주의 모델을 불가피하게 수용하는 것이 아니라 신자유주의를 넘어서는 대안적 발전모델로서 '한국형 제3의 길'을 추구하고자 한다.

'제3의 길'에 관해서는 이미 김대중 정부 시절부터 학계와 정책브레인 사이에 논의가 있었기 때문에 결코 새로운 것은 아니다. 그리고 영국 수상 토니 블레어와 그의 정책 브레인인 앤서니 기든스가 추구한 제3의 길이 과연 있는가에 관해 논란이 있었던 것은 주지하는 바대로다. 사회민주주의도 아니고 신자유주의도 아닌 제3의 길이란 이 둘을 절충한 것이고 결국에는 신자유주의로 귀착하고 말았다는 평가가 있는 것도 사실이다. 그래서 '제3의 길이란 없다'고 판정하는 사람도 있다. 그렇다면 오늘날 신자유주의 이외에는 '대안이 없다(There is no alternative: TINA)'는 마거릿 대처 전 영국 수상의 말이 옳은가?

'제3의 길은 없다(There is no third way)'고 주장하는 좌파들의 주장이나 신자유주의 이외에 '대안은 없다'는 우파의 주장은 사실 동전의 양면과 같다. 두 주장을 종합하면 '신자유주의적 자본주의가 아닌 다른 자본주의는 있을 수 없다'는 것이 된다. 그렇다면 현실은 어떤가? 오늘날 미국이 주도하는 신자유주의적 자본주의가 지구촌을 지배하고 있는 것은 사실이지만, 그럼에도 불구하고 자본주의에는 다양한 유형이 존재한다. 앵글로색슨형(미국, 영국) 주주 자본주의 혹은 자유시장경제가 있는가 하면 라인형(독일)과 노르딕형(스웨덴)의 이해관계자 자본주의 혹은 조정시장경제도 있다.

주주가치 내지 주가수익의 극대화를 지향하며 주주만이 기업 의사결정에 참가하는 주주 자본주의, 시장에 대한 규제철폐와 노동시장 유연화를 추구하는 자유시장경제는 바로 신자유주의 노선을 걷고 있다. 이와는 반대로 주주뿐만 아니라 노동자, 채권자 등 기업의 다양한 이해관계자들이 기업 의사결정에 함께 참여하는 이해관계자 자본주의, 시장경제의 기초 위에서 공익과 연대의 실현을 위해 시장에 대해 정부가 개입하고 노사정 간의 사회적 대화를 통해 경제를 운영하는 조정시장경제는 신자유주의와는 다른 길을 가고 있다.

그런데 글로벌화와 지식기반경제 시대에 신자유주의 흐름에 대응하여 이해관계자 자본주의 혹은 조정시장경제가 자신의 기본적 틀을 유지하면서 효율성과 유연성을 높이려는 혁신을 추진하고 있는 점에 유의해야 한다. 덴마크와 네델란드 등에서 노동시장의 유연성과 안정성을 동시에 추구하는 유연안정성(flexicurity) 정책은 그 대표적 사례라 하겠다. 해고가 자유로운 유연한 노동시장, 높은 실업수당을 지급하는 관대한 사회복지, 실업자의 취업을 위한 직업훈련을 강화하는 적극적 노동시장정책으로 구성된 유연안정성 모델은 신자유주의가 아니고 신자유주의에 대응하여 기존의 사회민주주의와 신자유주의를 모두 넘어선 진보적인 '제3의 길'이고 '지속가능한 진보'의 길이라 할 수 있다.

요컨대 기존의 사회민주주의도 아니고 신자유주의도 아닌 제3의 길은 유럽에서 실제로 존재하고 있을 뿐만 아니라, 스웨덴, 네델란드, 덴마크 등에서는 공평성과 효율성이 모두 높은 '제3의 길' 발전모델이 작동하고 있다. 그렇다면 이와 같은 맥락을 가지는 '한국형 제3의 길'은 무엇이며 그것을 어떻게 실현할 수 있는가?

'한국형 제3의 길'은 무엇인가

지속가능한 진보를 지향하는 좋은정책포럼이 제시하는 '한국형 제3의 길'의 비전과 정책패러다임은 다음과 같다.

① '참여-연대-생태'의 가치 추구
② '분권-혁신-통합' 정책의 실천
③ 공정한 시장경제의 실현
④ 경제성장과 사회통합의 추구
⑤ 혁신주도의 내생적 지역발전
⑥ 국가지상주의와 시장만능주의의 극복
⑦ 사회적 대화와 사회적 합의의 추구
⑧ 공정한 글로벌화의 추구

이러한 8개 항목은 서로 연관되어 있는 일반적 원칙들이다. 이들을 종합해 보면 '한국형 제3의 길'은 결국 한국형 이해관계자 자본주의, 한국형 조정시장경제를 실현하는 것이라 할 수 있다. 다시 말해서 과거의 개발독재도 현재의 신자유주의도 아닌, 글로벌화 및 지식기반경제와 양립 가능한 혁신주도형 조정시장경제를 '한국형 제3의 길'이라 할 수 있다.

제3의 길의 경제적 기초는 지방분권과 지역혁신과 사회통합 정책을 통해 구축되는 혁신주도 동반성장체제이다. 한국형 제3의 길이 실현되려면 대외적으로는 신자유주의적 글로벌화도 아니고 반글로벌화(anti-globalization)도 아닌 공정한 글로벌화가 필수적이며, 대내적으로는 사회적 합의를 통한 경제운영이 요청된다.

1997년 경제위기 이후 IMF의 권고에 따라 이루어진 신자유주의적 구조조정으로 한국경제는 주주 자본주의적 방향으로 나아간다. 아직은 재벌총수가 경영전권을 가지는 이른바 '총수 자본주의'가 유지되고 있지만 그동안 김대중 정부와 노무현 정부가 추진해 온 경제구조 개혁은 주주 자본주의적 요소를 강화하는 것이었다. 삼성경제연구소의 연구에 의하면 1997년 이후 주주가치를 추구하는 주주 자본주의가 저투자(따라서 저성장)의 주요한 원인 중의 하나이었다. 다른 한편 상시적인 신자유주의적 기업구조조정을 행하는 주주 자본주의적 실천에 따라 정규직과 비정규직 간 노동시장 양극화와 대기업과 중소기업 간의 양극화가 심화되었다.

따라서 지속가능한 진보를 위해서는 저성장과 양극화의 원인이 되고 있는 주주 자본주의로 나아갈 것이 아니라 이해관계자 자본주의로 나아가야 한다. 그런데 현재의 구조는 총수 자본주의와 주주 자본주의적 요소가 혼합되어 있다. 그렇다면 이러한 자본주의가 어떻게 이해관계자 자본주의로 전환될 수 있는가? 1997년 이후 이후 강화되고 있는 자유시장경제를 어떻게 조정시장경제로 전환시킬 수 있을까?

김대중 정부에 이어 노무현 정부의 경제개혁은 총수 자본주의를 주주 자본주의로 전환시키려는 것이었다. 일부 시민단체에서도 소액주주운동 등을 통해 주주 자본주의적 요소를 강화시키는 데 기여하였다. 재벌을 비롯한 대기업은 총수 자본주의를 유지하려고 노력하면서도 정부, 주주, 시민단체의 요구 내지 압력에 따라 주주 자본주의적 요소를 강화시켰지만 이해관계자 자본주의에는 반대한다. 개방된 자본시장 아래에서 재벌총수를 비롯한 오너들은 주주가치 유지와 경영권 방어를 위해 자사주의 매입과 배당 확대로 대응하고 있다. 반면 노동운동은 한편으로는 파업투쟁 일변도의 전투적 조합주의로 나아가고 있으면서도 다른 한편에서는 노동자의 경영참가가 이루어지는 이해관계자 자본주의를 지향하고 있다.

기업수준의 노사관계에서 보면 노동조합은 생산성과 품질 향상을 위한 작업장 참가에는 소극적이면서도 기업경영 방향을 결정하는 전략적 의사결정 참가를 주장하고 있다. 반면 사용자들은 노동조합이 전략적 의사결정에 참가하는 데는 반대하면서도 노동조합에게 생산성과 품질 향상을 위한 작업장 참가를 요구하고 있다. 전국수준의 노사관계에서 보면 사회적 대화 기구인 노사정위원회에 참가하는 것에 노사 모두 소극적이다. 민주노총은 노사정위원회에 탈퇴한 후 아직 복귀하고 있지 않다. 이런 까닭에 노사정위원회는 제 기능을 못하고 있다.

이러한 노사정 주체들 간의 서로 다른 지향과 태도로 인한 대립과 소모의 교착상태를 타개하고 제3의 길로서 이해관계 자본주의라는 새로운 발전모델을 실현하려면 사회적 대타협이 필수적이다. 즉 제3의 길은 사회적 대타협을 통해서 열릴 수 있다. 그렇다면 사회적 대타협을 어떻게 실현할 수 있을까?

사회적 대타협의 조건

우선 첫째, '기업총수의 경영권이 보장되는 이해관계자 자본주의'를 만드는 방향으로 기업지배구조를 개혁하는 것이 현실적인 방안이다. 즉, 경영능력이 있는 기업총수의 경영권을 보장하는 대신, 주주, 노동자, 하청업체, 채권자, 소비자 등 기업 이해관계자들이 전략적 의사결정에 일정한 형태로 참가하는 타협을 하는 것이다. 이와 연계하여 기업수준에서 노와 사가 작업장 참가와 전략적 의사결정 참가를 교환하는 타협을 하는 것이다. 아울러 작업장 참가가 생산성 및 품질 향상과 노동생활의 질 향상으로 연결되기 위해서는 숙련 향상을 위한 교섭 즉 숙련교섭이 요구된다.

둘째, 대기업과 중소기업 간의 관계를 전자가 후자를 수탈하는 종속적인 하청관계로부터 양자 간의 상생의 대등한 파트너십으로 전환시키기 위한 사용자 간의 협력체제를 확립해야 한다. 수탈적인 단가인하 관행을 청산하고 대-중소기업 간에 공동 연구개발과 인적자원개발을 위한 협약을 맺는 것이 그 협력의 핵심 내용이 될 것이다. 이러한 대-중소기업 간 상생협력은 새로운 성장동력의 원천이 될 뿐만 아니라 경제양극화를 해소할 수 있는 유력한 방안이 될 수 있다.

셋째, 이러한 사용자 간 협력과 함께 노동자 간 연대를 실현해야 한다. 모기업인 대기업 노동자와 하청기업인 중소기업 노동자 간에, 정규직과 비정규직 간에 연대가 필요하다. 이 연대는 대기업 노동자의 임금 인상이 중소 하청기업의 단가인하와 그로 인한 노동자의 임금인하 및 고용불안으로 전가되지 않도록 하고 비정규직을 위해 정규직이 임금을 양보하는 것을 통해 이루어질 수 있다. 특히 현재 최대 노동문제로 부상하여 있는 비정규직 문제를 해결하는 데 정규직의 나눔의 양보가 필요하다. 정규직의 임금자제와 정규직 노동시장의 지나친 경직성의 해소가 요청된다. 기업별 노조에서 산업별 노조로의 전환이 이러한 연대 실현의 가능성을 높일 것이다.

넷째, 노동시장의 유연안정성을 위한 노사정 간의 타협을 해야 한다. 노동시장을 유연화하는 대신 사회복지를 획기적으로 확충하고 적극적 노동시장정책을 강화하는 데 노사정이 합의해야 한다. 사회복지의 확충과 적극적 노동시장정책 강화에 따른 정부지출 증대를 뒷받침할 세원 확보를 위한 방안에 노사정이 합의해야 한다. 1997년 이후 노동시장은 급격히 유연화되었음에도 불구하고 사회복지 지출과 적극적 노동시장정책 지출은 아주 빈약한 수준이다. 만약 한미FTA가 어떤 형태로든 체결된다면 양극화가 더욱 진전될 것이므로 이를 획기적으로 높이기 위한 노사정 간 합의 도출이 시급하다.

다섯째, 수도권과 지방 간의 상생발전을 위한 수도권과 지방 간의 타협을 해야 한다. 지역혁신에 기초한 지역경제의 활성화는 새로운 성장동력의 창출과 수도권과 지방 간의 양극화 해소에 필수적이다. 지역혁신이 이루어지려면 지방에 인적 물적 자원이 획기적으로 확충되어야 하는데 이를 위해서는 수도권일극발전체제를 다극발전체제로 전환시키는 국가균형발전정책이 실시되어야 한다. 참여정부에 들어와 법률에 기초하여 추진하고 있는 이러한 국가균형발전정책은 수도권과 지방 간의 타협이 있어야 실효를 거둘 수 있을 것이다. 현재 '대수도론' 제기를 계기로 재연되고 있는 수도권과 지방 간의 소모적 갈등이 증폭되지 않으려면 '대수도'와 '대지방'의 상생 발전을 위한 비전에 수도권과 지방이 합의할 필요가 있다.

마지막으로, 이러한 다차원의 사회적 대타협이 실제로 이루어지려면 노사정과 시민사회의 일관되고도 지속적인 노력이 필요하다는 점이 강조되어야 한다. 현재 한국에서 사회적 대타협의 필요성은 있으나 그 실현을 위한 조건은 미성숙되어 있기 때문에, 사회적 대타협은 결코 단번에 이루어질 수 없고 작은 타협들이 오랜 기간 축적되어 마침내 대타협에 이르는 과정이 될 수밖에 없을 것이다. 작은 타협의 성사를 통해 신뢰를 쌓아야 대타협이 가능할 것이기 때문이다. 이런 관점에서 볼 때 일회적인 이벤트로 끝나고 만 참여정부의 일자리 창출을 위한 사회협약은 오히려 노사 간의 불신만 가중시킨 점에서 비판받아 마땅할 것이다. 사회적 대타협의 성패는 특히 장기에 걸쳐 꾸준히 일관되게 사회적 대타협을 도출하려는 강력한 의지와 능력을 가진 정부의 역할에 크게 달려있다. 이런 점에서 대통령을 비롯한 참여정부의 신뢰회복과 국정수행능력 향상이 사회적 대타협 도출에 필수적이다.

대안적 발전모델로의 점진적 이행

개발독재와 신자유주의를 넘어서는 한국형 제3의 길로서의 대안적 발전 모델은 '혁신주도 동반성장 체제', '노동시장의 유연안정성', '학습복지와 복지공동체가 결합된 새로운 복지모델', '사회적 합의에 의한 경제운영' 등을 핵심요소로 하는 이해관계자 자본주의로 규정할 수 있다. 현재 한국경제의 구조적 제약과 경제주체들의 능력과 의지에 비추어볼 때 이러한 대안적 발전모델로의 이행은 장기에 걸쳐 점진적으로 이루어질 수밖에 없다. 1997년 외환위기 이후 한편으로는 외압을 통해, 다른 한편으로는 경제주체들의 선택을 통해 한국경제는 신자유주의적인 주주 자본주의의 길을 걸어 왔다. 그 결과 저성장과 양극화라는 한국경제의 양대 모순이 초래됐다. 이러한 모순이 심화되면 지속적 성장과 복지 향상을 기대할 수 없다. 현재 한국경제에는 양극화가 저성장을 낳고 저성장이 양극화를 낳는 악순환의 고리가 형성되고 있다.

이 악순환의 고리를 타파하기 위해서는 지금까지 걸어온 신자유주의적 주주 자본주의로부터 이해관계자 자본주의로의 이행이 이루어져야 한다. 이러한 대안적 발전모델로의 이행은 앞에서 지적한 것과 같은 다차원의 사회적 대타협을 통해 점진적으로 이루어질 수 있다. 이 점진적 이행과정에 서는 대안적 발전모델 정립을 위한 상호보완적인 제도들을 구축하는 제도혁신, 경제주체들의 의식과 태도를 바꾸는 문화혁신의 프로그램이 체계적으로 마련돼야 한다.

대안적 발전모델로 점진적 이행이 성공하기 위해서는 무엇보다 이러한 이행을 주도할 주체세력을 형성해야 한다. 그 주체세력은 과거 개발독재 모델의 성장연합과 다른 새로운 '대안적 발전 연합(alternative development coalition)'을 통해 형성될 수 있다. 대안적 발전 연합은 앞에서 제시한 한국형 제3의 길의 비전과 정책 패러다임을 지지하는 각계각층의 개인과 단체로 구성될 것이다. 이러한 연합에 기초하여 한국형 제3의 길을 이끄는 새로운 정치세력이 형성돼야 한다. 이 정치세력은 현재의 한국 정치지형을 이념과 정책에 따라 재편하는 과정을 통해 형성되는 중도진보의 민주정당으로 결집할 수 있을 것이다.

이러한 정치세력이 사회적 다수가 되기 위해서는 작동불가능하고 지속불가능한 낡은 진보가 아니라 지속가능한 진보 노선에 따라 실사구시적이고 현실주의적 관점에 서서 점진주의적 접근을 통해 대안적 발전모델에 도달하려는 입장을 견지해야 한다. 아울러 이러한 입장을 가지고 국민적 지지를 받는 새로운 노동운동과 시민운동과 지식인운동이 새로운 정치세력의 토대를 형성해야 한다.

찾아보기

지은이

김형기(金炯基)
경북대학교 경제통상학부 교수
서울대학교 경제학과 졸업
서울대학교 경제학 박사
서울대학교 경제학과 교류교수(1985)
University of Paris 13, 초빙교수(2006.2)
University of California, Berkeley, 방문학자(2006.9-)
대통령자문 국가균형발전위원회 위원 역임
대통령자문 정책기획위원회 위원 역임
대구사회연구소 소장 역임
지방분권국민운동 초대의장
좋은정책포럼 공동대표

주요 저서: 『새정치경제학 방법론 연구』(2006, 편저)
          『지방분권 정책대안』(2002, 편저)
          『21세기 한국의 대안적 발전모델』(2002, 편저)
          『새정치경제학』(2001)
          『한국노사관계의 정치경제학』(1997)
          『한국의 독점자본과 임노동』(1988)

한울아카데미 897

한국경제 제3의 길

ⓒ 김형기, 2006

지은이 | 김형기
펴낸이 | 김종수
펴낸곳 | 도서출판 한울

편집책임 | 안광은

초판 1쇄 인쇄 | 2006년 10월 20일
초판 1쇄 발행 | 2006년 10월 31일

주소 | 413-832 파주시 교하읍 문발리 507-2(본사)
　　　 121-801 서울시 마포구 공덕동 105-90 서울빌딩 3층(서울 사무소)
전화 | 영업 02-326-0095, 편집 02-336-6183
팩스 | 02-333-7543
홈페이지 | www.hanulbooks.co.kr
등록 | 1980년 3월 13일, 제406-2003-051호

Printed in Korea.
ISBN 89-460-3620-6 93320 (양장)
ISBN 89-460-3621-4 93320 (학생판)

* 책값은 겉표지에 있습니다.
* 이 도서는 강의를 위한 학생판 교재를 따로 준비하였습니다.
　강의 교재로 사용하실 때에는 본사로 연락주십시오.